— Un franc —

VOYAGES DANS TOUS LES MONDES

NOUVELLE BIBLIOTHÈQUE HISTORIQUE ET LITTÉRAIRE

Publiée sous la direction de M. Eugène MULLER, conservateur à la Bibliothèque de l'Arsenal.

LA VILLE

ET LA

RÉPUBLIQUE DE VENISE

AU XVIIe SIÈCLE

Par A.-T.-L. DE SAINT-DIDIER

PARIS

Ch. DELAGRAVE

15 RUE SOUFFLOT, 15

LA VILLE

ET LA

RÉPUBLIQUE DE VENISE

AU XVIIᵉ SIÈCLE

Le titre de **Voyages dans tous les mondes,** que nous avons adopté pour notre *Nouvelle Bibliothèque historique et littéraire,* indique qu'elle a pris et prendra son bien indistinctement dans les divers domaines du savoir, de l'esprit et du cœur, à toutes les époques et en tous les pays. Le récit du sérieux historien y doit avoisiner la fiction du conteur fantaisiste et les impressions morales toutes personnelles; le travail de science positive doit s'y placer à côté du recueil d'observations pittoresques, — à cette condition première que le livre, toujours de lecture facile et intéressante en soi, ne contienne, au cas où il vise à enseigner, que des notions accessibles à tous.

Là se trouvent donc réunies — dans des volumes à la fois très élégants, très portatifs et très économiques pour l'abondante matière qu'ils renferment — les œuvres que le temps a consacrées ou qui, injustement négligées, méritaient d'être remises en lumière, et aussi telles autres jusqu'ici restées ignorées ou qui sont absolument nouvelles : *Voyages de découvertes, Chroniques et traditions populaires, Aventures réelles ou imaginaires, Biographies et souvenirs, Tableaux de mœurs humaines et animales, Curiosités de la nature, des sciences ou de l'industrie,* etc.

Avons-nous besoin de faire remarquer que tous les ouvrages — d'ailleurs accompagnés d'études biographiques ou littéraires et, quand besoin est, d'annotations facilitant l'entente du texte — ont été très attentivement revus, afin que rien ne s'y trouve qui puisse empêcher de les mettre aux mains des lecteurs de tous les âges et de toutes les conditions?

LE DOGE DE VENISE EN COSTUME DE CÉRÉMONIE
d'après le recueil intitulé *Trionfi, faste e ceremonie publiche d'ella nobilissima città dè Venetia* (1610).

VOYAGES DANS TOUS LES MONDES

NOUVELLE BIBLIOTHÈQUE HISTORIQUE ET LITTÉRAIRE

Publiée sous la direction de M. Eugène MULLER, conservat. à la Bibliothèque de l'Arsenal.

LA VILLE

ET LA

RÉPUBLIQUE DE VENISE

AU XVIIᵉ SIÈCLE

HISTOIRE — INSTITUTIONS — MŒURS ET COUTUMES

PAR

A.-T. L. DE SAINT-DIDIER

PARIS

LIBRAIRIE CH. DELAGRAVE

15, RUE SOUFFLOT, 15

1891

Le comte P. Daru, de l'Académie française,
qui publia en 1819 une excellente histoire de
Venise, dit, au début de son livre :

« Une république fameuse, longtemps puissante, remarquable par la singularité de son
origine, de son site et de ses institutions, a
disparu de nos jours, sous nos yeux, en un
moment. Contemporaine de la plus ancienne
monarchie de l'Europe, isolée par système et
par sa position, elle a péri dans cette grande
Révolution qui a renversé tant d'autres États.
Un caprice de la fortune a relevé les trônes
abattus : Venise, presque seule, a disparu sans
retour ; son peuple est effacé de la liste des nations, et lorsque, après ces longues tempêtes,
tant d'anciens possesseurs se sont ressaisis de
leurs droits, il ne s'est point trouvé d'héritier

pour un si riche héritage [1]. Depuis sa catastro-
phe, livrée, rendue, reprise et asservie pour
toujours, elle a à peine entendu de faibles
voix réclamer pour elle cette pitié, dernier
droit du malheur.

« L'histoire, qui doit son témoignage à ceux
qui ne sont plus, consignera les souvenirs
que nous a laissés ce peuple, que son ancienneté place à la tête des nations modernes, qui
les précéda toutes dans les arts de la civilisa-
tion, et qui mérita leur envie par ses prospé-
rités. Parmi les guerres, les conquêtes, les
désastres, les conjurations, elle aura à tracer
la marche de l'industrie humaine, à dévoiler
les ressorts d'un gouvernement mystérieux,
tour à tour l'objet de l'admiration et de la
satire, mais à qui ses plus grands ennemis
n'ont pu contester du moins sa stabilité. »

Dans ces quelques lignes est indiquée aussi

1. Aux termes des traités conclus entre les puissances
européennes après la chute de Napoléon Ier, pendant qu'a-
vait lieu la reconstitution des monarchies démembrées ou
attribuées à de nouveaux titulaires par la Révolution et
l'Empire; Venise et son territoire, ayant perdu à tout
jamais leur autonomie, furent attribués à l'Autriche, qui
n'en a été dépossédée que par la récente formation du
nouvel État italien. — Voy. la note A à la fin du volume.

fidèlement que possible l'impression que le nom de Venise laisse dans les esprits plus ou moins versés dans l'histoire européenne. Rien de plus étrange, en effet, que les souvenirs réveillés par ce nom, qui revient presque à chaque page dans les annales d'Occident. Ce peuple de marins aventureux, de guerriers intrépides, de marchands habiles, d'artisans délicats; la singulière situation de cette cité qui apparaît toute somptueuse, toute fastueuse au sein des eaux, et dont l'éclat a pour contraste des ombres terrifiantes; le puissant rôle de cette République, qui, aux mains d'une hautaine aristocratie, exerce pendant des siècles une immense prépondérance internationale; les types imposants ou pittoresques de sa population, le curieux caractère de ses mœurs, de ses traditions, enfin tout ce qu'on aperçoit, tout ce qu'on apprend d'elle au cours des événements généraux ou particuliers, fait à son nom une sorte de prestige sans analogue dans les autres histoires, et sous lequel on cherche instinctivement à découvrir les réalités.

Vienne donc un sagace observateur, qui aura passé de longs jours dans cette cité, au milieu de ce peuple, à une époque où l'un et l'autre sont dans le plus complet épanouissement de leur caractère historique ; que ce témoin soit à la fois aussi apte à bien voir qu'à bien dire ce qu'il a vu ; et certainement nous aimerons à l'écouter, car les vivants tableaux qu'il fera passer sous nos yeux auront pour nous un intérêt exceptionnel.

Tel est le cas de l'œuvre contenue en ce volume et que les critiques les plus autorisés ont généralement considérée comme un document de haute valeur, dans lequel d'ailleurs les plus sérieux historiens ont puisé avec une juste confiance.

L'auteur, Alexandre-Toussaint Limojon de Saint-Didier, s'était fait un nom par sa profonde connaissance de la politique européenne. Attaché, en qualité de gentilhomme, secrétaire et conseiller intime, à J. de Mesmes, comte d'Avaux, ambassadeur de Louis XIV auprès de la République de Venise, il accompagna dans son ambassade ce diplomate, qui quelques années plus tard fut un des plénipotentiaires et le principal négociateur du traité de Nimègue.

Saint-Didier, qui avait rapporté de son séjour dans la cité des lagunes le sujet du livre
que nous reproduisons, écrivit ensuite l'*Histoire des négociations de Nimègue*, aux travaux desquelles il avait été associé, histoire
restée en grande estime dans les annales de
la diplomatie française.

Ces deux ouvrages parurent en 1680. Né
en 1630, Saint-Didier mourut en 1689.

LA VILLE

ET LA

RÉPUBLIQUE DE VENISE

PREMIÈRE PARTIE

DE LA SITUATION AVANTAGEUSE DE VENISE, ET DE CE QU'ON Y VOIT DE PLUS REMARQUABLE

I

DESCRIPTION DES LAGUNES AU MILIEU DESQUELLES VENISE EST SITUÉE

IL n'y a presque personne qui n'ait ouï dire que Venise est située dans la mer; mais il n'est pas facile de se former une idée juste de la disposition singulière de ce lieu, puisque parmi ceux qui y ont été, et qui même y ont fait quelque séjour, il s'en trouve beaucoup qui confondent la mer avec les lagunes, sans prendre garde qu'elles en sont tout à fait séparées, étant comme de grandes plaines que l'art aurait inondées à dessein de rendre la situation de Venise aussi forte qu'elle est admirable.

Dans le fond du golfe Adriatique, au-dessus des embouchures des rivières du Pô et de l'Adige, du côté de l'occident, il semble que la nature ait opposé à la violence de la mer une forte digue, qui s'étendait du midi au septentrion, de la longueur de trente-cinq milles

et de cinq ou six cents pas de large, pour couvrir tout
le pays qui paraît présentement inondé ; mais la mer,
ayant rompu cette langue de terre, s'est ouvert le passage par six différentes bouches, et, courant sur tout
ce qui s'est trouvé de bas terrain au delà, y a fait ce
qu'on appelle les lagunes, laissant dans toute cette
étendue, qui n'est que de cinq ou six milles de large,
un grand nombre de petites îles, qui ne sont guère
plus élevées que la superficie de l'eau.

Les lagunes sont bornées du côté de la terre ferme,
depuis le midi jusques au nord, du Polesin vers le Pô
et l'Adige, du Padouan vers la Brente, du Trevisan et
du Frioul vers l'embouchure de la Piave, faisant comme
un grand demi-ovale, qui est fermé du côté de la mer,
comme j'ai dit, par les restes de cette langue de terre,
qui font comme autant de chaussées naturelles qui en
défendent l'entrée, et dont la mer a fait autant d'îles
différentes qu'elle s'est ouvert de passages pour inon-
der le plat pays et en faire les lagunes.

Les six bouches par où la mer déborde dans les lagunes sont les seuls ports qui conduisent à Venise du
côté de la mer. Le premier, à commencer par la partie méridionale, est le port de Brondolo, lequel se trouvant presque tout comblé de sable, à cause du voisinage
de l'embouchure de l'Adige et de la chute de la nouvelle Brente, n'est plus fréquenté.

Le second est le port de Chiosa, ville épiscopale qui
est éloignée de vingt-quatre milles de Venise, et qui lui
ressemble en quelque façon par la situation et par ses
canaux.

Le troisième est le port de Malamoque, avec le village de ce nom, où arrivent tous les grands vaisseaux,

à cause que l'eau y est plus profonde qu'aux autres
ports et que la rade y est très bonne et capable d'en
contenir un fort grand nombre.

Le quatrième est le port du Lido, vis-à-vis la pointe
orientale de Venise, dont il n'est éloigné que d'un mille.
C'est par ce port que les galères tout armées et les
vaisseaux qui ont laissé leurs grosses charges au lazaret
de Malamoque arrivent jusques à la place de Saint-
Marc et en plusieurs autres endroits de la ville, par le
moyen du grand canal qui la traverse.

Il y a au-dessus du Lido la bouche de Saint-Érasme,
et ensuite celle des Trois-Portes, ainsi nommée, à cause
de trois ouvertures assez proches les unes des autres ;
mais l'eau est si basse en ces endroits-là, qu'il ne peut
y passer que des barques de pêcheurs.

L'on voit par ce que je viens de dire que Venise est
naturellement fortifiée contre les attaques d'une armée
navale, puisque les vaisseaux ne sauraient approcher
plus près que Malamoque, et que ceux qui de là veulent aller par les lagunes jusqu'à Venise sont obligés,
après s'être déchargés de leur gros équipage, de se
faire remorquer par certaines routes où la profondeur
de l'eau suffisante pour les grands bâtiments est marquée par de grands pieux, ou bien de rentrer en mer
et d'aborder par le port du Lido, comme font les galères ; car le courant de l'eau a entretenu de ce côté-là,
par le moyen du flux et du reflux, un canal plus profond qu'en nul autre endroit des lagunes.

Comme de tous ces ports celui du Lido serait le plus
à craindre pour Venise, étant le plus proche de la ville
et de très facile accès, la République l'a fait fortifier par
un château et par une forte muraille avec des embra-

sures, pour y placer de la mousqueterie, dont l'effet ne serait pas inutile, d'autant que la largeur de l'embouchure du port est moindre que la portée du mousquet.

Quelque sûreté que cette situation avantageuse donne à la République, l'expérience a fait voir néanmoins que si une armée navale occupait quelques-uns de ces passages, Venise serait en peu de temps réduite à l'extrémité; comme il arriva en 1380, pendant la guerre que les Vénitiens avaient contre les Génois, lesquels par la prise de Chiosa, sous leur général Doria, jetèrent une si grande frayeur dans la ville, que le sénat délibéra si l'on devait l'abandonner et transporter la République en Candie. Cette délibération eût même été suivie de l'exécution, si la nouvelle qu'on reçut dans ce même temps de la bataille navale gagnée par le général Victor Pisani, sous le doge André Contarini, qui y était en personne, ne fût arrivée tout à propos pour délivrer la République de la plus effroyable consternation où elle se soit jamais trouvée.

C'est pourquoi, comme les embouchures de Malamoque et du Lido sont les deux plus importantes et qu'un débarquement fait au premier de ces ports rendrait aisément les ennemis maîtres du second, en occupant toute l'île qui est entre deux, laquelle n'a que cinq milles de long et quatre ou cinq cents pas de large, la République l'a fait couper assez proche du Lido par un fossé qui la traverse, fortifié de bastions avec leurs casemates et courtines revêtues de briques et opposées à Malamoque, qui est l'endroit le plus à craindre.

Venise est encore plus en sûreté du côté de la terre ferme; car dans toute l'étendue de pays qui borne les lagunes vers l'occident, il n'y a que deux principaux endroits par où l'on se rend à la ville ; l'un est un village qui s'appelle Mètre, où aborde tout ce qui vient d'Allemagne, et descend à Venise par le moyen d'un canal qui entre dans les lagunes ; l'autre se nomme Fucine, où aboutit le vieux canal de la Brente, dont l'eau est soutenue par des écluses, pour en empêcher le cours dans les lagunes, à cause des dommages qu'il y apporterait. Tout ce qui vient de Padoue et de la plupart des États de Venise se rend à Fucine, s'il ne descend pas les rivières dont j'ai parlé.

Les routes qui conduisent de ces deux lieux jusqu'à Venise, et celles de quelques autres endroits moins importants, ne sont point droites et sont marquées de distance en distance égale par de hauts pieux, lesquels la République ferait couper dans une nécessité pressante, pour rendre la ville inaccessible aux ennemis ; car quelque légers bâtiments qu'ils eussent, il serait impossible de faire un trajet de cinq milles sans donner sur le sec ; de sorte qu'avec certains bâtiments et machines de défense que les Vénitiens ont dans leur arsenal, ils rendraient aisément inutiles, à ce qu'ils croient, les entreprises de leurs ennemis.

Le roi Louis XII, ligué avec la plupart des princes de l'Europe, que le pape Jules II avait armés contre la République, après avoir défait l'armée vénitienne, poussa jusqu'à Fucine, d'où l'on découvre Venise tout à plein, et se préparait à tenter le passage des lagunes pour se rendre maître de la ville, lorsque le pape, ayant recouvré la Romagne qu'on lui avait usurpée, et qui était le principal sujet de la guerre, ne voulant ni l'entière perte de la République ni la trop grande puissance des Français en Italie, se sépara de la ligue, et l'adresse des Vénitiens, achevant d'en diviser le reste, détourna cette terrible tempête qui allait les perdre sans ressource.

Le peu de profondeur des lagunes, qui fait toute la force de Venise, fait aussi en même temps toute l'appréhension de la République, laquelle voyant que le fond se hausse insensiblement aux environs de la ville et dans les embouchures de ses ports, craint avec raison qu'elle ne demeure enfin à sec, ou du moins inaccessible à toute sorte de bâtiments, et inhabitable en même temps, à cause de la corruption qui s'engendrerait dans l'air, comme il se voit dans quelques îles voisines, où les atterrissements bourbeux qui s'y sont faits, poussant des exhalaisons malignes, rendent ces lieux déserts.

En effet la diminution de profondeur est si grande, que dans le port de Malamoque, où il y avait autrefois trente ou quarante coudées d'eau, il ne s'y en trouve présentement que douze ou quinze, de sorte que les grands vaisseaux ne sauraient en sortir que dans la plus grande hauteur du flux. Ceux qui croient que c'est la mer qui se retire, et non le fond qui se hausse, se trompent sans doute, puisque l'on voit que, lorsque l'eau de la mer est dans sa hauteur ordinaire, elle bat encore sur le seuil des portes des plus vieux palais de Venise et d'autres édifices qui ne sont guère moins anciens que la République.

Ces inconvénients, qui sont de la dernière importance, obligent la République à faire une dépense inconcevable depuis environ quarante ans. Il n'y a point d'ingénieurs qu'elle n'écoute volontiers sur les moyens de nettoyer les lagunes et d'empêcher l'accumulation

du limon qui s'y arrête; c'est pourquoi on y voit de
prodigieuses machines pour creuser incessamment les
avenues et les principaux canaux des lagunes; et comme
la République a toujours été persuadée que ces atterrissements étaient particulièrement causés par les dé-
gorgements de la Brente et de la Piave, qui charriaient
du sable dans les lagunes, elle a fait faire des travaux
extraordinaires pour en détourner le cours, jetant l'une
vers Brondolo par un nouveau canal qui a plus de
trente milles de long, taillé dans les plaines, et faisant
passer l'autre au-dessus de l'embouchure des Trois-
Portes, par des canaux qui, ne pouvant que difficile-
ment résister à la rapidité de son cours, coûtent beaucoup à entretenir, sans toutefois que ces travaux
produisent beaucoup d'effet.

Quelques-uns croient que cette diminution de profondeur vient de ce que les Vénitiens, pour agrandir
leurs lagunes, rompirent et firent aplanir une digue
qui allait autrefois de Chiosa jusqu'à Fucine, et qui
avait par conséquent plus de vingt milles de long. Comme
elle était directement opposée au cours que le flux
donne à l'eau de la mer, elle était cause aussi qu'elle
s'en retournait avec plus de rapidité, et que non seulement elle emportait le limon qu'elle laisse depuis que
son mouvement se trouve ralenti par la vaste étendue
qu'on lui a donnée au delà, mais aussi que ce même
cours plus rapide, qu'elle avait alors, entretenait la
profondeur du port de Malamoque, qui était opposé à
cette digue.

II

DES ILES QUI SONT DANS LES LAGUNES

L'on compte environ soixante iles dans toute l'étendue des lagunes, parmi lesquelles il y en a plus de vingt-cinq de bâties et de considérablement peuplées, en y comprenant celles qui séparent la mer d'avec les lagunes, auxquelles les Vénitiens donnent le nom de Lido, qui signifie rivage. Celles-ci sont longues et étroites, comme j'ai dit, et le terrain en est maigre et sablonneux; cependant par le travail des habitants il est devenu bon et fertile en plusieurs endroits, où l'on voit quantité de jardins.

De toutes ces iles qui bordent la mer, celle qu'on appelle la Palestine est la plus peuplée et la plus agréable; elle s'étend depuis le port de Chiosa jusqu'à celui de Malamoque, ayant environ quinze milles de long et trois ou quatre cents pas de large; elle est bordée de petites maisons fort propres du côté des lagunes, et le reste du terrain jusques à la mer est tout en jardinage, comme sont la plupart des autres iles voisines, dans lesquelles on compte jusqu'à quatorze mille habitants qui les cultivent et qui fournissent à Venise la plus grande partie des fruits et des légumes qui s'y consomment en grande quantité.

Celles des autres iles qui sont habitées aux environs de Venise sont ou occupées par un seul couvent, dont l'eau environne les murailles de toutes parts, comme est celui du Saint-Esprit, de Saint-George d'Alega, de Saint-Seconde et plusieurs autres; ou bien elles composent des villages et de petites villes peuplées de quantité d'habitants, avec des couvents de religieux et de religieuses et de belles églises, comme sont les îles de Bouran, de Mayorbe, de Torcelle, à quatre ou cinq milles de Venise. Elles étaient même très considérables dans les premiers temps de la République; mais l'altération de l'air, pour les raisons que j'ai déjà alléguées, les a fait abandonner par les meilleurs habitants.

Ces îles composent un évêché dont l'évêque est contraint de faire sa résidence ailleurs; les religieux mêmes qui y ont des couvents les abandonnent pendant l'été, à cause de la malignité de l'air, y entretenant néanmoins quelques pauvres prêtres, pour ne pas laisser manquer de messe les habitants que la nécessité oblige de demeurer en ces lieux-là. Quant aux religieuses, comme elles n'ont pas la liberté d'aller ailleurs, elles y demeurent malgré elles, et témoignent à ceux qui les vont visiter un déplaisir extrême de porter sur leur visage des marques évidentes du mauvais air qu'elles respirent; car rien ne leur est plus sensible que de voir qu'à leur teint jaunâtre on leur donnerait quarante ans, lorsqu'elles n'en ont pas encore vingt-cinq.

De toutes les îles des lagunes, après celles qui composent le corps de la ville de Venise, Mouran est la plus considérable; c'est une petite ville éloignée de Venise de la portée du canon, située vers le septentrion. Elle a un grand canal qui la traverse, avec plusieurs autres canaux et quantité d'agréables palais et

casins délicieux (c'est ainsi qu'on appelle les maisons
que les nobles vénitiens ont pour leur divertissement).
On y voit plusieurs églises et quelques couvents, et
l'on y compte environ vingt mille habitants.

Ce qui rend Mouran plus recommandable, est le grand
nombre de fours à verre et de boutiques dont un très
long canal est bordé; on y voit incessamment charger
des caisses de glaces et de cristaux d'une beauté singulière, qui se distribuent presque par toute l'Europe;
les marchands néanmoins s'aperçoivent, à leur grand
regret, de la diminution de leur trafic, par la défense
qu'on a faite en France de leurs glaces[1] et par l'établissement des manufactures où l'on fait du cristal .
qu'on trouve si beau à Venise, que j'ai vu un maître
offrir cent mille francs à qui lui donnerait les moyens
d'en faire d'aussi beau et d'aussi blanc que celui d'une
tasse qu'on avait apportée de France.

III

DE LA VILLE DE VENISE

Venise a cela de commun avec toutes les choses
rares, qu'il est presque impossible de pouvoir, sur une

1. Colbert, qui avait fait venir, en 1665, dix-huit ouvriers verriers
pour établir une manufacture de glaces dans le faubourg Saint-Antoine,
sur l'emplacement qu'occupe aujourd'hui la caserne de Reuilly, avait fait
rendre par Louis XIV, en 1669, un édit interdisant l'entrée des glaces de
Venise en France.

description, s'en former une idée qui réponde avec justesse à ce qu'elle est effectivement. Néanmoins, après avoir entendu ce que c'est que les lagunes, on peut aisément se représenter cette superbe ville, qui parait s'élever du sein de la mer au milieu de ces plaines inondées, qui semblent avoir été faites à plaisir pour sa beauté, pour sa sûreté et pour sa commodité, aussi bien que pour la puissance et pour la durée de la République.

De quelque endroit qu'on aborde à Venise, soit du côté de terre ferme, soit du côté de la mer, l'aspect en est toujours également singulier et majestueux. L'on en découvre cependant le plus bel endroit lorsqu'on y arrive de Chiosa par les lagunes, car l'on commence à l'apercevoir de plus de dix milles de loin, comme si elle flottait sur la surface des eaux, environnée d'une forêt de mâts de vaisseaux et de barques qui laissent peu à peu distinguer avec admiration les magnifiques bâtiments du palais et de la place Saint-Marc, et quelques-uns des plus beaux édifices qui soient sur le grand canal, que l'on voit à main gauche.

Le plan de Venise ressemble assez bien à un turbot; l'extrémité orientale, où est l'arsenal, en représente la queue. Elle a été toute bâtie sur pilotis et fondée non seulement dans les endroits où la terre parut au commencement découverte, mais encore où l'eau avait beaucoup de profondeur, afin que, rapprochant par ce moyen un grand nombre de petites îles qui environnaient la principale et les joignant par des ponts, on pût en former le vaste corps de la ville, qui ne parait pas seulement comme la reine de toutes les autres îles des lagunes, mais encore comme la maîtresse absolue

du golfe dont elle s'est attribué la souveraineté. En
effet, sa grandeur, sa situation et sa majesté extérieure,
jointes au grand nombre de ses habitants, au concours
des étrangers et à la forme de son gouvernement, la
font admirer de tout le monde.

L'on compte dans Venise environ cent quatre-vingt
mille habitants[1], et quoiqu'elle soit ouverte de toutes
parts, sans portes et sans murailles, n'ayant pour
remparts que les maisons et les palais des particuliers,
sans fortifications, sans citadelle et sans garnison,
elle est assurément une des plus fortes villes de l'Europe.

Quoique l'île de la Zueque soit entièrement déta-
chée de Venise, elle ne laisse pas d'en être une partie.
Il semble que ce soit une grande demi-lune et une
contre-garde qui couvre plus de la moitié de la ville
du côté du midi, en s'étendant depuis vis-à-vis la place
Saint-Marc jusqu'à l'extrémité occidentale, laissant
un canal qui l'en sépare de plus de trois cents pas de
large.

Cette île était autrefois habitée par les juifs, qui lui
donnèrent le nom de Judeque, et ensuite, par corruption, celui de Zueque. Elle est d'une largeur égale, partout d'environ trois cents pas, et du côté qui regarde
la ville elle a un quai fort spacieux, qui est bordé de
plusieurs églises magnifiques et de quantité de très
belles maisons, qui ont par derrière des jardins s'é-
tendant jusqu'aux lagunes.

Comme cette île est coupée par sept ou huit canaux
qui la traversent, il y a autant de grands ponts qui en

---

1. On n'en compte aujourd'hui qu'environ 120,000.

continuent le quai, d'où l'aspect de la ville n'est pas
moins beau que celui de la Zueque l'est du côté de la
ville ; et si le moindre vent n'empêchait les gondoles
de traverser à toute heure en sûreté son grand canal,
la Zueque serait sans doute le plus agréable séjour de
Venise.

IV

DES CANAUX ET DES PONTS

Un très grand nombre de canaux, qui donnent entrée dans la ville de toutes parts, et la traversent dans
tous les sens, la divisent aussi en une si grande quantité d'îles, qu'il y a des maisons seules qui ont l'eau
des quatre côtés. De là vient qu'il n'y a point d'endroit
à Venise où l'on ne puisse aborder en barque, comme
il n'y en a point aussi où l'on ne puisse aller à pied,
par le moyen d'environ cinq cents ponts qui en donnent la communication, d'un grand nombre de petites
rues qui percent toute la ville, et de plusieurs quais,
dont la plupart des canaux sont bordés.

Presque tous les canaux qui sont au centre de la
ville sont fort étroits et n'ont aucun quai, ce qui
témoigne que les premiers fondateurs de Venise ont
extrêmement ménagé un terrain qui leur était si précieux, ou qu'ils n'avaient pas l'idée d'une ville aussi
belle qu'elle est devenue dans la suite. Quelques-uns

des autres canaux ont un seul quai, et quelques autres en ont deux ; mais ils sont la plupart si peu larges, que deux personnes ont peine à y passer de front ; il s'y en voit néanmoins quelques-uns spacieux et fort commodes ; mais ils n'ont tous ni appuis ni balustrades ; ils sont, au contraire, coupés vis-à-vis de chaque maison par des marches qui descendent dans les canaux, afin de pouvoir commodément entrer dans les gondoles et en sortir, soit que l'eau soit haute, soit qu'elle soit basse ; de sorte que par ces fréquentes descentes, qu'on appelle des rives, ces quais sont si rétrécis, que les passants sont obligés, surtout pendant la nuit, de se ranger près des maisons, pour ne pas s'exposer à tomber dans les canaux.

La profondeur des canaux est différente ; mais lorsque par le flux[1] l'eau est à sa plus grande hauteur, elle est dans la plupart de cinq à six pieds, excepté dans le grand canal, où la profondeur est très considérable ; cependant c'est un sujet d'étonnement de voir dans les quartiers où habite le menu peuple un grand nombre de petits enfants se jouer si près du bord de ces canaux et sur les rives, qu'on les croirait partout ailleurs en danger de se noyer à tout moment,

---

1. Peut-être s'étonnera-t-on qu'il soit fait ici mention du *flux*, alors qu'il semble.être de notoriété générale que le phénomène des marées est à peu près insensible dans la Méditerranée. Sans qu'on ait, croyons-nous, trouvé une explication bien satisfaisante à cette exception, il n'en est pas moins avéré que le flux et le reflux se produisent à Venise, où la différence de niveau entre la haute et la basse mer atteint communément plus d'un mètre. Cette exception est d'autant plus singulière, que l'effet de la marée, si constamment appréciable dans.les lagunes vénitiennes, est en quelque sorte nul sur les autres points du littoral de la mer Adriatique.

sans que cependant on s'en mette en peine et sans
qu'il en arrive aucun accident.

La plus grande partie des ponts de Venise sont faits
de pierre et de brique, et ils sont si délicatement bâtis,
que l'arche n'est ordinairement que de huit pouces
d'épaisseur ; les bords et le milieu sont faits de chaînes
de pierre dure, et ils sont assez élevés pour donner
passage aux gondoles et aux grandes barques qui vont
incessamment par les canaux. On y monte, de chaque
côté, par quatre ou cinq marches faites d'une pierre
blanche qui approche de la nature du marbre, et qui
avec le temps devient si polie et si glissante, que pendant la pluie et pendant la gelée il est fort difficile de
s'empêcher de tomber ; et comme ces ponts n'ont point
de garde-fous, la chute n'est pas peu dangereuse ;
aussi les pierres blanches sont une des trois choses
dont le proverbe vénitien avertit les étrangers de se
donner de garde.

V

DU GRAND CANAL

Rien ne contribue davantage à la beauté de la ville
que le grand canal, lequel, commençant près de la
place Saint-Marc, passe en serpentant par le centre
de la ville et va sortir vers l'occident, vis-à-vis de Fucine, là où la Brente, comme j'ai dit, entrait autrefois

dans les lagunes; ce qui fait aisément juger que le
grand canal a été anciennement le véritable cours de
cette rivière, et que la partie de la ville où est le pont
du Rialto était effectivement le principal port que les
Padouans eussent dans les lagunes.

Ce canal a près de deux milles de long et cinquante
ou soixante pas de large; comme il fait plusieurs re-
tours dans le milieu de la ville, on le traverse souvent
trois fois pour aller en gondole, par le chemin le plus
court, d'un côté de la ville à l'autre; il est bordé des
plus beaux palais qui soient à Venise; mais outre qu'il
manque à sa beauté un quai qui continue d'un bout
à l'autre, on voit parmi ces palais un si grand nombre de petites maisons, que cela diminue une bonne
partie du bel effet que feraient sans cela ces magnifiques bâtiments.

On voit en plusieurs autres endroits de la ville des
maisons et des palais très superbes; mais sans m'arrêter à en faire ici le détail, je dirai que les façades de
ceux de Cornaro et des Grimani, qui sont sur le grand
canal, peuvent servir de modèle pour les édifices des
plus grands princes. Après ceux-là on en voit sur le
grand canal, comme partout ailleurs, un très grand
nombre d'une architecture antique, dont les façades,
ornées de grands balcons de marbre au premier et au
second étage, sont des marques évidentes de l'ancienne
puissance de la République.

L'eau du grand canal est toujours belle et toujours
claire, qu'elle soit haute ou qu'elle soit basse, parce
qu'elle a beaucoup de profondeur; aussi le courant
dans le flux et reflux n'y est guère moins grand que
celui d'une rivière. Les galères et les plus grandes

barques chargées y trouvent assez de fond pour aller
d'un bout à l'autre, et il semble que ce canal soit comme
la grande veine qui, par quantité de petits rameaux,
entretient et rafraichit toutes les moindres parties du
vaste corps de cette ville.

VI

DU PONT DU RIALTO

Le grand canal, qui sépare Venise en deux parties
presque égales, n'a que le seul pont du Rialto, qui se
trouve justement au centre de la ville, dans le quartier qui lui donne le nom. Ce pont n'avait été que de
bois jusqu'à l'année 1587, que la République, sous le
doge Pascal Cigogne, le fit bàtir de pierre. L'on con-
sulta les plus habiles architectes de ce temps-là pour
élever ce magnifique ouvrage ; et parmi les divers
dessins qui en furent donnés, on s'attacha à celui de
le faire d'une seule arche, si grande toutefois qu'une
galère dont le mât est abaissé y pût passer les rames
étendues.

Les fondements de ce pont furent posés des deux
côtés sur dix mille pilotis d'orme, après avoir, avec
une dépense prodigieuse, soutenu l'eau dans ces endroits profonds et creusé seize pieds dans terre pour
les rendre plus solides. Le cintre de l'arche n'est
qu'une moyenne portion d'un grand cercle, n'ayant

pas voulu l'élever à proportion du diamètre, afin de
pouvoir monter sur le pont avec moins d'incommodité;
mais il est fort large et tout bâti de grandes pierres
de taille, dures comme le marbre.

Ce pont soutient sur ses deux penchants un rang de
boutiques de chaque côté, dont la charpente, faite en
berceau et couverte de plomb, fait un agréable effet;
il reste entre ce double rang de boutiques un passage
assez large dans le milieu, où l'on monte par plusieurs
marches jusqu'au haut, qui est percé des deux côtés
en forme d'un portique, d'où l'on découvre à droite et
à gauche le grand canal et qui donne aussi entrée
dans les deux corridors qui règnent d'un bout à l'autre de chaque côté du pont derrière les deux rangs de
boutiques. Une grosse balustrade soutenue par une
belle corniche fait l'appui des deux corridors, et le
tout est d'une architecture si régulière, que ce pont
fait une très agréable perspective sur le grand canal.

Les registres publics font foi que la République
dépensa deux cent cinquante mille ducats[1] à cet ouvrage, que pendant deux ans toutes les places de la
ville furent remplies des matériaux, et que tous les
tailleurs de pierre furent employés à y travailler sans
relâche, quoique ce pont toutefois ne paraisse pas d'a-
bord une entreprise de si grande importance.

1. Le ducat vénitien valait alors environ sept livres et demie de
France.

VII

DES TRAJETS ÉTABLIS POUR LA COMMODITÉ PUBLIQUE

Quand ce ne serait pas l'excessive dépense qu'il y aurait pour faire d'autres ponts sur le grand canal, je crois que l'obstacle que cela apporterait au passage continuel des grandes barques, et le préjudice qu'en recevrait la beauté de la vue, seront toujours des raisons assez fortes pour en détourner l'entreprise ; outre que la politique veut que dans une prompte révolution on puisse défendre une moitié de la ville contre l'autre, ce qui ne serait pas difficile n'ayant qu'un seul pont à garder ; mais comme l'incommodité serait trop grande pour les habitants, si l'on était obligé d'aller chercher le pont toutes les fois qu'on veut passer d'un côté de la ville à l'autre, on trouve en dix-huit ou vingt endroits différents, dans toute la longueur du grand canal, des trajets établis, c'est-à-dire plusieurs gondoliers toujours prêts sur une rive commode pour porter les passants dans leurs gondoles d'un bord à l'autre, en donnant un sol, qui vaut cinq deniers de notre monnaie.

Il y a de semblables trajets dans plusieurs autres endroits de la ville où, faute de ponts, le détour serait trop grand si l'on voulait faire le chemin par terre. Tous ces gondoliers publics sont obligés aussi de conduire les personnes qui entrent dans leurs gondoles

en quelque part qu'elles aient affaire, en leur payant
par heure quinze sols de leur monnaie, qui n'en valent pas six de la nôtre.

Comme ces gondoles de trajet ne sont qu'à une
rame, la voiture en est d'autant plus ennuyeuse qu'elle
est peu honnête, et ces rustiques gondoliers sont si
déraisonnables, lorsqu'ils mènent un étranger qui ne
sait pas la langue et qui n'a pas la pratique du pays,
qu'ils le rançonnent cruellement, disant entre eux dans
ces sortes d'occasions qu'ils ont trouvé le *Polaque*[1] ; et
ils en arrachent toujours le double de ce qui leur est
dû légitimement, afin de se rembourser par ce moyen
des sommes considérables qu'ils payent à l'État pour
obtenir la liberté des trajets, c'est-à-dire pour avoir
la permission d'y tenir une gondole, et pour satisfaire
aux contributions extraordinaires auxquelles on a accoutumé de taxer leur corps dans tous les besoins où
la République se trouve.

VIII

DES RUES ET DES PLACES

Le terrain est si précieux à Venise, qu'il ne faut pas
s'étonner si presque toutes les rues y sont si étroites
que dans la plupart des plus passantes on ne peut

1. *Polaco,* polonais.

tenir que deux personnes de front; ce qui fait qu'on
s'y choque souvent les uns les autres, particulièrement
dans les tournants des rues, qui sont fort fréquents.
Cependant, comme elles sont toutes pavées de briques
mises sur le côté et qu'on n'y voit ni carrosses, ni chevaux, ni charrettes, ni traîneaux, on y marche commodément.

Le pavé se polit et devient si inégalement usé à la
longueur du temps, que par la moindre pluie il y fait
extrêmement glissant; cela n'arrive pas sur les quais,
où l'on marche avec moins de contrainte, parce qu'ils
ne sont pas resserrés entre deux rangs de maisons, et
qu'ayant leurs égouts dans les canaux, ils sont toujours
plus propres et plus secs que les rues.

L'on voit à Venise plusieurs bouts de rues assez larges et un grand nombre de petites places, outre celles
que chaque église a devant son portail, qui sont pour
la plupart assez grandes; on en voit même d'assez spa-
cieuses pour y jouer au ballon. Le besoin qu'on a à
Venise d'eau douce a obligé ceux qui l'ont bâtie de
pratiquer tant de petites places pour y faire au milieu
de chacune une citerne publique, qu'on appelle im-
proprement des puits, d'autant qu'elles ne se remplissent que d'eau de pluie, laquelle pour cet effet est
toute ramassée dans des gouttières de pierre qui sont
au haut des maisons, et qui la jettent dans les épon-
ges des citernes par des tuyaux enchâssés dans l'é-
paisseur des murailles.

On assure cependant qu'on voit des sources d'eau
vive dans quelques-uns de ces puits, ce qui ne s'éloigne
point de la probabilité, car l'argile jaune et très humide
qu'on tire lorsqu'on fait quelque nouveau puits en est

une espèce de preuve; et la raison nous fait connaître qu'il n'est pas impossible qu'il y ait des sources d'eau vive sous terre, quoique la superficie soit couverte d'eau salée.

Encore que l'eau ne soit pas généralement fort bonne à Venise, il se trouve pourtant de ces puits qui en donnent de très pure. Mais ceux qui désirent l'avoir meilleure font venir des bateaux pleins d'eau de la Brente, qu'ils jettent dans ces citernes, où elle se purifie et devient la plus saine qu'on puisse boire. Tous les teinturiers sont obligés de faire cette dépense en eau pour les teintures fines, car celle des canaux ne leur sert que pour laver les premières fois.

C'est une chose bien plus étonnante qu'à Padoue et presque par tout l'État de la République l'eau soit encore moins bonne qu'à Venise; et je crois que c'est en partie la raison pour laquelle ils font leur vin avec un quart ou un tiers d'eau, afin que par la fermentation qui se fait dans la cuve au temps de la vendange, l'eau s'unissant avec le vin et changeant de nature, elle ne leur puisse plus nuire. Mais je me persuade aussi que la rudesse naturelle de leur vin ordinaire, qui croît aux environs de Venise sur des grands arbres et dans des fonds fort humides, les oblige encore davantage à en user de la sorte, et la même rudesse fait qu'il se conserve longtemps, quoique mêlé avec l'eau.

Je ne puis m'empêcher de remarquer ici l'avantage que le pays de Modène a sur les autres provinces voisines; car, comme il est fort bas, on ne trouve qu'une eau très mauvaise quand on ne creuse que jusqu'à une certaine profondeur en quelque endroit que ce soit;

mais si l'on pénètre plus avant, on rencontre au-dessous une table de pierre dure sur laquelle l'on fonde et
bâtit l'incrustation du puits; après quoi l'on fait un
trou à cette espèce de croûte de roche, d'où il sort une
très bonne eau qui monte et remplit le puits jusqu'au
haut. J'en ai vu un aux Capucins de Modène qui coule
par dessus et fait une source perpétuelle, dont l'eau
est excellente.

IX

DE LA PLACE SAINT-MARC

La place Saint-Marc est assurément une des plus
magnifiques places de l'Europe, non seulement à cause
de sa grandeur, mais encore pour la somptuosité des
bâtiments dont elle est environnée et pour le concours
continuel de toutes sortes de nations. Cette place est
faite en potence; ou bien ce sont deux places différentes, dont la première, qui est la moins grande, est
tournée vers le midi et regarde sur la mer; elle fait
sans difficulté le plus bel aspect de Venise : aussi est-ce
cet endroit qu'on représente ordinairement dans les
tableaux qu'on en fait.

La mer bat contre cette place, dont la rive est bâtie
de grandes pierres de taille avec plusieurs marches.
C'est sur ce quai que sont dressées deux fort hautes
colonnes de marbre tout d'une pièce, éloignées l'une

de l'autre de plus de soixante pas. Sur celle qui est à main droite l'on voit le Lion ailé de Saint-Marc, fait de bronze, et sur l'autre la statue de saint Théodore, premier patron de Venise.

L'architecte qui éleva ces deux colonnes, après qu'elles eurent été un fort long temps sur cette rive sans qu'aucun ingénieur eût osé faire cette entreprise, demanda pour toute récompense à la République qu'il fût permis de jouer à toutes sortes de jeux de hasard sur les marches qui environnent le piédestal des colonnes; ce qui lui fut accordé, avec une pension honnête pour le reste de sa vie.

Parmi une grande quantité de bâtiments de mer que l'on voit vis-à-vis de cette place, il y a toujours une galère armée qui a la proue entre les deux colonnes, prête, à ce qu'on dit, pour toutes les occasions qui pourraient naître inopinément, et pour défendre le palais dans quelque émotion populaire. Cependant elle sert à faire faire l'apprentissage aux forçats dont on équipe les galères de la République.

Le palais ducal de Saint-Marc ferme cette place à main droite du côté d'orient, et une aile des superbes Procuraties neuves, qui n'ont à cet endroit qu'un étage terminé au-dessus par une balustrade avec plusieurs statues, la borne du côté opposé. Ce magnifique bâtiment, qui est de l'architecture du Sansovin[1], fait un retour à angle droit à main gauche et fait voir une fa-

1. J. Fatto, dit Sansovini, célèbre architecte, né à Florence en 1479, mort à Venise en 1570. Il jouissait dans cette ville d'une telle considération, que lors de l'établissement d'une taxe générale imposée en une circonstance exceptionnelle, le Titien et lui furent les seuls que le sénat crut devoir exempter.

çade trois fois plus longue et double en hauteur, fermant tout un côté de la grande place Saint-Marc. Un retour des mêmes Procuraties, qui se joint au portail de la petite église de Saint-Géminien, en fait le fond, et l'ancien édifice des Procuraties vieilles, opposées aux neuves, continuant avec la même symétrie jusqu'à une fort belle horloge qui a vue sur la mer et sur la première place, en fait le troisième côté ; mais le portail de l'église Saint-Marc, qui avance dans la place plus que le palais, auquel elle est contiguë et qui est opposé à celui de Saint-Géminien, sert de quatrième côté et d'une agréable perspective à toute la place.

Sous les deux ailes des Procuraties neuves règne un grand portique à arcades soutenues par de belles colonnes et enrichies dans leurs cintres et dans les angles d'ornements et de bas-reliefs d'une beauté singulière. Les Procuraties vieilles ont aussi un portique le long de l'autre côté de la place, de sorte qu'on en peut faire presque tout le tour à couvert.

L'affluence du monde et la diversité des marchandises qu'on étale dans les boutiques qui sont sous ces portiques ne contribuent pas peu à la beauté de la place, dans laquelle on voit, vis-à-vis le portail de l'église Saint-Marc, trois grands et riches piédestaux de bronze, sur lesquels sont dressés trois mâts fort hauts, où l'on attache les anciens étendards de la République les jours de solennité.

X

DU BROGLIO

On appelle *broglio* à Venise toutes les sollicitations qui se font pour venir à bout d'une affaire ; mais ce nom convient plus particulièrement aux brigues que la noblesse vénitienne fait pour obtenir les dignités ; et comme on donne aussi ce même nom au lieu où la noblesse s'assemble pour ce sujet, mon dessein est proprement de parler ici de cet endroit de la place Saint-Marc qu'on appelle le *Broglio,* où les gentilshommes vénitiens se rendent tous les jours pour faire leurs brigues et pour y parler de leurs intérêts.

La première place Saint-Marc est comme divisée en trois parties par deux enfoncements du pavé qui forment comme deux ruisseaux. Lorsque les nobles s'assemblent le matin, ils occupent le portique qui est sous le palais de Saint-Marc et un tiers de la place du même côté ; et lorsqu'ils vont au Broglio l'après-midi, ils se tiennent sous le portique de la première aile des Procuraties neuves et dans l'autre tiers de la place, à cause que le premier côté est à couvert du soleil levant et que l'autre l'est du soleil couchant.

Pendant que les nobles sont au Broglio, les deux tiers de la place demeurent libres pour toutes les personnes qui sont là pour affaires, ou seulement pour y contenter leur curiosité sans se mêler parmi la noblesse, étant raisonnable qu'ils soient en pleine liberté pendant qu'ils sont occupés à discourir ensemble de leurs affaires publiques et particulières et de leurs plus secrets intérêts. Cependant on ne ferait pas retirer incontinent un étranger qui passerait à travers le Broglio, ou qui s'y arrêterait même quelque temps, comme bien des gens ont voulu le dire.

Ce n'est pas une des moindres curiosités de Venise que de voir là dès le matin, dans la belle saison, un grand nombre de nobles vénitiens, depuis ceux qui sont élevés aux premières dignités de la République jusqu'aux moindres particuliers de la noblesse, se promener, s'entretenir, se faire de très profondes révérences; de voir, dis-je, les premiers sénateurs briguer souvent les suffrages des derniers nobles avec une soumission extraordinaire; car quoique par une loi du gouvernement les brigues soient défendues à tout le monde, si ce n'est dans les affaires criminelles, on peut dire néanmoins que le Broglio est un véritable marché où il se fait un trafic public des suffrages.

L'usage des sollicitations qui se font au Broglio accoutume si bien la noblesse vénitienne aux compliments et à faire de profondes révérences, que personne ne les sait faire plus humbles qu'ils les font quand ils veulent. Ces humiliations sont même si nécessaires, que lorsqu'il arrive que quelque suppliant ne les fait pas assez basses à leur gré, on dit qu'il est *duro di schina* [1], c'est-à-dire qu'il n'a pas encore les reins assez souples; et pour ce seul sujet on le fait

---

1. Dur d'échine.

quelquefois languir dans la poursuite plus longtemps qu'on ne ferait, surtout s'il sollicite quelque grâce d'importance.

Cela arriva, il n'y a pas longtemps, au jeune Jean Mocenigo, qui demandait à être réhabilité dans la noblesse, de laquelle il avait été privé par un arrêt irrévocable qui l'avait condamné à mort pour avoir assassiné d'un coup de pistolet un Foscarini dans une loge à la comédie; mais comme on ne voit jamais d'exécution contre la noblesse, si ce n'est en matière d'État, sa grâce passa au grand conseil dans une seconde ballottation.

Pendant que le Broglio se tient, il se fait, dans tout le reste de la place, un grand concours de personnes de toute sorte de qualité et de toutes les nations de l'Europe, Turcs, Arméniens, Persans, Grecs, Espagnols, Allemands et Français; mais le matin on ne voit presque que des gens d'affaires ou des plaideurs, qui sont obligés de fréquenter le palais; et l'après-midi les étrangers s'y rendent, les curieux de nouvelles, les nobles et un grand nombre de toutes sortes de personnes, qui s'amusent tous également à voir les bateleurs, les charlatans, les faiseurs de tours de passe-passe et les arracheurs de dents, dont les harangues divertissent extrêmement.

Rien ne paraît plus ridicule parmi les divertissements de la place que certains faiseurs d'horoscope sur-le-champ, lesquels par l'inspection attentive du visage et par la considération des lignes de la main, dont ils portent les mesures et les distances avec un compas sur un globe céleste, persuadent aux simples gens qu'ils voient clair dans l'avenir, et leur disent tout bas à l'oreille les aventures de leur vie, moyennant cinq sols, qui n'en valent que deux de France.

L'on voit cependant les zélateurs et les partiaux des deux couronnes divisés par la place en plusieurs pelotons, où l'on raisonne avec chaleur sur les affaires du temps plus qu'en nul autre endroit d'Italie ; et suivant les avis des gazettes on y décide souverainement du sort des plus grands princes.

XI

DU PALAIS DUCAL DE SAINT-MARC

Le palais de Saint-Marc est un gros bâtiment carré, dont une des deux faces principales regarde sur la rive de la mer et l'autre sur la première place dont j'ai parlé. Elles sont enrichies de deux portiques l'un sur l'autre, dont les colonnes et les arcades travaillées à jour sont de marbre commun et d'un ordre d'architecture aussi riche qu'il est antique. Le reste des murailles est tout uni, mais diversifié en manière de briques peintes, qui, par leur arrangement, composent de grands losanges de couleurs différentes jusqu'aux créneaux, qui sont de pierre de taille tout d'une pièce et diversement figurés.

La couverture est fort basse ; mais elle est toute de plomb, et si l'on considère cet édifice de près, l'on y verra éclater de toutes parts les magnificences de la

République. La troisième face du palais, qui est opposée à celle qui regarde sur la place, est sur un petit canal par où l'on arrive en gondole. Elle est d'une architecture plus moderne, et depuis le fleur d'eau jusqu'à la hauteur. de deux toises, elle est d'une pierre très dure taillée en pointe de diamant. On y entre par six grandes portes, dont les marches sont couvertes d'eau, et tout le reste de cette face, qui est d'une hauteur et d'une longueur extraordinaires, avec les deux longs balcons qui sont aux deux étages, est fait de marbre commun taillé en bas-reliefs, et si bien bâti qu'il semble que tout ce corps de logis soit d'une seule pierre.

La principale porte du palais est sur la place, dans le coin qui touche à l'église Saint-Marc ; elle est d'une architecture très antique, enrichie de plusieurs figures ; elle donne entrée dans un long portique, qui communique à main droite dans la cour, à gauche dans l'église Saint-Marc, et dont l'extrémité aboutit au pied d'un escalier qui est à découvert. La cour est raisonnablement grande ; trois corps de logis en font les trois côtés dont j'ai parlé ; et le portique de l'entrée, qui soutient un seul étage, très magnifiquement bâti et contigu à l'église, en fait le quatrième côté.

Tout autour de la cour règne un fort large portique dont les colonnes sont de marbre, taillées à pans et à panneaux enfoncés, soutenant un second portique qui est au premier étage de plain-pied à celui du dehors, qui regarde sur la place ; mais rien n'égale la beauté de la face du corps de logis qu'on voit en entrant du côté de la place, et qui répond à celle qui donne sur le canal. Ce bâtiment, moins ancien que le reste du palais,

parait avoir été fait dans la plus grande opulence de
la République; toute la hauteur qui est au-dessus du
second portique est ornée de demi-colonnes, de festons,
d'arabesques et d'autres bas-reliefs de marbre d'une
beauté singulière.

Ce qu'il y a de plus riche dans la cour du palais pour
le marbre et pour la sculpture est contre le portique
par où l'on entre, où l'on voit quelques belles figures
antiques; mais l'Adam et l'Ève qui sont au portail de
ce même portique, qui est opposé à l'escalier, sont
deux figures très excellentes. L'escalier est de marbre
et d'une seule rampe à découvert; il conduit au portique du premier étage, et il est terminé par deux belles
statues colossales du Sansovin.

Au premier étage du palais il y a un fort grand nombre de chambres, tant sur la cour que sur la place,
toutes de plain-pied aux galeries du dedans et du dehors, dans lesquelles s'assemblent autant de différents
magistrats pour y rendre la justice. Un très magnifique escalier, qui commence au second étage dans le
milieu du plus grand corps de logis, conduit, par la
première rampe, aux appartements du doge, qui sont
à gauche, et par la seconde l'on monte aux salles du
collège, du prégadi, du scrutin, du conseil des Dix, des
inquisiteurs d'État, à la grande salle du grand conseil,
enfin, par un labyrinthe de communications, l'on passe
dans toutes les chambres du palais, d'où l'on descend
par un autre grand escalier qui n'est pas éloigné du
premier.

L'on ne voit, dans toutes ces pièces, que lambris et
que plafonds magnifiques en dorure et en peinture.
Les murailles, au lieu de tapisseries, sont couvertes de

grands tableaux très exquis et qui sont faits exprès
pour ces lieux; les plus grands peintres de l'école
lombarde, Georgeone, Titien, Paul Véronèse, Palma,
Tintoret et plusieurs autres célèbres peintres se sont
efforcés à l'envi pour y produire des chefs-d'œuvre de
leur art. Mais le plus admirable, à mon avis, de tous
ces tableaux, est le *Paradis* du Tintoret, qui occupe tout
le fond de la grande salle du grand conseil, où l'on
voit plus de mille figures qui sont incomparablement
mieux finies que la plupart de ses autres ouvrages et
qui, par une admirable diversité, sans confusion, font
connaître l'excellence du génie de ce peintre.

Je ne touche ces choses qu'en passant, pour faire seulement connaître par les échantillons de ces excellents
ouvrages et de ces superbes bâtiments quelle a été la
grandeur de la République, telle qu'elle fut dans les
treizième et quatorzième siècles, lorsque l'on pouvait
aller par terre sans sortir de ses États depuis Venise
jusqu'à Constantinople, et que le doge joignait à ses
titres de roi de Nègrepont et de Candie celui de seigneur de la moitié de la ville et de la quatrième partie
de l'empire de Constantinople.

XII

DE L'ÉGLISE SAINT-MARC

L'église Saint-Marc est proprement la chapelle du doge, où se font toutes les cérémonies solennelles. Cette église est collégiale et n'a aucune juridiction au dehors; mais comme elle dépend entièrement du doge, c'est lui qui en nomme le primicier, qui est le doyen du chapitre, officiant avec la mitre et la crosse et faisant toutes les fonctions épiscopales. C'est pourquoi c'est toujours un noble vénitien qui est pourvu de cette dignité, dont le revenu est d'environ cinq mille ducats, sans une abbaye qu'on y joint ordinairement. Ce prélat est à la tête de vingt-six chanoines, qui sont tous à la nomination du doge. Il y a, outre cela, un séminaire de plusieurs jeunes gens, qui sont destinés à faire le service de l'église.

Dans les principales solennités de l'année, et surtout dans la semaine sainte, on y suit un rituel conforme à celui de l'Église d'Alexandrie, à cause que le corps de saint Marc en a été apporté à Venise, suivant l'ancienne tradition; c'est pourquoi on y observe des cérémonies très particulières, dont la plus remarquable est la procession du Saint-Sacrement, qu'on porte le vendredi saint, à neuf heures du soir, en grande solennité tout autour de la place dans un cercueil couvert de velours noir. Il n'a jamais été au pouvoir du pape d'abolir cette coutume; mais au lieu qu'elle se pratiquait autrefois dans tout l'État, la République en a laissé l'usage aux seules églises de Venise, qui font toutes, le même soir, une semblable procession dans l'étendue de chaque paroisse.

Rien au monde n'est plus beau que Venise pendant cette nuit qui est éclairée d'un million de flambeaux : la place Saint-Marc est pour lors un des plus beaux spectacles du monde; il y a deux grands flambeaux de cire blanche à chaque fenêtre des Procuraties qui environnent la grande place. Ce double rang de flambeaux disposés avec ordre et ceux qu'on allume sur le portail de l'église font un très bel effet, et éclairent toutes les processions des confréries et des paroisses voisines, qui passent exprès dans la place.

C'est dans ces occasions que l'on voit des pénitents déguisés avec des bonnets en pointe de deux pieds de haut sur leur tête, lesquels se frappent jusqu'au sang, en marchant, de temps en temps, en arrière devant le crucifix. Ils ont pour cet effet des disciplines faites d'un grand nombre de petites cordes armées, qu'ils tiennent à deux mains et qu'ils trempent dans un pot de vinaigre qu'on leur porte exprès; ils frappent sur leur dos avec une certaine mesure et une cadence si réglée, qu'il faut nécessairement avoir bien étudié cet art pour s'en acquitter comme ils font. Cependant toute la ville paraît en feu par le grand nombre de processions, où la cire blanche est si peu épargnée, qu'on croit que ce soir-là il s'en brûle autant à Venise que pendant un an entier dans tout le reste de l'Italie.

C'est encore un privilège bien singulier de l'église Saint-Marc de dire la messe à six heures du soir la veille de Noël. On commence l'office à vingt-quatre heures[1], et deux heures après on chante la messe, à quatre chœurs de musique, avec beaucoup de solennité et un grand concours de peuple. Les désordres et les scandales qu'on voyait arriver à cette cérémonie lorsqu'elle se faisait à minuit ont donné occasion à la permission que cette église a eue de célébrer l'office à cette heure-là.

Le bâtiment de l'église est à l'antique, solide et massif, avec cinq dômes fort bas, couverts de plomb et percés d'un rang de petites lucarnes au-dessus de la corniche ; le devant et les deux côtés de l'église sont une espèce de portique fermé et séparé du reste ; la façade extérieure a cinq grandes portes enrichies de quantité de colonnes de porphyre et de plusieurs autres sortes de marbre fin ; au-dessus du cintre des portes il y a un corridor fermé d'une balustrade, qui règne sur toute la face de l'église ; là, sur quatre piédestaux qui sont au-dessus de la plus grande porte, sont placés quatre superbes chevaux de bronze doré d'une beauté sans égale, lesquels, avec toutes les peintures de mosaïque à fond d'or qui sont dans les cintres des portes et jusqu'au plus haut du reste de l'édifice, font le plus riche ornement du portail de l'église Saint-Marc.

La beauté et l'antiquité de ces chevaux en a fait rechercher l'origine avec soin ; l'on tient que ce sont les mêmes qui furent donnés à Néron, lorsqu'il triompha

---

1. Les Italiens divisaient alors le jour en vingt-quatre heures, comptées à partir d'un coucher de soleil à l'autre, ce qui rendait par conséquent le point de départ perpétuellement variable. Bien que ce système horaire ait été depuis longtemps abandonné, l'usage s'est conservé de dire *aux vingt-quatre* pour désigner l'heure où le soleil se couche.

des Parthes, pour être mis au chariot du Soleil, sur
l'arc de triomphe qui lui fut consacré à Rome, comme
l'on voit gravé sur les revers de quelques médailles de
cet empereur; Constantin le Grand les fit porter à
Constantinople et les plaça dans l'hippodrome, ou
bien, comme disent quelques-uns, sur le portail de
Sainte-Sophie.

Lorsque les Vénitiens, joints à l'armée navale des
princes français, eurent assisté à la prise de Constantinople, Marin Zen, qui fut le premier podestat ou gouverneur que la République y envoya pour commander
dans la part qu'elle avait eue à cette conquête, fit
transporter ces chevaux à Venise, où, après avoir été
longtemps gardés sans qu'on en connût le prix et la
beauté, ils furent portés sur le portail de l'église
Saint-Marc[1].

Cette église est faite en croix, sans aucun ornement
d'architecture au dedans; les murailles et les gros pilastres qui soutiennent la nef sont revêtus d'un marbre
gris blanc ondé de noir, dont les grandes pièces, rap-
portées et jointes avec industrie, forment des ondes si
bien proportionnées, qu'elles paraissent faites au pinceau. Depuis l'ouverture des plus basses arcades jusqu'aux voûtes et aux dômes, tout est couvert de belles mosaïques anciennes et modernes à fond d'or; et
l'on voit, en plusieurs endroits, de grands tableaux de
mosaïque du dessin de divers habiles peintres; enfin
on ne voit que marbre et riches colonnes dans toute
l'église, au maître-autel, à la fermeture du chœur et

---

1. Ces fameux chevaux, enlevés de Venise par ordre de Napoléon Ier,
qui les fit placer sur l'arc de triomphe du Carrousel, furent rendus en
1815.

aux trois portes intérieures de l'église, qui sont enfermées dans le portique.

Je ne m'arrêterai point à faire ici un détail qui serait ennuyeux; il suffit de remarquer en général le marbre, les colonnes, les tables d'or et d'argent enrichies de pierreries, qui font le devant et le fond de l'autel; les richesses qu'on y expose, dans les solennités; le pavé de toute l'église, qui est partie en grotesques de mosaïque, partie en divers compartiments faits de petites pièces de rapport de marbre fin de toutes couleurs, qui forment de très agréables figures; enfin les grandes portes toutes de bronze, à jour et en relief, qui étaient autrefois à Sainte-Sophie; il suffit, dis-je, de faire une simple réflexion sur toutes ces choses pour tomber d'accord que la République a eu besoin de toutes les dépouilles de Constantinople pour amasser tant de précieuses choses ensemble.

XIII

DU TRÉSOR DE VENISE

L'on appelle communément le trésor de Venise ce qui n'est effectivement que le trésor de l'église Saint-Marc, lequel néanmoins est divisé comme en deux parties, dont l'une est proprement à l'église et l'autre est le trésor de la République. Les reliques en font la première partie, et une quantité prodigieuse de pierres

précieuses, de vases et de couronnes en font l'autre
partie; le tout est très soigneusement conservé dans
un endroit de l'église comme un dépôt sacré, dont les
clefs sont entre les mains d'un procurateur de Saint-
Marc, dignité qui tient le premier rang parmi la noblesse vénitienne, comme je dirai en son lieu.

L'on voit, parmi les reliques de tout ce que la religion révère avec plus de vénération, un grand nombre
de châsses d'or et d'argent enrichies de pierreries,
avec une quantité surprenante de vases et d'argenterie
pour l'usage et l'ornement de l'autel. Mais celle de
toutes les reliques que la République et le peuple estiment et honorent davantage, est le précieux sang qu'on
y conserve dans une ampoule, et qu'on expose trois ou
quatre fois l'année, avec des cérémonies très particulières, à cause des fréquents miracles qu'on prétend qui
se font à ces expositions, par la délivrance de plusieurs
possédés qu'on y amène de toutes parts, avec un concours extraordinaire de peuple et de processions.

On ne voit dans le trésor, pour toutes reliques de
saint Marc, que le pouce, qu'on dit qu'il se coupa pour
n'être pas fait prêtre, s'en croyant trop indigne; et l'é-
vangile qu'on prétend être le vrai original écrit de la
main de ce saint; mais on ne montre que la riche
châsse dans laquelle on dit qu'il est enfermé. Cependant comme la tradition du pays veut que tout le corps
de saint Marc ait été apporté à Venise, il y a sujet de
s'étonner d'en voir si peu de reliques; la raison qu'on
en donne est trop singulière pour n'en pas toucher ici
les principales circonstances.

En l'année 827, sous le doge Justiniani Participatio
Badovaire, certains prêtres grecs qui desservaient une

chapelle proche d'Alexandrie, où était le corps de saint
Marc, indignés de ce que les mahométans, qui occupaient leur pays venaient démolir ce saint édifice,
pour en employer les pierres à faire leurs bâtiments,
se laissèrent vaincre aux pressantes instances de deux
marchands vénitiens et leur donnèrent cette précieuse
relique, qu'ils portèrent à Venise. Le doge, avec tout le
peuple, reçut le corps de saint Marc avec une joie et
une dévotion tout extraordinaires. On en fit le protecteur de la ville et de la République, et on lui bâtit
cette église, laquelle, ayant été presque toute détruite
par le feu, fut réédifiée avec plus de magnificence que
la première fois, et enrichie ensuite des dépouilles que
les Vénitiens apportèrent de leurs conquêtes du Levant.

La dévotion que la République et le peuple avaient
eue au commencement pour ce nouveau protecteur
se ralentit apparemment dans la suite du temps,
puisque deux cent soixante-dix ans après la transla-
tion de saint Marc, il ne se trouva plus personne qui
sût ou qui eût ouï dire où était le corps du saint évan-
géliste ; c'est pourquoi la République et le peuple se
mirent en prières et jeûnèrent austèrement pendant
trois jours ; et lorsque, assemblés dans l'église Saint-
Marc, ils le suppliaient, les larmes aux yeux, de leur
donner quelque signe qui leur fît connaître où était
son corps, l'on vit, dit-on, une colonne de l'église s'ouvrir par le milieu, d'où sortit le bras du saint, qui
avait une bague au doigt.

Tous les prélats et les principaux nobles qui étaient
présents redoublèrent leurs prières à ce miracle, pour
supplier le saint de leur vouloir accorder la bague

qu'il avait au doigt, comme un témoignage assuré que son corps était dans la cassette qui paraissait au milieu de la colonne d'où sortait son bras ; mais comme ils ne voyaient aucune apparence d'obtenir cette faveur, le noble Dominique Delphin, plein de confiance, s'approcha du bras, et, la main du saint se baissant, il en reçut cette précieuse relique. Le bras rentra dans la cassette, la colonne se ferma ; et la sainte bague a été enfin perdue, par une longue suite de divers accidents qu'on lit dans les chroniques de Venise.

En mémoire de ce célèbre miracle, l'on fête tous les ans avec solennité le jour de l'apparition de saint Marc ; mais personne ne sait quelle est la colonne de l'église qui s'ouvrit et se referma. Le peuple cependant est persuadé que cette connaissance est réservée au doge, au procurateur du trésor, au primicier du chapitre et à quelques autres officiers de l'église, qui se transmettent ce secret, mais sont obligés par serment de ne jamais le révéler à d'autres personnes.

Dans un lieu joignant celui où sont les reliques, on voit toutes les richesses du trésor, arrangées sur les tablettes d'une grande armoire, dont le fond est de velours noir, pour les faire éclater davantage. Une balustrade dans laquelle se tient le procurateur qui en a les clefs empêche qu'on ne puisse approcher assez pour y atteindre de la main. Les pièces de ce trésor qui paraissent les plus considérables, sont douze corselets d'or faits comme de petits devants de cuirasse, tous couverts de grosses perles et d'un nombre infini de toutes sortes de pierres précieuses de diverses grandeurs, et douze couronnes d'or étendues de plat, qui sont de la même fabrique et de la même richesse que

les corselets, qui ne pèsent guère moins que s'ils étaient
de fer, à l'épreuve du mousquet.

L'on dit que douze dames d'honneur de l'impératrice
de Constantinople portaient devant elles et sur leurs
têtes ces riches ornements dans les cérémonies solennelles, et présentement on en pare les gradins de l'autel lorsqu'on y étale les principales pièces du trésor,
aux jours des grandes fêtes. On y voit six gros rubis,
qui sans être taillés ne laissent pas d'avoir un fort bel
éclat et n'ont autre enchâssure qu'une broche d'or
qui les traverse. L'on assure que le plus gros pèse six
onces.

La corne ducale, qui est la couronne qu'on met au
doge dans la cérémonie de son couronnement, est une
calotte de velours cramoisi, dont le derrière, élevé en
une pointe arrondie, lui a fait donner ce nom de *corne*.
Les bandes d'or, larges de deux doigts, qui en font le
frontal et la croisée, qui la ferme par-dessus comme
une couronne royale, sont couvertes de très grandes
pierres précieuses, aussi bien que le milieu des quatre angles de la croisée; on y voit, sur la pointe, un
diamant de médiocre grandeur, dont Henri III fit présent à la République; mais ce qui surpasse de beaucoup
le prix de ces pierreries est un rang de grosses perles
en poires, qui sont dressées tout autour du frontal de
cette couronne; leur beauté et leur grosseur rend assurément la corne ducale la plus riche pièce du trésor[1].

On y admire encore une tasse, faite d'une seule
turquoise, qui surpasse en grandeur une fort grande
écuelle, et en dehors elle a un feuillage de vigne en re-

1. Voy. la note B à la fin du volume.

lief taillé dans son épaisseur. On y voit aussi un petit
seau d'un seul rubis, qui est plus grand qu'une aiguière,
et si je n'avais vu un habile joaillier français tenir ces
pièces en ses mains, les examiner et assurer qu'elles
sont fines, j'aurais eu de la peine à me le persuader.

Il y a, outre cela, dans ce trésor, une infinité de pièces très riches, des croix garnies de perles et de diamants, des plaques, des sceptres de grand prix et
quantité de vases de diverses figures, d'agate, de cor-
naline et de plusieurs autres sortes de pierres précieuses transparentes, tout d'une pièce, d'une grandeur
extraordinaire et en assez grand nombre pour en faire
un service entier; ce qui fait connaître quelle était la
magnificence des empereurs de Constantinople, d'où
presque toutes ces choses précieuses ont été apportées.

La République avait autrefois dans son trésor d'autres richesses qui n'étaient guère moins considérables;
c'était une chaine d'or d'une grosseur et d'une longueur si extraordinaire, qu'il fallait quarante croche-
teurs pour la porter, et avec cela douze ou quinze millions d'or monnayé, à quoi on ne touchait jamais que
pour étaler ces grandes richesses aux yeux du peuple
à certains jours de solennité, faisant tendre cette chaine
le long du portique du palais qui est sur la place, dont
elle tenait les deux faces, avec un tas de monnaie d'or
que l'on mettait entre chaque colonne; et la République ajoutait tous les ans quelques anneaux à cette
chaine; mais la guerre de Candie [1] a épuisé ce trésor,
et la chaine a été convertie en sequins dans les pressants besoins de l'État, dont plusieurs familles de no-

1. Voy. la note C à la fin du volume.

bles vénitiens, qui ont su profiter des malheurs publics, se trouvent aujourd'hui enrichics.

XIV

DU CLOCHER DE SAINT-MARC

Le clocher de Saint-Marc est aussi remarquable par l'obstacle et par l'embarras qu'il fait à la place, que par sa propre beauté. Néanmoins les Vénitiens le regardent comme un des principaux ornements de leur ville. Cette tour est bâtie près de l'angle que font les deux ailes des Procuraties neuves; de sorte que, l'église avançant dans la place de l'autre côté, le clocher occupe la plus grande partie de l'espace qui est entre les deux places Saint-Marc, et, se trouvant encore vis-à-vis de la grande porte du palais, il lui ôte toute la vue qu'il aurait sur la grande place.

Cet édifice est cependant très hardi, tout isolé, carré et bâti de briques, n'ayant qu'environ vingt-cinq pieds sur chaque face, et cent quatre-vingts pieds jusqu'à une grande corniche de marbre où commence l'étage des cloches, d'où l'on voit à plaisir toute la ville, sans apercevoir aucun de ses canaux, à cause de la hauteur des maisons, qui sont fort serrées; mais l'on découvre toute la beauté et la vaste étendue des lagunes, où les îles qui sont bâties paraissent des villages et de petites villes flottantes. Depuis les cloches jusqu'à la pointe

du clocher, il y a encore cent soixante pieds de hauteur, et le tout est soutenu par des colonnes qui portent une autre corniche et une pyramide au-dessus
couverte de lames de cuivre doré, que le temps a ren-
dues de couleur de bronze, aussi bien qu'un ange qui
a près de trois toises de haut, couvert de même matière
et qui, étant placé sur l'extrémité de la pointe, les ailes étendues, montre avec la main le côté d'où vient le
vent.

Les murailles de cette tour sont doubles en dedans;
entre deux on tourne à l'entour, en montant insensiblement sans marches jusqu'aux cloches, de sorte qu'il
n'est pas difficile de se persuader que pour élever sur
un fonds si peu solide un bâtiment aussi haut que
celui-là (d'où l'on découvre presque tout l'État de terre
ferme et même certains endroits au delà de la mer),
il n'a guère fallu faire moins de dépense dans terre
qu'on en a fait au dehors.

XV

DES ÉGLISES ET DES COUVENTS DE VENISE

On ne voit guère de ville qui soit plus remplie d'é-
glises que Venise : on y compte soixante-douze paroisses, toutes desservies par plusieurs prêtres habitués;
plus de trente couvents de religieux et plus de trente-
cinq monastères de religieuses, outre plusieurs cha-

pelles et un grand nombre de confréries de pénitents
qu'on appelle écoles, semblables à ce qu'on a vu autrefois et qu'on voit encore aujourd'hui en certaines
provinces de France. Je ne sais cependant d'où vient
que les Vénitiens ont affecté de dédier plusieurs de
leurs églises à des saints du Vieux Testament; car on en
voit de consacrées à saint Job, à saint Moïse, à saint
Daniel, à saint Jérémie, à saint Samuel, à saint Zacha-
rie, comme si le martyrologe n'eût pas encore été assez
rempli lorsqu'ils ont bâti ces églises.

Les églises des paroisses sont presque toutes petites et ne sont pas les plus riches ni les mieux ornées;
celles des couvents, tant des religieux que des religieuses, sont les plus belles et les plus propres; mais quelques-unes des grandes confréries sont incomparablement plus magnifiques en bâtiments et plus riches en
excellents tableaux et en belle argenterie, les Vénitiens ayant plus d'inclination à ces sortes de dévotions
particulières qu'ils n'en ont à leurs paroisses, dont ils
ne se mettent guère en peine. Il n'y a pas néanmoins
une église à Venise où l'on ne puisse trouver quelque
chose de rare en peinture ou en architecture.

Ceux qui connaissent bien Venise sont persuadés
qu'elle contient à elle seule autant de beaux tableaux
que presque tout le reste de l'Italie ensemble; car non
seulement un grand nombre de maisons de nobles et
d'autres particuliers sont pleines d'excellentes peintures, mais encore la plupart des églises et des lieux
publics ont les plafonds et les murailles couvertes de
superbes tableaux. L'école de Saint-Roch tient le premier rang pour les richesses, pour la beauté de l'architecture et pour la quantité surprenante des ouvrages

du Tintoret. Celle de Saint-Marc ne lui cède guère;
la façade est de marbre enrichie de bas-reliefs, et au
dedans elle est toute peinte par le même maître, qui a
produit une si grande quantité de beaux ouvrages, que
la vie d'un autre peintre ne suffirait pas pour exécuter
ce qu'il a fait à Saint-Roch en deux ans.

L'église de Saint-Sébastien est admirable pour la
beauté et pour le plus grand nombre de tableaux de
Paul Véronèse, qui y est enterré. Celle de Sainte-Marie
Majeure a plusieurs ouvrages de Bassan parfaitement
beaux; mais pour l'architecture entre les églises modernes celle de Notre-Dame della Salute, que la République a fait bâtir à la suite d'un vœu qu'elle fit pour
être délivrée de la peste, tiendra le premier lieu lorsqu'elle sera toute achevée; le dessin en est singulier, et
sa situation à l'entrée du grand canal est admirable.

C'est un grand octogone qui en renferme un plus
petit, dont les huit pilastres qui sont aux angles soutiennent un fort beau dôme. Le maître-autel est dans
l'enfoncement d'un grand ovale, et il est enrichi de
très belles figures de marbre blanc représentant la
peste chassée par le zèle et par la piété de la République; il y a six chapelles enfoncées dans les six autres
faces de l'octogone, avec des autels et des balustrades
de marbre; le portail et tout le dehors de cet édifice
n'est guère moins embelli que le dedans.

L'église et le couvent de Saint-Georges Majeur qui
occupe une île qui est vis-à-vis de la place de Saint-
Marc, dont elle n'est éloignée que d'une portée de
mousquet, sont de très superbes bâtiments; on y voit
cet admirable tableau des noces de Cana qui tient tout
le fond du réfectoire et qui passe pour le chef-d'œuvre

de Paul Veronèse [1]. Cette abbaye est de l'ordre de Saint-Benôit, et le jardin est la plus charmante promenade de Venise ; il est environné de terrasses revêtues en forme de remparts, d'où l'on découvre tout ce qu'il y a de beau dans les lagunes.

Le couvent des Saints-Jean-et-Paul, qui est dans la ville, a les plus magnifiques dortoirs qui se puissent voir ; l'église est des plus grandes, mais le tableau de *Saint Pierre le martyr*, du Titien, en fait le plus bel ornement ; c'est le chef-d'œuvre de ce grand maître et un des quatre beaux tableaux du monde ; mais il se gâte si fort, qu'il est à craindre que dans vingt ans il ne soit entièrement perdu, tant parce qu'il est dans une méchante exposition, que parce que les peintres qui le copient incessamment ont déjà si souvent passé l'éponge sur le visage du saint, que le coloris en est tout éteint, quelque soin qu'on ait d'empêcher que les copistes n'en approchent de trop près, et qu'ils ne puissent travailler sans en avoir une permission expresse.

L'on voit à Venise plusieurs petites églises d'une beauté singulière, qui sont du Sansovin et du Palladio ; mais ce dernier auteur n'a rien fait de si beau que l'église du Redemptor, située à la Zuèque ; elle est, comme Notre-Dame della Salute, l'effet d'un pareil vœu de la République ; et comme elle était destinée aux Capucins, qui ne la voulaient pas accepter aussi magnifique qu'on l'avait projetée, il semble que le

---

1. C'est l'immense tableau qui est aujourd'hui au musée du Louvre. Enlevé de Venise par ordre de Napoléon Ier, il fut, comme les chevaux de Saint-Marc, réclamé en 1815 par les Autrichiens, qui, vu la difficulté et les dangers du transport, consentirent à recevoir en échange un tableau de Lebrun représentant le *Repos chez le pharisien*.

Palladio ait su tromper les yeux et faire consister la beauté de cette église dans une simplicité apparente du bâtiment et dans les justes proportions de l'art, plutôt que dans la pompeuse richesse de l'architecture, qui y est cependant admirable ; l'on trouve néanmoins que la voûte, qui est faite en berceau, toute unie, est un peu trop surbaissée.

Il serait ennuyeux d'entrer dans le détail de toutes les choses de cette nature qu'on peut voir en divers endroits de Venise ; je me contenterai de faire remarquer le grand nombre de magnifiques mausolées qui sont dans la plupart des églises. On en a dressé presque à tous les doges et aux premiers sénateurs, les Vénitiens ayant toujours été très soigneux d'élever de superbes monuments à la vertu et à la mémoire de leurs grands hommes ; de sorte que Venise se trouve enrichie d'une infinité de beaux sépulcres de marbre, entre lesquels on estime la magnificence de celui du dernier doge Pesaro, qui est aux Cordeliers, et de celui du victorieux général Mocenigo, qui est aux Mendicanti.

XVI

DE LA MERCERIE ET DU RIALTO

Ce sont les deux endroits de Venise les plus riches, les plus peuplés et les plus agréables à voir, après la place Saint-Marc. Tout le chemin qu'il y a depuis la place jusqu'au pont du Rialto s'appelle la *Mercerie,* qui consiste en cinq ou six rues assez étroites, les unes au bout des autres, où l'on voit étalées sur les boutiques des principaux marchands toutes sortes de belles étoffes de soie et de laine, des draps d'or, des points de Venise, des rubans, des dentelles d'or et d'argent, des velours, des damas, des brocarts d'un prix extraordinaire; tout cela, joint aux étalages de plusieurs autres sortes de marchands, rend la Mercerie une des plus agréables choses que l'on voie à Venise.

La petite place Saint-Barthélemy, qui joint la Mercerie au pont du Rialto, est toute occupée par de riches marchands droguistes, où l'on trouve de tout ce qui vient d'Allemagne et du Levant. La gaieté du lieu et l'affluence continuelle du peuple font que ces endroits de Venise ne paraissent pas moins beaux que les rues les plus marchandes de Paris et que les galeries mêmes du palais.

Le quartier du Rialto est le plus ancien de Venise, puisque c'est là qu'on jeta les premiers fondements de la ville. Il contient une assez grande île tout entière, qui est de l'autre côté du pont, au pied duquel, à main gauche, est une longue galerie, sous laquelle sont des marchands de drap et d'autres étoffes, qui ont leurs magasins au-dessus ; et à main droite est la place du Rialto, dont la petite église Saint-Jacques, qui fut la première qu'on bâtit dans les îles, il y a plus de douze cents ans, fait un des côtés proche le pont; les autres deux sont fermés par des portiques sous lesquels les négociants s'assemblent tous les jours à midi pour les affaires de leur commerce. Der-

rière l'église Saint-Jacques, sur le bord du grand canal, l'on voit un bâtiment presque tout de marbre
et fort ancien, sous lequel il y a d'affreuses prisons.
C'était autrefois le palais de justice de toute la ville,
où s'assemblent encore plusieurs magistrats qui y tiennent les tribunaux civils et criminels du Rialto.

Il y a sur le même bord du grand canal de longs
bâtiments publics soutenus par des portiques, sous
lesquels se vendent toutes sortes de provisions de bouche ; le grand nombre de barques qui arrivent tous les
jours en ces endroits, chargées de fruits, de légumes et
de poissons, qu'on y apporte des iles et de terre ferme,
est une des choses qui marque autant la grandeur de
la ville. Mais rien n'en fait mieux connaître la richesse que la quantité de boutiques d'orfèvres et de
joailliers, qui sont au bout de la rue qui est vis-à-vis
du pont, chez lesquels l'on voit les plus belles pierreries de l'Europe.

XVII

DE L'ARSENAL DE VENISE

Rien n'est si célèbre que l'arsenal de Venise, rien ne
fait aussi mieux éclater la puissance de la République.
Il est le sujet de l'admiration de tous les étrangers,
comme il est le fondement de toutes les forces de l'É-

tat. Le Grand Seigneur [1] l'estime si fort, qu'on dit qu'il le préférerait à tout ce que la République possède. L'enceinte en est très vaste et contient plus de deux milles de circuit; il occupe toute l'extrémité orientale de la ville, dont il n'est séparé que par un canal qui l'environne de trois côtés, ayant les lagunes vers le nord. Il est fermé de fort hautes murailles qui ont plusieurs petites tours où il se fait une garde exacte, particulièrement pendant la nuit, afin que les sentinelles, par le moyen des cloches qui sont à ces tours, puissent promptement avertir les corps de garde, dans les surprises qui sont à craindre et dans les accidents du feu qui pourrait s'y allumer fortuitement ou bien y être mis par quelque ennemi secret.

C'était la première chose qu'on devait exécuter, dans la conjuration qui fut tramée par les Espagnols en 1618, pendant que les conjurés attaqueraient toute la noblesse dans le palais de Saint-Marc. Mais le Ciel détourna ce malheur par le moyen de deux Français, qui partirent exprès en poste pour en aller révéler l'entreprise, dont ils avaient eu quelque vent. L'arsenal est une pièce si importante à la République, qu'il n'y a rien dont elle soit plus jalouse : puisque non seulement la sûreté de la ville et de tout l'État, mais encore la plus grande partie de la puissance de la République en dépendent absolument.

Il faudrait un volume entier pour faire le détail de tout ce qui se voit de beau dans l'arsenal de Venise. Je me contenterai de remarquer en général que dans un

---

1. Le Grand Seigneur ou le Grand Turc s'est dit longtemps pour désigner le sultan ou empereur turc de Constantinople.

grand nombre de salles on voit une quantité prodigieuse
de toutes sortes d'armes pour l'infanterie et pour la
cavalerie, pour les vaisseaux et pour les galères, toutes proprement tenues et arrangées avec un ordre
admirable. On en voit dans une salle pour dix mille
hommes, dans une autre pour vingt mille, dans celle-
ci pour trente, dans celle-là pour quarante mille, toutes en bon états.

Il en est de même pour les armements de mer, car
une salle contient de quoi armer vingt galères, l'autre
en a pour trente, l'autre pour quarante. D'un côté l'on
voit des armes pour quarante vaisseaux, de l'autre
pour dix galéasses; en un mot, on ne peut concevoir
la prodigieuse quantité d'armes qui sont dans ces
grands magasins.

La République traita Henri troisième dans la plus
grande de ces salles le jour qu'il visita l'arsenal, où le
plaisir qu'elle lui donna de voir faire et monter une
galère tout entière pendant le temps de son dîner ne
fut pas le moindre divertissement dont elle régala le
roi pendant qu'il fut à Venise. Sous ces mêmes salles
il y a des magasins séparés pour toute sorte d'attirail
et d'équipage de guerre; on y peut compter plus de
huit cents pièces de canon, pour servir sur mer et sur
terre; des boulets, des mortiers, des bombes, des gre-
nades à proportion, et jusqu'aux colliers des chevaux
qui sont nécessaires pour l'artillerie.

Les mâts, les antennes, les avirons, les poulies, les
voiles, les cordages, les ancres, les clous et tous les
ferrements qui entrent dans la construction des bâtiments y sont conservés chacun dans des lieux séparés;
enfin tout ce qui est nécessaire pour les grands arme-

ments de mer et de terre s'y trouve en si grande abondance, qu'on ne peut douter qu'il n'y ait en effet de quoi équiper cent galères ou galéasses et de quoi armer cent mille combattants, ce qui serait capable de faire trembler les plus grandes puissances de l'Europe, si les hommes et l'argent étaient aussi prêts que les équipages.

Il y a dans l'arsenal trois vastes carrés d'eau, qui par un canal ont communication avec les lagunes. On voit tout autour un très grand nombre de loges ou de remises assez grandes pour contenir deux bâtiments à couvert; c'est là qu'on radoube et qu'on fabrique les vaisseaux, les galères et les galéasses, qu'on ne met à l'eau que lorsqu'on s'en veut servir; aussi tous ces lieux sont pleins tant de ce qui est en état de servir présentement que de ce qu'on ne conserve que comme les glorieux restes des armées victorieuses de la République et des grandes prises qu'elles ont faites sur les Turcs, dans les signalées victoires qu'elles ont plusieurs fois remportées sur eux.

Parmi ce grand nombre de bâtiments, la République trouverait de quoi mettre en peu de temps en mer quarante galères et quelques galéasses. Parmi neuf ou dix vieilles galéasses qui sont sous les remises, il y en a une très belle et d'une prodigieuse grandeur, qui n'est pas encore achevée. Ces sortes de bâtiments égalent les plus grands vaisseaux en longueur et en largeur; leur équipage est de mille à douze cents hommes et de quarante à cinquante pièces de canon, de sorte que les galéasses sont comme de véritables forteresses sur la mer, lesquelles dans le calme ont l'avantage d'aller à la rame, comme les galères; c'est

pourquoi, comme le gain d'un combat naval dépend
ordinairement des galéasses, non seulement elles ne
peuvent jamais être commandées que par des nobles
vénitiens, mais encore ceux qui les commandent s'obligent par serment et répondent sur leurs têtes qu'ils ne
refuseront pas de combattre contre vingt-cinq galères
ennemies.

Tout ce qui se fabrique dans l'arsenal est une mar-
chandise si sacrée pour toutes sortes de personnes,
qu'il n'y a point de rémission pour les malversations
qui s'y pourraient faire; tout y est marqué au coin de
Saint-Marc, jusques aux clous; et si un particulier
était trouvé saisi d'une de ces moindres pièces, il serait
irrémissiblement condamné aux galères. Les cordes et
les câbles de Venise sont renommés pour leur bonté,
et l'on n'en fait point ailleurs qui les vaillent; mais je
me persuade que la façon de les filer ne contribue pas
moins à leur perfection que la qualité du chanvre
dont on se sert.

On y pratique le contraire de ce que l'on fait dans
les autres pays; car celui qui tourne marche en recu-
lant avec un rouet de bois attaché à sa ceinture, et
celui qui file est assis; de sorte que travaillant à son
aise et commodément, il fait sans doute un fil beaucoup plus parfait, dont dépend absolument la bonté
des cordages. La corderie est la plus belle qu'on puisse
voir; elle est couverte et d'une longueur prodigieuse;
dans sa largeur elle est séparée en trois par deux rangs
de piliers, qui soutiennent de chaque côté une galerie
de bois, laquelle sert d'un vaste magasin pour le chanvre que tout le pays est obligé de livrer à l'arsenal
moyennant un prix fixé par les magistrats.

Les bâtiments qui se font dans l'arsenal de Venise, et particulièrement les galères, sont d'une bonté singulière, non seulement à cause de leur construction et de leurs proportions, qui les rendent plus légères à la mer, comme elles sont aussi plus petites que celles de France; mais encore pour leur bonté extraordinaire, qui les fait durer trois fois autant que celles qu'on bâtit ailleurs. L'habileté des ouvriers de l'arsenal donne aux galères de Venise leur premier avantage; mais la qualité du bois qu'on emploie à les construire est la principale cause de leur durée.

La bonté du bois dont on se sert vient surtout de ce qu'on n'en met point en œuvre dans l'arsenal qu'il n'ait été au moins dix ans dans l'eau salée des grands carrés dont j'ai parlé, où il y en a toujours une quantité suffisante, chaque pièce étant marquée du jour qu'elle a été mise au fond de l'eau, où le bois se fixe, pour ainsi dire, et se durcit ensuite si fort que, lorsqu'il est à l'air, il ne se tourmente (déjette) plus après qu'il est mis en œuvre.

L'arsenal de Venise se gouverne comme une petite république. On fait bonne garde à la porte, et les ouvriers, conduits par des directeurs, travaillent continuellement aux manufactures de toutes les choses qui sont nécessaires aux armements, sous l'autorité de trois nobles vénitiens, qui font leur résidence dans l'arsenal, et qu'on ne change que tous les trois ans, contre l'usage ordinaire de la République, qui a fixé à seize mois presque toutes les magistratures de l'État; elle en use de la sorte de peur que le fréquent changement des provéditeurs de l'arsenal ne trouble la continuation de tant de différentes fabriques, dont ils ne pourraient prendre connaissance en si peu de temps.

Tous les ouvriers sont immédiatement soumis à un directeur général des ouvrages, qu'on appelle le grand amiral; il porte la robe de satin rouge, la veste par-dessus jusqu'aux genoux, et la toque de damas violet avec un gros cordon d'or; ce n'est cependant qu'un maître ouvrier, qui doit à l'habileté qu'il s'est acquise par le travail l'intendance qu'il a sur toutes les fabriques de l'arsenal. La plus illustre de toutes ses fonctions est de conduire le *Bucentaure* lorsque le doge, accompagné des ambassadeurs et de la seigneurie, va épouser la mer le jour de l'Ascension[1].

Cet officier est le pilote de ce magnifique bâtiment, et tous les artisans de l'arsenal en composent la chiourme[2]. Comme la République n'a point de sujets qui lui soient plus affectionnés que ces gens-là, elle se fie d'autant plus facilement à eux que l'amiral, par une formalité toute singulière, s'oblige, sous peine de la vie, de ramener le *Bucentaure* sans se laisser surprendre à la tempête; c'est pourquoi dans la moindre apparence d'un temps douteux il ne passe guère au delà des bouches du Lido, ou bien il fait remettre la cérémonie à un plus beau jour.

Il y a encore dans l'arsenal un intendant des machines militaires, des fonderies et de toutes les inventions mécaniques qui peuvent servir à la guerre ou au nettoiement des lagunes; et comme on en invente

---

1. La description de cette étrange cérémonie fait plus loin l'objet d'un chapitre spécial.

2. Le terme de *chiourme* s'appliquait d'ordinaire à l'ensemble des forçats ramant sur une galère.

souvent de nouvelles, elles sont soumises à l'examen de cet homme, qui est un habile mathématicien. On peut voir là plusieurs modèles qui ne sont pas moins curieux que la machine pour nettoyer et pour réduire à la dernière justesse le calibre des canons; il y en a une autre pour les élever facilement, et une balance d'une justesse extraordinaire pour peser les plus grosses pièces.

La République n'entretient ordinairement que cinq cents ouvriers dans l'arsenal pendant la paix; mais en temps de guerre elle les augmente jusqu'à deux mille; et pour attacher davantage ces artisans au service du prince, on les entretient en tout temps, et l'on donne aux enfants des maitres une médiocre paye dès qu'ils sont en âge de pouvoir rendre les moindres services, comme de défaire de la vieille corde pour en refiler le chanvre; à mesure qu'ils deviennent plus forts, on la leur augmente à proportion; de sorte qu'étant ainsi accoutumés de père en fils à servir dans les mêmes professions, non seulement ils s'y rendent très habiles, mais encore ils deviennent très affectionnés à la République, laquelle les récompense suivant leur mérite, qui est le seul moyen par où ils parviennent à commander aux autres.

XVIII

DES GONDOLES

Je ne pense pas que l'industrie humaine puisse rien ajouter à la perfection des gondoles dont on se sert à Venise comme on fait des carrosses dans les autres pays. Leur figure et leur légèreté sont tout à fait extraordinaires; les moyennes ont trente-deux pieds de long [1] et n'ont que quatre pieds de large dans le milieu, finissant insensiblement par les deux bouts en une pointe très aiguë, qui s'élève toute droite de la hauteur d'un homme. L'on met sur l'arête de la proue un fer d'une grandeur extraordinaire. Il n'a pas un demi-travers de doigt d'épais sur plus de quatre doigts de large, posé sur le tranchant; mais la partie supérieure de ce fer, plus aplatie que le reste, avance un long et large col en forme d'une grande hache de plus d'un pied de face; de sorte que, fendant l'air comme en menaçant, à cause du mouvement de la gondole, il semble qu'il va couper tout ce qui s'opposera à son passage.

Pour fortifier davantage ces hautes et délicates extrémités des gondoles contre les rudes chocs qu'elles se donnent quelquefois, et pour accompagner la grande tête du fer, il en sort six grandes pointes éloignées l'une de l'autre de quatre pouces et qui en ont huit ou dix de long et plus de trois de large, plates comme le dos

---

1. Environ 10 mètres 60 centimètres.

du fer et arrondies vers la pointe; le tout est forgé
ensemble, limé et si bien poli, qu'il ne sert pas moins
à la beauté de la gondole qu'il est nécessaire pour en
fortifier la proue.

Comme les gondoles ne se choquent presque jamais
par la poupe, on n'y met ordinairement qu'un petit fer
carré qui règne le long de l'arête et s'arrondit par le
haut, sur lequel, au lieu de gros clous à têtes rondes,
la plupart mettent des fleurons et des bouquets de fer
plat découpé, lesquels, vus de côté, sont d'un grand em-
bellissement pour la poupe, comme le fer du devant,
qu'on appelle un dauphin, l'est pour la proue; et il n'y
a que les ambassadeurs, les ministres des princes et
ceux qui ne sont pas sujets aux lois somptuaires qui
puissent mettre des dauphins aux deux extrémités de
leurs gondoles.

Comme cette grande longueur des gondoles n'est pas
faite afin d'y pouvoir loger beaucoup de personnes,
mais afin de s'en pouvoir servir plus adroitement, toute
la proue est couverte en dos d'âne; et la poupe, qui
est arrondie par-dessous et tout à fait élevée hors de
l'eau, comme pour donner de la chasse à ces petits bâtiments, est couverte de la même manière. Et tout le
corps de la gondole est si proprement poissé d'une
mixtion d'huile et de poix, qu'il semble être verni; mais
la partie qui s'enfonce dans l'eau est graissée d'un suif
noir qui accompagne le reste et qui la rend glissante
sur l'eau comme un vaisseau nouvellement espalmé [1].

Quand on appareille une gondole, on étend dans le
fond sur des planches bien jointes un long tapis de pied,

1. Enduit, goudronné.

qui va depuis la poupe jusque sur les deux marches
qui sont contre la partie couverte de la proue, et qui
servent à entrer et sortir commodément. L'on place sur
le milieu de la gondole une couverture d'environ huit
pieds de long, sous laquelle on peut être debout. Elle
est soutenue par deux grands demi-cercles dont les
quatre bouts aiguisés entrent dans quatre trous qui
sont sur les côtés de la gondole; plusieurs longs bâtons façonnés par les deux extrémités et arrêtés sur le
haut des cercles soutiennent le felche, — qui est une
couverture qu'on jette par-dessus pour y être à couvert
des injures du temps.

L'on met en travers et dans le fond de la partie couverte un ais avec un petit matelas de cuir noir, pour
servir de siège, et un autre ais matelassé qu'on dresse
contre le demi-cercle de derrière pour servir de dossier à deux personnes, qui peuvent tenir dans cet endroit, qui est le plus honorable. Deux autres planches
qu'on met aux deux côtés de la première peuvent servir
pour quatre personnes, et même pour six en se pres-
sant, lesquelles ont le dos appuyé contre deux longs
bâtons et contre deux planches qui sont arrêtées, de
chaque côté, avec des crochets sur les jambes des deux
cercles. Et lorsque, pour se garantir de la pluie, on
étend la grande couverture de grosse serge noire qui
descend jusqu'à fleur d'eau, rien ne ressemble mieux
à un cercueil qu'une gondole.

Les deux cercles dont j'ai parlé sont les deux principales pièces d'une gondole, dont toute la magnificence
consiste dans la largeur de la face de ces mêmes
cercles, qui sont faits avec beaucoup de force et d'artifice, car on prend la moitié d'un charme qui a dix

ou douze pouces de large sur trois d'épaisseur; et, par le moyen de certains grands étaux de bois, on plie ces cercles sur le tranchant, afin qu'ils aient une belle face, dont le milieu, qu'on laisse plus large que les côtés, fait une fort agréable figure.

Lorsqu'une gondole est proprement ajustée avec des rideaux et une petite couverture de serge noire à franges, attachée avec des rubans tout autour, et quatre houppes d'une grosseur extraordinaire, qui battent sur les cercles, qu'on entretient le plus blancs qu'on peut, avec deux autres houppes qui pendent aux côtés pour y porter la main par contenance, on trouve ces petites machines très propres, quoiqu'elles ne puissent avoir aucun autre ajustement ni être parées que de noir, excepté le tapis de pied, qui est ou de moquette ou de quelque autre petite étoffe.

Les gondoles des ambassadeurs, des ministres, des princes et des personnes privilégiées qui ne sont point du corps de la noblesse sont ordinairement toutes de sculpture dorée dedans et dehors, garnies de riches brocarts et de grandes figures qui portent les armes des princes et des ambassadeurs; il faut néanmoins qu'on y garde toujours les formes et les proportions des gondoles ordinaires, sans quoi elles ne seraient pas agréables aux yeux des Vénitiens, qui s'en moqueraient assurément, comme ils firent de celle d'un ambassadeur d'un des premiers princes d'Italie, pour avoir mis une grande couronne sur la couverture, qui faisait ressembler sa gondole à un pâté.

L'usage a voulu que dans les gondoles la main gauche fût la place la plus honorable; mais les raisons qu'on en donne, en soutenant qu'on est moins sujet à

être mouillé de ce côté-là par l'eau que les rames
font jaillir, sont contraires à l'expérience ; pour moi, je
crois que la coutume en est venue de ce que les gondoles n'étaient, autrefois, qu'à une seule rame, comme
sont celles de trajet, lesquelles ne peuvent aller aisément si elles ne pincent si fort sur le côté gauche, où
est le gondolier, que l'eau entre presque dans la gondole ; car de cette sorte la barque courant sur l'arète
du côté, non seulement elle prend moins d'eau et
coule par conséquent plus aisément, mais encore cela
fait que la personne qui est assise à gauche est dans
une situation plus commode que celle qui est à droite,
laquelle se trouve élevée sur le penchant du siège avec
quelque sorte d'incommodité.

XIX

DE L'ADRESSE DES GONDOLIERS

L'on ne vogue point à Venise, dans les gondoles ni
dans les autres barques, comme on vogue aux autres
provinces de l'Europe ; les gondoliers sont debout et
rament en poussant devant eux ; ils ne sont jamais que
deux dans les gondoles, même des ambassadeurs, excepté lorsque les personnes de marque vont à la campagne, car pour lors ils se mettent quatre. Celui qui
vogue devant est dans l'espace qu'il y a depuis la partie
couverte de la gondole jusqu'aux deux marches de

l'entrée, appuyant sa rame du côté gauche, sur le tranchant d'une pièce de bois plus haute d'un pied que le bord de la gondole, épaisse de deux doigts et échancrée en rond pour y loger le manche de la rame.

Le gondolier de derrière est élevé sur la poupe, afin de voir la proue par-dessus la couverture, et de pouvoir conduire juste; mais il ne se tient que sur un long morceau de planche qui déborde de quatre doigts sur le côté gauche de la partie couverte de la poupe, de manière qu'il est tout à fait hors de la gondole, ne se tenant qu'au manche de sa longue rame, qui est appuyée au côté droit sur une pièce de bois pareille à celle de devant et haute d'environ deux pieds; il rame de cette sorte, accompagnant les *vogades* du gondolier de devant, sans quoi la gondole ne pourrait aller ni droit ni uniment.

Rien n'est plus agréable que de voir la disposition et la grâce avec laquelle ces hommes se jouent à conduire les gondoles; ils ont, le plus souvent, le pied gauche en l'air, et le corps penché tout à fait hors de la gondole; de sorte que s'il arrive qu'ils choquent rudement quelque barque, faute d'avoir crié en tournant le coin d'un canal, ou que la rame casse, il faut nécessairement qu'ils tombent dans le canal; mais c'est de quoi ces gens-là ne se soucient guère, si ce n'est dans l'embarras du cours, où le grand nombre des barques, qui vont d'une vitesse prodigieuse, leur peut faire courir quelque risque.

Comme les gondoliers n'ont point leurs rames attachées, il les raccourcissent et les allongent suivant qu'ils y sont obligés par la petitesse des canaux ou par la multitude des gondoles qui se trouvent souvent

en un même endroit. Rien n'est plus charmant que
la douceur de cette voiture [1] : on y peut boire et manger tranquillement, causer, s'entretenir tout bas, chanter, jouer de toutes sortes d'instruments, sans aucune
incommodité et sans le moindre danger du monde.

On ne peut voir sans admiration voguer si droit, si
uniment et si vite ; esquiver en un moment les obs-
tacles qui se présentent sans cesse ; tourner les coins
des canaux avec une.justesse et une rapidité qui ne se
peuvent exprimer ; arrêter tout à coup dans le plus
vite de leur course ; tourner et reculer avec une égale
facilité : en un mot conduire ces machines comme un
cheval par la bride. Ce sont là les effets d'une adresse
qui surprend d'abord tous les étrangers.

Les gondoliers démontent tous les soirs les gondoles
afin d'enfermer dans les maisons tout le corps de la
couverture, qu'ils enlèvent d'une seule pièce et qu'ils
appellent *la caponière,* et ensuite toutes les autres
pièces, qui, n'étant pas attachées, ne seraient point en
sûreté dehors. Le matin, ils appareillent les gondoles
avec autant de diligence que de facilité.

1. *Voiture* doit s'entendre ici pour *mode de transport.*

XX

DE LA FACILITÉ D'AVOIR A VENISE TOUTES LES CHOSES NÉCESSAIRES A UNE GRANDE VILLE.

Outre les avantages que la ville de Venise a comme toutes les villes maritimes, elle en tire encore un tout particulier de sa situation au milieu des lagunes, car elle est comme au centre où aboutissent plusieurs rivières, le Pô, l'Adige, la Brente, la Piave et quantité de grands canaux que la République a fait creuser dans une partie de ses États pour la commodité des voitures, et qui conduisent facilement à Venise, par la Brente, tout ce que produisent les provinces de la Lombardie les plus éloignées.

Avec les mêmes bateaux qu'on prend à Turin on arrive jusqu'à telle maison de Venise que l'on veut; et sans la facilité qu'on a pour toutes les autres sortes de voitures, il serait difficile que Venise abondât, comme elle fait, de toutes les choses qui sont nécessaires à une grande ville; il y aurait peu de particuliers qui fussent assez puissants pour y bâtir d'aussi belles maisons qu'il s'y en fait. Le bois y vient par flottes[1]; on y apporte la pierre et le marbre partie sur le bois flotté, et partie sur de gros pontons qui traversent même le golfe Adriatique. De cette sorte, tous les ma-

---

1. Par radeaux, bois dit *de flottage*.

tériaux arrivent avec une admirable facilité de mille
endroits différents, dans tous les quartiers de la ville,
et jusqu'aux portes des maisons.

La plus grande dépense qu'on fait à Venise est celle
des fondements ; car, outre la grande quantité de pilotis et de grosses pierres qu'on y emploie, les seuls
batardeaux qu'il faut faire pour mettre le lieu à sec
coûtent des sommes très considérables. Un procureur
de Saint-Marc a voulu donner depuis peu huit mille
ducats, qui font environ dix-neuf mille livres, pour
retenir l'eau, creuser et élever à fleur d'eau environ
dix toises de fondements, pour faire la face de son palais, qui doit être sur le grand canal.

'Avec la commodité des bateaux, l'on va débitant par
la ville les fruits, les légumes, le bois, le vin, les denrées et tous les ustensiles nécessaires ; de sorte qu'un
pauvre homme qui peut avoir vaillant une méchante
petite barque, avec une rame, trouve à gagner sa vie,
en mille manières différentes ; l'on voit les vieillards,
les femmes, les enfants, conduire toutes sortes de
barques ; l'on voit même jusqu'aux moines mendiants
qui vont faire leur quête dans des bateaux où ils
voguent eux-mêmes. Mais ce qu'il y a de plus admirable, c'est de voir des enfants qui conduisent seuls
de grandes barques, où l'on charge plus de marchandises que vingt charrettes n'en sauraient porter ; ce
qui est d'une grande commodité pour ceux qui changent de maison, car un seul homme emporte en une
seule fois tous les meubles sans rien gâter.

XXI

DU COMMERCE DE VENISE

La situation donne tant de facilité à Venise pour y exercer un grand commerce que, depuis la fondation de la République jusqu'au siècle présent, il n'y a point eu de ville en Europe qui en ait eu un plus grand. C'étaient autrefois les seuls Vénitiens qui faisaient le commerce des mers du Levant et des Indes orientales ; leurs vaisseaux allaient charger à Alep et à Alexandrie les marchandises, qu'on apportait en Syrie et en Égypte par la mer Rouge, et ils les transportaient ensuite dans la plupart des ports de l'Europe, y mettant tel prix qu'ils voulaient.

La hardie entreprise de Christophe Colomb ayant fait découvrir aux Espagnols les nouvelles Indes occidentales, et ayant fait venir aux Portugais et aux autres nations le courage de passer la ligne et de doubler le cap de Bonne-Espérance, porta plus de préjudice aux Vénitiens que n'ont fait, sans doute, les grandes guerres qu'ils ont eues contre les Turcs ; mais de tous les peuples qui ont profité de l'avantage de ces nouvelles découvertes, il n'y en a point qui aient mieux réussi que les Hollandais, lesquels ont su, jusqu'à présent, se rendre presque les maitres de tout le commerce du monde [1].

1. A l'époque où ce livre fut écrit, la puissance commerciale des Hollandais était encore très florissante.

Il ne reste presque plus aux Vénitiens de commerce considérable que celui de Constantinople et d'Allemagne; c'est pourquoi, comme le débit de leurs riches étoffes et de leurs principales manufactures leur est d'une extrême conséquence, ils entretiennent ces commerces avec une grande application. Ils distribuent, outre cela, leurs miroirs et leurs cristaux en Allemagne, en Italie et en Espagne; leurs velours et leurs brocatelles en France, et leurs points de Venise presque partout, excepté en France, depuis que l'entrée en a été interdite[1] et que les manufactures y ont été établies, où néanmoins, de quelque beauté que soient les points qu'on y fait présentement, on ne laisse pas de rechercher toujours ceux de Venise..

Il serait difficile de pouvoir s'imaginer la grande quantité de brocarts, de damas et de draps d'or que les Turcs et les Arméniens enlèvent incessamment pour Constantinople et pour la Perse; aussi, pour entretenir cet important commerce entre les Vénitiens et les sujets du Grand Seigneur, la République a de très grands égards pour ceux de cette nation qui résident à Venise; elle leur a donné un vieux palais, sur le grand canal, où tous les Turcs logent ensemble et où ils font l'entrepôt des marchandises qu'ils envoient, et des cuirs, de la cire et des soies qu'ils font venir du Levant en abondance; et s'il arrive quelque démêlé entre ces Turcs et des sujets de la République, où ces premiers prétendent avoir été offensés, ils en vont demander si hautement la satisfaction et l'obtiennent si

1. De même que pour les glaces, Colbert, ayant favorisé la fabrication des dentelles en France, fit interdire par édit royal l'entrée des *points de Venise*.

promptement, qu'il semble qu'on n'oserait la leur refuser.

Pour rendre plus facile et plus assuré ce commerce, on a trouvé l'invention d'un bâtiment particulier qui est proprement une demi-galéasse, qu'on appelle la galère des marchandises, laquelle porte à Spalatro, en Dalmatie, pour un écu la pièce, tous les ballots des négociants de Venise, et là on les charge sur des chameaux pour les conduire à Constantinople et en Asie ; cette galère, qui charge sept ou huit fois l'année un nombre infini de ballots, est d'une utilité extraordinaire pour la République et pour les particuliers qui y sont intéressés.

Le commerce d'Allemagne est le premier et le plus ancien qu'ait eu la ville de Venise ; et comme il n'est guère moins avantageux à l'État que celui du Levant, on n'a rien oublié de tout ce qui pouvait contribuer à l'entretenir ; dans cette ville, la République a accordé aux marchands allemands un très beau et très ancien palais, proche le pont du Rialto, où est le magasin des Allemands ; les négociants de cette nation y sont très commodément logés à un prix fort médiocre, et jouissent de plusieurs beaux privilèges qui facilitent beaucoup le commerce.

Ce palais est peint, au dehors, à fresque par Georgione et par Titien ; et, bien que cette peinture soit beaucoup effacée présentement, il en reste néanmoins encore de beaux morceaux ; mais ce qu'il y a de plus précieux dans ce magasin est une tapisserie de cuir doré, avec des figures toutes peintes par Paul Véronèse, et c'est assurément un des plus beaux ouvrages que ce peintre ait jamais faits.

L'on voit sans cesse sur la rive de ce palais un grand
nombre de ballots qu'on envoie partie par mer en Sty-
rie, et partie par terre sur des chariots. C'est sur les
revenus du magasin des Allemands que sont assignés
les appointements que la République attribue annuellement au doge pour l'entretien de sa maison et pour
les frais des repas publics qu'il est obligé de donner,
quatre fois l'année, aux ambassadeurs et aux sénateurs
qui assistent aux fonctions solennelles de ces journées-
là, comme je dirai en son lieu.

XXII

DE LA BOURSE DES MARCHANDS, QU'ON APPELLE LA BANQUE DEL GIRO

Cette banque est un dépôt que les négociants ont fait
de leur argent entre les mains du prince, — c'est ainsi
qu'ils appellent ordinairement la République, — qui en
demeure garant, et qui paye, outre cela, les appointements des officiers qui en tiennent les registres. La
sûreté inviolable de cette banque est d'un admirable
avantage pour les marchands et d'une singulière commodité pour le commerce; car sans débourser aucune
somme il s'y fait à tous moments des payements en
changeant seulement les parties de nom, de sorte que
les sommes y roulent et changent de main sans sortir
des coffres du prince, qui jouit de ce fonds sans en
payer aucun intérêt.

Si quelqu'un des intéressés a besoin de son fonds ou
d'une partie, il y a toujours dans les coffres de la banque du comptant tout prêt pour l'acquitter. Mais comme
on estime beaucoup plus ces sortes d'effets que l'argent
comptant, à cause de la commodité qu'il y a de les né-
gocier sûrement sans rien débourser, il se trouve des
personnes toujours prêtes à y acheter des sommes à
intérêt, quoique ce fonds n'en produise aucun, et cela
se fait à cause que, ce fonds étant fixé à cinq millions
de ducats, tout le monde n'est pas reçu à y donner son
argent.

L'on juge ordinairement des richesses des marchands
par les sommes qu'ils ont dans la banque *del Giro*[1],
ainsi appelée à cause des tours que l'argent fait incessamment; et ceux dont les familles ne sont pas tout à
fait connues n'ont ordinairement de crédit qu'autant
qu'on leur voit de fonds sur les registres de la banque,
dont la sûreté est si inviolable et l'administration si
fidèle que, lorsqu'il s'est trouvé quelque dissipation
arrivée par la malversation des officiers publics, le
prince en a fait le remboursement de ses propres deniers.

1. *Giro*, action de tourner, du latin *gyrare*. Nos financiers disent *virer*,
virement, nous avons la *girouette*, et nos savants parlent de *giration*.

XXIII

DE LA BONTÉ DE L'AIR DE VENISE

On a de la peine à se persuader que l'air soit aussi bon à Venise qu'il y est en effet; mais l'expérience en convainc tous ceux qui y ont séjourné pendant les diverses saisons de l'année, quoiqu'il semble d'abord que la grande humidité du lieu, jointe à l'inconstance du temps, qui passe en un moment d'une extrémité à l'autre, en hiver comme en été, doit causer de fréquentes indispositions au peuple, qui respire un air de cette nature.

Les brouillards, qui s'élèvent ordinairement au commencement de l'hiver, et qui durent souvent plusieurs jours de suite, sont si épais et si froids, qu'en tout autre pays que Venise on ne pourrait pas les supporter sans de fâcheuses incommodités; et en été les tempêtes sont si fréquentes, et l'extrême chaleur est si souvent et si subitement interrompue par des vents froids, des pluies et des orages, qu'il y a sujet de s'étonner que dans une ville où l'on n'est pas accoutumé d'avoir trois jours de suite un temps bien égal, on jouisse cependant d'un air incomparablement plus doux et plus bénin que celui qu'on respire dans les climats les plus agréables et les plus tempérés.

Le serein, qui est pernicieux dans presque toute l'Italie, est tout à fait inconnu à Venise; les vieilles gens et les petits enfants y vont également la tête découverte, en hiver comme en été et la nuit comme le jour, sans en être incommodés en aucune manière; et, par un effet de la bénignité de l'air, les fluxions et les rhumes sont plus rares à Venise qu'en aucun lieu que je connaisse; l'on ne saurait avoir une meilleure preuve de cette vérité que par l'observation que l'on peut faire dans une église ou dans quelque autre lieu plein de peuple, où, pendant la saison la plus sujette à causer la toux, on n'entendra presque jamais tousser personne.

C'est encore à la bonté de l'air que l'on doit attribuer la couleur du teint des hommes et des femmes, qui l'ont bien meilleure et plus vive qu'à Rome et que dans la plupart des autres villes d'Italie; on y a les dents saines et blanches, et les cheveux y croissent beaucoup, surtout aux nobles vénitiens, qui en ont grand soin et qui ne portent point de chapeaux, qui les gâtent assurément; enfin c'est une chose étonnante que, quelque chaud qu'il ait fait le jour, ce qui rend d'ordinaire les nuits plus fraîches et plus dangereuses dans toute l'Italie, on puisse, à Venise, se vêtir très légèrement la nuit, se promener ainsi en gondole découverte ou sur le bord des canaux, sans en ressentir la moindre incommodité du monde.

La plupart des personnes, qui se trouvent convaincues par l'expérience et qui néanmoins ne se peuvent persuader que l'air puisse être naturellement bon dans une pareille situation, attribuent la cause de cet avantage singulier au grand nombre de feux qui se font dans une ville aussi serrée et aussi peuplée que Venise; pour moi, je ne nie point que la quantité de feux ne puisse, en quelque façon, atténuer un air grossier pour un temps; mais je suis persuadé qu'outre que les cheminées ne sont pas beaucoup échauffées à Venise, il n'est pas d'ailleurs possible que les feux qu'on allume dans les maisons puissent changer la nature de l'air et le rendre salutaire en tout temps.

L'on peut croire, avec plus de probabilité, que les continuelles vapeurs salées de la mer, dont l'air est empreint, l'entretenant dans une qualité toujours constante, en empêchent d'autant plus facilement les diverses altérations, qu'il est moins sujet à être mélangé des exhalaisons grossières de la terre, lesquelles tiennent nécessairement de la nature des soufres impurs et des sels corrosifs qui sont dans la plupart des terres, et qui ont, sans doute, plus de disposition et plus de force pour corrompre la bonté de l'air que les influences de la plus maligne des planètes; de sorte que, bien que la nature du lieu rende l'air de Venise sujet à de fréquentes agitations, il demeure cependant le même, sans s'altérer en sa substance.

Cependant, pour dire le vrai, le climat de Venise n'est pas très agréable en hiver; car, comme la ville de Venise est ouverte de toutes parts, et par conséquent exposée à tous les vents, cette saison y est, assurément, très froide et très fâcheuse ; de sorte que je puis assurer que, s'il y fait beaucoup plus chaud qu'à Paris, il y fait aussi des froids bien plus cuisants, mais qui ne sont pas de si longue durée; ajoutez à cela qu'il n'est pas si facile à Venise qu'il l'est ailleurs de se garantir du froid quand on sort des maisons; car, quelque soin qu'on prenne de fermer les gondoles avec des glaces, elles ne peuvent jamais être closes comme le sont les carrosses vitrés.

L'avantage qu'on a à Venise pendant l'été récompense pleinement l'incommodité de l'hiver; car, quelque chaleur qu'il fasse, si l'on monte en gondole on est assuré de trouver sur les canaux, en plein midi, un petit air agréable; mais c'est particulièrement environ deux heures devant le coucher du soleil qu'on commence à respirer une fraîcheur charmante, qui est encore infiniment plus délicieuse pendant la nuit; aussi est-ce pour lors qu'on se promène avec plus de douceur et de tranquillité, et qu'on rencontre très souvent sur le grand canal des voix, des instruments, et quelquefois de très belles musiques, que les gentilshommes galants font conduire dans des barques pour aller donner des sérénades aux dames et aux religieuses, qui aiment extrêmement ces sortes de divertissements.

On est tellement passionné à Venise pour ces musiques nocturnes, que dès qu'il en court le moindre bruit, il s'assemble une si grande quantité de gondoles que le grand canal est souvent trop petit pour les contenir toutes. La liberté de la nuit et la douceur de l'air font que les hommes et les femmes se jettent dans leurs gondoles presque tout déshabillés, sans crainte d'être incommodés; et comme chacun désire de n'être pas connu, l'on demeure au milieu de ces grands concours dans un profond silence et en même temps dans une pleine liberté, jouissant tranquillement du plaisir de la musique et d'une fraîcheur ravissante.

SECONDE PARTIE

DE L'ORIGINE DE LA RÉPUBLIQUE DE VENISE, ET DE LA FORME DE SON GOUVERNEMENT

I

DE L'ORIGINE DE VENISE

'ON parle si diversement de la manière dont les iles des lagunes ont été peuplées et de la qualité des premiers habitants qui y ont établi leurs demeures, que les uns les font venir de la ville de Vannes en Bretagne, à cause qu'ils sont appelés *Veneti* dans les *Commentaires* de César, et les autres veulent qu'ils n'aient été que des pêcheurs, comme si les meilleures provinces de l'Italie, telles que sont celles de l'État de Venise, avaient pu manquer d'habitants, et que d'ailleurs la situation avantageuse de ces iles n'y eût pas attiré des personnes puissantes aussi bien que de pauvres fugitifs, dans le temps des malheurs qui firent peupler toute cette contrée. Pour moi, sans m'arrêter à vouloir prouver ici mon sentiment, je me contenterai de suivre l'opinion la plus probable et qui fait le mieux connaître quels furent les vrais commencements de la ville et de la République de Venise.

Depuis que l'empereur Constantin le Grand eut trans-

porté le siège de l'empire à Constantinople, l'Italie se
vit affligée d'une longue suite de malheurs que lui
causèrent les fréquentes invasions des Barbares. En
l'année 407, les Goths, sous leur roi Radagaise, ayant
inondé l'Italie, la mirent toute à feu et à sang. Les
peuples voisins des lagunes ne trouvèrent point d'asile
plus assuré que celui des iles maritimes, dans la plupart desquelles il n'y avait encore que quelques cabanes de pêcheurs. Mais après que l'armée commandée
par les deux généraux de l'empereur Honorius eut défait celle de Radagaise, ces peuples fugitifs retournè-
rent en terre ferme, n'ayant point fait d'établissement
considérable dans le peu de temps qu'ils séjournèrent
dans les iles des lagunes.

En l'année 413, l'incursion des Wisigoths sous Alaric
et les horribles ravages qu'ils faisaient par toute l'Italie, firent chercher à ces peuples le même asile qui
leur avait été si favorable six ans auparavant ; de sorte
que les îles des lagunes furent une seconde arche qui
les sauva du déluge des Barbares. Cependant, comme
Alaric demeura plus longtemps maître de l'Italie que
n'avait fait Radagaise, ces peuples commencèrent à
bâtir des maisons de bois et de roseaux pour s'y loger
avec quelque sorte de commodité.

Les Padouans, qui étaient les maîtres des iles des
lagunes et qui avaient un port à celle du Rialto, où
aboutissait leur rivière, délibérèrent d'en faire un lieu
considérable, tant pour leur servir d'asile que pour
mieux assurer leur commerce de mer, et pour cet effet,
en l'année 421, le sénat de Padoue y envoya trois consuls et fit proclamer Rialto place de refuge, ce qui fit
qu'en peu de temps elle fut peuplée, tant par ceux qui

étaient répandus dans les autres îles que par un grand
nombre de personnes de toute sorte de qualité qui y
allèrent de terre ferme.

La troisième inondation des Barbares sous Attila, roi
des Huns, apporta à l'Italie la dernière désolation. Ce
fléau de Dieu, après avoir ravagé l'Allemagne, l'Italie
et la France, se jeta dans l'Italie pour la seconde fois
en l'année 453, et joignit à la destruction de Pavie,
de Milan, de Padoue et de plusieurs autres grandes
villes, celle de la fameuse Aquilée, qui, après un siège
de trois ans, succomba enfin sous les efforts de ce cruel
ennemi.

Les misérables restes de toutes ces villes achevè-
rent de peupler de toutes sortes de personnes, non
seulement l'île du Rialto, mais encore toutes celles des
lagunes et du bord de la mer, et particulièrement le
Lido de Malamoque ; et comme il ne restait plus à ces
peuples aucune espérance de retourner en leurs maisons, ils pensèrent à s'en construire de plus assurées,
et firent apporter les pierres et le marbre des palais
démolis en terre ferme pour en édifier d'autres dans
les îles, de sorte qu'en l'espace d'environ cinquante
années les personnes de qualité et les artisans se logè-
rent commodément.

Cependant, Padoue s'étant rétablie et le sénat de
cette ville voyant que Rialto s'était rendu considérable
par la multitude de ses habitants, y envoya des tribuns pour gouverner ce peuple avec plus de dignité.
Mais l'on voit dans quelques histoires de ces commencements que les hommes les plus puissants et les plus
riches dans chacune de ces îles furent, dans la suite,
reconnus pour les protecteurs du peuple, à cause du

besoin qu'il avait de leur assistance, et que de cette
sorte chaque ile eut des tribuns particuliers, lesquels,
augmentant leur autorité peu à peu par la force plutôt
que par la soumission volontaire de ces peuples, qui
étaient fort mutins, devinrent enfin de petits souverains.

L'on voit encore, proche du Rialto, les restes d'un
vieux palais de la famille des Baduari, laquelle sub-
siste encore à Venise, et qui depuis ces commencements
jusqu'à l'élection du premier doge, c'est-à-dire pendant près de trois cents ans, donna des tribuns successifs à Rialto.

En l'année 709, les tribuns des douze principales
iles des lagunes, jugeant qu'il était nécessaire de donner une meilleure forme au gouvernement des iles
qui s'étaient extraordinairement peuplées, résolurent
de composer une République et d'élire quelqu'un
d'entre eux pour en être le chef ; mais comme ils re-
connaissaient qu'ils ne pouvaient en user de la sorte
contre le droit que la ville de Padoue avait dans ces
lieux où ils étaient allés chercher leur sûreté, ils dé-
putèrent à l'empereur Léon, qui était souverain de tout
le pays, et au pape Jean cinquième, pour obtenir la permission d'élire leur prince, auquel ils donnèrent le nom
de duc ou de doge.

Cette circonstance est marquée dans leurs propres
historiens, où l'on dit qu'après que cette demande eut
été accordée aux tribuns, ils s'assemblèrent dans Éraclée, ville des lagunes, dont il ne reste aujourd'hui
que quelques ruines, proche l'embouchure de la Piave,
et qu'ils y élurent Paul-Luce Anafeste pour leur premier doge, en l'année 709, qui fut deux cent quatre-

vingt-huit ans après que Rialto eut été proclamé par les Padouans ville de refuge. Mais quoiqu'il semble qu'on ne doive dater le commencement de la République de Venise que du jour de cette élection, les Vénitiens toutefois le datent du jour de la proclamation qui fut faite à Rialto par les Padouans en 421, le 25 mars, comme nous avons déjà dit ; et tous les ans ils en solennisent la naissance à pareil jour, prétendant que leur République a trois avantages singuliers au-dessus de tous les autres États, qui sont : d'être née libre, chrétienne et en même temps que le royaume de France.

Jusqu'ici il n'est parlé en aucune façon de Venise, puisqu'il n'y avait point encore de ville de ce nom. Éraclée fut le premier siège de la République jusqu'à la mort du troisième doge, que le peuple massacra à cause de sa cruauté, ne voulant plus avoir de prince dont le pouvoir absolu dégénérait facilement en tyrannie ; ce qui causa un interrègne de cinq années, pendant lesquelles la République fut gouvernée par des maîtres des chevaliers, électifs et annuels.

Le peuple, se lassant ensuite de cette sorte de gouvernement, désira derechef avoir un doge, lequel fut élu au Lido du vieux Malamoque, qui était une demi-lieue plus avant en mer que n'est le Malamoque d'aujourd'hui, et qui a été submergé sans qu'il en reste aucun vestige. Les doges résidèrent à Malamoque jusqu'à Obelerio, onzième prince de cette République, lequel, se voyant contraint d'abandonner la dignité ducale, se retira vers Pépin, établi roi de Lombardie par l'empereur Charlemagne, son père, après qu'il eût détruit le royaume des Lombards.

On lit dans les annales de Venise que Pépin, qui était

souverain de toutes ces provinces et à qui la République de Venise payait un tribut annuel en cette qualité, voulut pour lors visiter les iles maritimes qui étaient du ressort de son domaine, et que le doge qui avait été élu à la place d'Obelerio lui en refusa l'entrée, à cause des soupçons qu'il avait que le roi, induit par les conseils d'Obelerio, n'eût dessein d'inquiéter la République. Pépin, indigné de ce refus, arma contre ces peuples, ruina Éraclée et alla d'un autre côté attaquer Malamoque, qui était alors l'île capitale; mais l'ayant trouvée abandonnée par le doge et par tous les habitants, qui s'étaient sauvés à Rialto, il résolut de les y aller attaquer par mer.

Les mêmes annales de Venise ajoutent que Pépin, ayant mis ses troupes sur des radeaux pour les faire passer pendant la nuit à Rialto, il se leva une si furieuse tempête, qu'elle rompit les radeaux et submergea la plus grande partie des soldats, et que ce mauvais succès changea le courage et la résolution du roi; de sorte qu'il fit dessein de laisser ces peuples en paix, mais qu'ayant souhaité de voir Rialto, il y fut reçu avec tant de démonstrations de joie et tant de marques d'honneur, que, par un sentiment d'affection pour ces peuples, il jeta son sceptre dans la mer avec cette imprécation : « Ainsi périssent tous ceux qui entreprendront de nuire à la République! »

Cependant la suite des mêmes annales et le témoignage de plusieurs auteurs dignes de foi font clairement connaître que Pépin fut reçu à Rialto en vainqueur généreux plutôt qu'en prince qui aurait eu la fortune contraire, et que la République ne lui aurait pas accordé, après la perte de son armée, ce qu'elle lui avait si hautement refusé lorsqu'il était en état de l'obtenir par force. En effet, le roi exerça tout acte de souveraineté et laissa des marques de sa libéralité au doge et au public, remettant à la République le tribut qu'elle lui payait annuellement, et lui donnant cinq milles d'étendue de terre ferme le long des bords des lagunes, avec une pleine liberté de trafiquer par mer et par terre.

L'on ajoute encore que Pépin, voyant que le doge ne portait sur lui aucune marque extérieure de sa dignité, détacha la manche d'une veste et la mit sur la tête du doge en forme de bonnet; et c'est de là que la corne ducale tire son origine, ainsi nommée à cause de la pointe que cette manche faisait sur la tête; c'est alors que Venise prit naissance, puisque Pépin voulut encore que l'île de Rialto, jointe aux iles voisines, portât le nom de Venise, qui était alors celui de toute la province voisine des lagunes, et que ce lieu fût à l'avenir la résidence des doges et le siège de la République.

Voilà quels ont été les commencements et les progrès de la République de Venise, laquelle avoue qu'elle doit son principal établissement et sa première grandeur à la magnanimité d'un roi français.

II

DES DIVERSES FORMES DE GOUVERNEMENT QU'IL Y A EU DANS LA RÉPUBLIQUE

L'on voit, par ce que je viens de dire, à combien de différents changements le gouvernement de cette République naissante a été sujet; car, si l'on date son commencement de l'année 421, c'étaient des consuls de Padoue qui gouvernaient cet État dans sa naissance. La domination des tribuns dura ensuite plus de trois cents ans, et les doges régnèrent, après cela, avec un pouvoir absolu pendant une longue suite de siècles. Mais avant que le gouvernement parvînt au point de la perfection politique où il est présentement, il arriva sous les doges plusieurs autres changements considérables, comme je dirai dans la suite.

Depuis la première élection, qui fut faite à Éraclée, de Paul-Luce Anafeste, en 709, jusqu'à celle de Sébastien Ziani, en 1172, les doges régnèrent avec une autorité absolue; le peuple élisait par acclamation celui qu'il trouvait le plus digne d'être élevé à la dignité dogale; mais le doge agissait en monarque; il était le maître de son conseil, il ne rendait compte à personne de son administration; en un mot, il avait un pouvoir despotique pendant la paix et pendant la guerre. L'histoire de Venise nous fournit même des exemples de plusieurs doges qui firent élire leurs frères ou leurs

enfants pour leurs collègues et pour leurs succes-
seurs.

Mais comme l'autorité souveraine du prince avait
souvent exposé l'État à de fâcheux accidents, et que
l'élection tumultuaire, qui se faisait par le peuple,
avait eu plusieurs fois des suites très dangereuses, les
notables citoyens, s'étant assemblés après la mort du
prince Vital Micheli pour trouver le moyen d'obvier
aux désordres avant que de faire l'élection d'un nouveau doge, choisirent onze personnes de probité, qui,
s'étant retirées dans l'église Saint-Marc, élurent Sébastien Ziani; cependant, pour ôter à l'avenir au peuple
le droit qu'il avait de faire le doge, et pour modérer
en même temps l'autorité de leur prince, ils établirent
un conseil qui en était entièrement indépendant, et
duquel on tirait par élection les électeurs du doge.

Comme un changement aussi grand que celui-ci, qui
établissait une forme de gouvernement toute nouvelle,
aurait, sans doute, causé quelque révolution dans l'État,
on contenta d'abord le peuple par le droit qu'on lui
donna, en échange, de créer douze tribuns, qui pourraient s'opposer aux ordonnances du prince, lesquelles
n'auraient aucune vigueur si elles n'en étaient approu-
vées, voulant imiter en cela l'ancien gouvernement de
Rome. Ces tribuns, qui étaient deux dans chacun des
six quartiers de la ville, eurent encore le droit d'élire
tous les ans, le jour de saint Michel, quarante personnes par quartier, telles qu'il leur plairait, pour
composer le grand conseil qu'on venait d'établir; de
sorte qu'il était de deux cent quarante citoyens, choisis indifféremment et sans distinction dans tous les
états de la noblesse, des bourgeois et des artisans; et

comme ce conseil se renouvelait tous les ans, chacun y entrait à son tour, ou du moins avait droit d'y prétendre.

L'ordre de ce gouvernement dura cent dix-sept ans, c'est-à-dire jusqu'à 1289, que le doge Pierre entreprit de changer entièrement la face de la République, et d'établir une véritable aristocratie, en fixant à perpétuité le grand conseil à un nombre de citoyens et à leurs descendants, lesquels, prenant seuls à l'avenir connaissance des affaires de l'État, en auraient la souveraine administration, à l'exclusion de toutes les autres familles.

Soit que ce doge, en voulant abolir le gouvernement démocratique, n'eût pour but que l'avantage de sa patrie, ou qu'il fût porté par le désir de se venger des familles qui avaient traversé son élection, il poussa son entreprise à bout et fit passer un décret à la quarantie[1] criminelle, qui portait que tous ceux qui avaient composé le grand conseil des quatre années précédentes seraient ballottés dans cette chambre, et que ceux qui auraient douze balles favorables composeraient, eux et leurs descendants, le grand conseil à perpétuité; et il fit enregistrer ce décret, en prenant son temps à propos pour exclure ceux qui étaient mal intentionnés envers lui.

Cette entreprise fut injuste à l'égard de plusieurs familles considérables; mais la République lui doit l'établissement du plus parfait gouvernement qu'elle ait jamais eu, et qui a heureusement continué jusqu'à présent. On peut bien s'imaginer cependant qu'un pa-

---

1. Chambre souveraine, composée de quarante juges.

reil changement ne se fit point sans exciter de grands troubles dans la République ; mais on les calma bientôt en châtiant les plus faibles et en apaisant les plus puissants par des privilèges qui les tiraient du nombre des exclus.

Plusieurs familles nobles, qui ne prévoyaient pas alors l'extrême conséquence de cette exclusion, indignées d'ailleurs de s'en voir préférer d'autres qui leur étaient si inférieures, ne témoignèrent pas de s'en mettre beaucoup en peine, ne pensant peut-être pas que par cette fixation, qui s'appela *il serrar del consiglio* [1], les familles qui en étaient montassent à une si grande élévation qu'elles devinssent les maîtresses et que les exclues restassent sujettes ; que celles-là gouverneraient absolument l'État à l'avenir, et que celles-ci n'auraient pour leur partage qu'une obéissance aveugle.

Mais Bayamonto Tiepolo, chef d'une des premières et anciennes maisons de la République, joint aux Quirini et à quelques autres familles illustres animées par la haine qu'elles avaient contre le doge Gradenigo et pour toutes les nouveautés qu'il introduisait dans l'État, entreprit d'en faire une sanglante vengeance par le massacre du doge et de tous ses partisans ; mais ce chef, avec une partie des conjurés, périt dans cette entreprise, qui ne servit que d'occasion à de nouveaux règlements qui ont maintenu et qui maintiendront à l'avenir la République dans l'union et dans la vigueur où elle est encore aujourd'hui.

Avant que d'entrer dans le détail du gouvernement

1. Littéralement : la création d'un conseil *fermé*.

de la République, je crois qu'il est à propos de parler
de ceux qui en sont les maîtres, c'est-à-dire des gentilshommes vénitiens, et ensuite des citadins de Venise
et de la noblesse de terre ferme, parce que, par une
subordination nécessaire, ils ont quelque relation au
gouvernement de l'État.

III

DE L'ANCIENNETÉ DE LA NOBLESSE VÉNITIENNE

Les gentilshommes vénitiens prétendent être d'une
plus ancienne origine que tout ce qu'il y a de noblesse dans l'Europe ; quelques-uns même de ces
nobles, qui ne sont jamais sortis de leurs lagunes,
s'imaginent qu'entre un prince souverain et un noble
vénitien il ne doit point y avoir de différence. Mais, laissant là ces sortes d'entêtements, je dois dire, avant
que d'entrer dans le détail de la noblesse vénitienne,
qu'il est vrai, suivant le sentiment des personnes les
mieux versées dans la connaissance des généalogies,
qu'il est difficile, pour ne pas dire impossible, aux
familles particulières de produire des titres authentiques de noblesse au-dessus de six cents ans, et de
prouver distinctement une plus haute filiation.

Que cette difficulté vienne du peu de soin de ceux
qui nous ont précédés dans les siècles passés, ou que

les grandes révolutions auxquelles les États sont sujets, confondant l'ordre des choses, en aient été la cause, ou qu'enfin les noms, qui n'étaient point fixés dans les familles au-dessus de ce temps-là, empêchent de pénétrer l'obscurité que cela a apporté dans cette partie de l'histoire, je maintiens qu'aucune de ces causes n'ayant jamais eu lieu à l'égard des anciennes familles de Venise, il s'en trouve qui ont des preuves indubitables d'une ancienneté qui non seulement égale, mais encore qui va au delà du temps de la première fondation de la République.

Pour tomber d'accord de cette vérité, il faut remarquer que les Valiers, les Candians et les autres nobles padouans qui furent envoyés par leur sénat pour être les premiers consuls de Rialto, et que les tribuns qui gouvernèrent ensuite les îles pendant trois siècles étaient des personnes de qualité, puissantes en biens et en crédit, comme étaient alors les Badouari à Rialto, et que si les familles de ces noms qui subsistent encore aujourd'hui dans Venise, sont effectivement les mêmes qui étaient dans ces commencements, on peut soutenir que l'ancienneté de cette noblesse va bien au delà des bornes que les généalogistes prescrivent.

Les preuves qu'on peut apporter, pour faire voir la continuation de ces familles sans aucune interruption, paraissent d'autant plus fortes, qu'elles ne sont point établies sur des titres sujets à aucune falsification. Elles se tirent de la partie de l'histoire de Venise qu'on peut d'autant moins soupçonner de fausseté touchant l'ancienneté de cette noblesse, que l'historien n'a pas l'intention de la prouver.

La première de ces preuves est fondée sur ce que, n'étant jamais arrivé à Venise de ces révolutions qui par les guerres, les sièges et les incendies abolissent la mémoire des choses, ou du moins en troublent entièrement l'ordre et en confondent la connaissance, il a été impossible qu'il s'y soit fait de ces sortes d'usurpations ou de ces suppositions qui, dans les autres pays, ayant imperceptiblement interrompu la suite des familles, empêchent encore aujourd'hui d'en distinguer la véritable origine.

La seconde et la plus forte de toutes les preuves qu'on pourrait alléguer se tire de la même histoire, où l'on voit que les noms ont toujours été constamment fixés dans les familles des nobles vénitiens, lesquels n'ont jamais pris les noms des terres ni des dignités qu'ils avaient, comme il se pratiquait en France. L'on voit, même encore aujourd'hui, que ce même usage s'observe inviolablement à Venise et qu'il fait une des lois fondamentales de l'État. Que les noms propres y aient été fixés de tout temps, on en peut donner des exemples qui ne reçoivent aucune contradiction.

La famille des Badovari, après avoir donné, comme j'ai dit, pendant environ trois cents ans des tribuns à l'île de Rialto, le dernier de ces tribuns fut un des douze électeurs du premier doge, et le premier doge élu dans Venise fut un de cette même famille, laquelle donna ensuite de père en fils six ou sept doges de même nom à la République, de sorte que peu s'en fallut qu'elle ne perpétuât cette dignité dans ses descendants.

L'on voit depuis plus de huit cents ans plusieurs

autres longues filiations dans l'histoire de Venise, où les fils ne se sont jamais autrement appelés que leur père.

Je pourrais alléguer, pour une dernière preuve qui n'a pas peu de poids, que ces anciennes maisons ayant toujours été renfermées à Venise, elles y ont aussi toujours été reconnues telles qu'elles le sont encore aujourd'hui, sans que l'abaissement où quelques-unes se trouvent réduites leur ait pu faire perdre la considération que cette ancienneté leur donne; et que les autres familles illustres, dont la gloire n'a pas moins été intéressée à empêcher l'usurpation d'une fausse noblesse qu'à voir éteindre celles qui ont eu le privilège de l'ancienneté, leur ont toujours cédé et leur cèdent encore cet honneur.

IV

DE LA NOBLESSE VÉNITIENNE DE LA PREMIÈRE CLASSE

La première classe de la noblesse vénitienne comprend les familles des douze tribuns qui furent les électeurs du premier doge de la République, lesquelles, par une espèce de miracle, se sont toutes conservées jusqu'à présent, pendant que plusieurs grandes maisons se sont entièrement éteintes. Ces douze maisons, qu'on appelle électorales, sont les Contarini, les Morosini, les Badovari, les Tiepoli, les Micheli, les Sanudi, les Gradenighi, les Memmi, les Falieri, les Dandoli, les Polani, les Barozzi.

Cette ancienneté ne donne cependant aucune autre prérogative à cette noblesse qu'une considération générale qui l'a fait préférer aux autres pour les emplois et pour les alliances, lorsque le mérite se trouve joint à la naissance ; et c'est particulièrement par ce dernier moyen que plusieurs de ces familles se sont relevées, dans ces derniers temps ; car les nouveaux nobles, faits par argent, n'ont pu trouver de voie plus courte ni plus honnête pour s'établir et pour s'accréditer dans la République qu'en achetant encore, pour ainsi dire, l'alliance de l'ancienne noblesse.

Celles de ces douze maisons qui se sont maintenues avec le plus d'éclat par leurs grands biens et par leurs alliances sont les Contarini et les Morosini ; la commune opinion est que les premiers étaient comtes du Rhin avant qu'ils s'allassent établir à Venise, il y a plus de douze cents ans ; mais ils n'ont pour preuve de cette origine que la prétendue étymologie de leur nom[1]. Cette maison s'est si multipliée, qu'elle a plus de cinquante branches, et il n'y en a point dans la République qui fasse un plus grand nombre de têtes dans le grand conseil, et dont par conséquent les brigues soient plus puissantes.

Celle des Morosini est aussi des plus nombreuses et des plus considérables par les mêmes raisons ; et après ces deux familles viennent les Badovari, les Tie-

---

1. Par analogie avec *Conte del Rheno.*

poli, les Micheli, les Gradenighi et les Sanudi, lesquelles tiennent encore un grand rang dans l'État ; les Memmi, les Falieri, les Dandoli, n'ont ni grands biens ni grande faction ; les Polani et les Barozzi vivent dans l'obscurité, plutôt faute d'avoir des sujets de mérite que pour manquer de biens, qu'elles auraient pu trouver dans les puissantes maisons de la nouvelle noblesse, si elles avaient été en état de se relever par ces alliances.

Après ces douze maisons électorales, il y en a quatre qui ne leur cèdent pas de beaucoup en ancienneté, car elles sont fondées en titres authentiques, ayant signé en l'année 800 au contrat de fondation de l'abbaye de Saint-Georges Majeur avec les douze maisons précédentes ; et c'est pour cela qu'on appelle les premiers les douze apôtres, et ceux-ci les quatre évangélistes, qui sont les Justiniani, les Cornari, les Bragadini et les Bembi.

Les familles Cornari et Justiniani se sont maintenues dans un plus grand lustre que les autres ; la première a eu des alliances avec des têtes couronnées, et c'est par une fille de cette maison, mariée au dernier roi de Chypre, que la République a possédé ce royaume jusqu'à la conquête qui en fut faite par Mustafa Bassa, général de l'empereur Zelim. Les Justiniani passent, à Venise, pour être du sang des empereurs de Constantinople, dont ils ont retenu l'aigle éployé pour leurs armes. Les annales de Venise font mention d'une circonstance très avantageuse à cette maison.

Lorsque la République, indignée contre l'empereur Emmanuel, qui maltraitait les négociants vénitiens dans le Levant, alla porter la guerre à Constantinople, sous le doge Vital Micheli, en l'année environ 1156, tous ceux de la famille des Justiniani s'embarquèrent sur cette flotte de cent navires que la République mit en mer en cent jours, pour aller se venger du tort qu'ils prétendaient que les Grecs leur avaient fait en les privant de leurs biens et du droit qu'ils avaient à la succession de l'empire.

Cette armée, après la conquête du royaume de Nègrepont, périt presque toute de misère et de maladies devant Constantinople, surtout à cause des eaux, que l'empereur Emmanuel trouva moyen de faire empoisonner. Tous les Justiniani étant morts dans cette entreprise, le doge Micheli voulut rétablir, à son retour, une si noble famille, et obtint pour cet effet une permission du pape pour faire sortir du cloître frère Nicolas Justiniani, moine bénédictin, auquel il donna sa fille en mariage, duquel sont issus tous ceux de cette maison qui tiennent encore aujourd'hui un rang considérable dans la République ; et ce bon religieux, après avoir mis plusieurs enfants au monde, retourna dans son cloître pour y vivre comme auparavant.

L'on compte aussi dans la première classe de la noblesse huit autres maisons, lesquelles, avec les quatre dont je viens de parler, en font douze, dont l'ancienneté va presque de pair avec les douze premiers, à cause que longtemps devant le *serrar del consiglio* elles étaient très considérables, et particulièrement les Quirini, les Delphini, les Soranci, les Zorzi et les Marcelli, lesquelles se font encore distinguer dans la République ; mais les autres sont déchues de leur premier éclat par l'extrême pauvreté où elles ont été réduites.

Après que le général Tiepolo eut entièrement détruit
la ville d'Acre en Syrie pour s'être plusieurs fois révol-
tée contre la République, qui l'avait conquise, quelques
illustres maisons de cette ville se retirèrent à Venise,
et comme elles tenaient quelque rang avant la fixation du grand conseil, où elles furent comprises, elles
sont aussi reçues parmi la noblesse d'ancienne origine.

V

DE LA NOBLESSE VÉNITIENNE
DE LA SECONDE CLASSE

Comme le *serrar del consiglio*, que fit le doge Gradenigo, en perpétuant le gouvernement de la République dans les seules familles qui l'ont composé depuis,
anoblit en même temps toutes celles qui y furent
comprises, la seconde classe de la noblesse vénitienne
se trouve composée de ces nobles qui n'ont point de
titres plus anciens que cette fixation du grand conseil,
et que d'être écrits dès ce temps-là dans le Livre d'or,
qui est le catalogue qu'on commença de faire pour
lors de toutes les familles de la noblesse vénitienne ;
et comme il y a environ quatre cents ans que cet établissement se fit, cette noblesse est présentement fort
estimée, surtout depuis que les nécessités de l'État en
ont fait recevoir de nouvelles dans deux occasions différentes.

Du grand nombre de familles qui furent unies au corps de noblesse dans ce changement, il y en a plus de quatre-vingts qui subsistent encore aujourd'hui, dont les plus considérables sont les Mocenighi, maison riche, nombreuse et illustre par les grands hommes qu'elle a donnés à l'État : les Capeli, les Foscarini, les Foscari, les Grimani, les Gritti, les Gouffoni, les Loredani, les Donati, les Malipierri, les Nani, les Pesari, les Pisani, les Priuli, les Ruzzini, les Sagredi, les Valieri, les Venieri, les Basadonna et quelques autres, lesquelles ont la plupart donné des doges à la République et se trouvent encore puissantes en crédit, par le nombre de têtes qu'elles ont dans le grand conseil.

L'on met au rang de cette noblesse du second ordre trente familles qui furent agrégées à la noblesse vénitienne quatre-vingt-onze ans après le *serrar del consiglio*, c'est-à-dire en 1380, que fut terminée la guerre des Génois, pendant laquelle ces trente maisons de citadins et de bourgeois de toutes sortes de professions avaient secouru la République par des sommes si considérables, que le sénat les jugea dignes d'une pareille reconnaissance.

De ces trente familles, il y en a présentement onze d'éteintes, et de celles qui restent il n'y a que les Trevisani, les Vendramini, les Renieri, les Justi et les Pasqualighi qui se fassent distinguer parmi ce grand corps de noblesse.

VI

DE LA NOBLESSE VÉNITIENNE DE LA TROI-SIÈME CLASSE

L'on comprend dans cette classe environ quatre-vingts familles qui ont acheté la noblesse vénitienne, moyennant cent mille ducats, dans le besoin d'argent où la République s'est trouvée réduite par la dernière guerre de Candie ; dans cette occasion, le sénat n'a fait aucune distinction entre les personnes qui se sont présentées, c'est-à-dire que depuis le gentilhomme de terre ferme jusqu'à l'artisan, tous ceux qui ont eu de l'argent comptant ont été reçus, quoique les requêtes qu'on présentait au pregadi pour ce sujet dussent avoir des prétextes et des fondements spéciaux.

Il y a une partie de ces familles de nouveaux nobles qui se sont maintenues, et les autres sont demeurées incommodées et presque accablées de l'effort qu'elles ont fait pour s'élever à cette grandeur ; car l'ardent désir qu'eurent les chefs de ces maisons, la plupart de basse origine, de se voir légalement anoblis poussa quelques-uns d'entre eux à des sacrifices tels que, le rang obtenu, ils se trouvèrent, eux et les leurs, dans une condition matérielle pour ainsi dire précaire.

Et comme la noblesse qu'ils avaient acquise restait suspecte aux yeux des nobles anciens, il y avait eu là pour eux un véritable marché de dupes.

Cette troisième sorte de noblesse vénitienne n'est
point encore employée dans les grandes charges de la
République, car on lui préfère en toutes choses les nobles d'ancienne origine. Mais comme, depuis la fin de
la guerre contre les Turcs, la porte n'est plus ouverte
à ces sortes de moyens d'avoir de l'argent, ceux de
ces familles qui auront du mérite ne seront pas longtemps sans parvenir aux dignités.

VII

DE LA NOBLESSE VÉNITIENNE FAITE
PAR MÉRITE

Si la République a terni en quelque manière l'éclat de
la noblesse vénitienne en admettant dans cet illustre
corps des membres aussi défectueux que le sont quelques-uns de ceux qui en composent la troisième classe,
elle en a d'ailleurs relevé la dignité en y agrégeant
des têtes couronnées, un grand nombre de princes
souverains et plusieurs illustres familles de France et
d'Italie. D'un côté la République s'est acquis toute
la gloire qu'elle pouvait souhaiter, en faisant pour
ainsi dire de grands princes citoyens vénitiens, et de
l'autre elle a trouvé le moyen de mettre dans ses intérêts de puissantes maisons et d'en récompenser quelques-unes de celles qui, étant sujettes de la République, lui ont rendu des services importants, ou qui, se

trouvant sur les frontières, ont étendu les limites de l'État par la donation qu'elles lui ont faite des places qu'elles possédaient.

C'est de cette sorte de noblesse que je compose cette quatrième classe, qui avait à sa tête la maison de Valois, laquelle fut reçue et agrégée au corps de la noblesse vénitienne en la personne de Henri III, roi de France et de Pologne, qui se trouva présent lui-même au grand conseil, où il fut reçu d'une commune voix. La maison de Bourbon a fait le même honneur à la République, Henri le Grand ayant voulu donner au sénat de Venise ce témoignage particulier de son affection, en reconnaissance de ce qu'elle s'était la première déclarée en sa faveur, et des secours considérables d'argent dont elle l'avait assisté dans ses plus pressants besoins; néanmoins, malgré l'honneur que ce grand prince faisait aux Vénitiens, il eut quelques balles contraires à sa réception.

Les maisons de presque tous les princes d'Italie ont souhaité d'être admises au corps de la noblesse vénitienne. Celles de tous les neveux des papes, depuis Innocent VIII, y ont été reçues par un témoignage d'estime tout particulier que la République a voulu donner envers les parents des souverains pontifes. Celles de Joyeuse, de Richelieu, de Mazarin et de tous ceux qui ont fait de grandes fortunes, ont recherché cet honneur, et l'ont obtenu ou par grâce, ou par argent et quoique par une loi particulière les enfants des nobles vénitiens soient censés déchus de ce rang lorsqu'ils n'ont pas été écrits au Livre d'or dans le terme porté par la même loi, néanmoins cette sorte de noblesse n'est point sujette à cette rigueur, parce qu'elle

ne vit pas dans l'État; mais tous ceux qui en sont,
se trouvant à Venise, peuvent, en prenant la veste, entrer et ballotter au grand conseil.

Les Pio, les Maleteste, les Bentivoglio, sont les principales familles particulières en Italie auxquelles la
République a fait don de la noblesse vénitienne. Les
Martiningues et les Collaltes, qui sont puissants seigneurs, les uns dans le pays de Brescia et les autres
dans la marche trévisane, sont les maisons que la
République a agrégées à la noblesse vénitienne par
mérite, à cause du crédit qu'elles ont dans ces provinces sujettes à l'État; mais ces seigneurs vivent chez
eux, sans se mêler des affaires de la République.

Les Benzoni et les Savorniani, qui sont de l'ordre de
la noblesse faite par mérite, demeurent dans Venise, y
portent la veste, entrent dans les conseils et sont attachés aux intérêts de la République. Les premiers lui
donnèrent autrefois la ville de Crême, dont ils étaient
seigneurs; et les derniers, qui étaient plus puissants
dans le Frioul, ont donné à l'État quelques forteresses
qui servent aujourd'hui de frontières contre l'empereur.

VIII

DES CITADINS VÉNITIENS

On entend à Venise par le mot de citadins toutes les
bonnes familles de citoyens vénitiens, qui composent

un second état entre la noblesse et le peuple. Je mets ici les citadins devant les nobles de terre ferme, parce que ce corps a plus de rapport au gouvernement de la République que n'en a la noblesse de la campagne et des villes de tout l'État : quoique parmi ces gentilshommes il y en ait un assez grand nombre qui ne céderaient pas aux meilleures maisons des nobles vénitiens en naissance et en richesses, s'ils vivaient hors des terres de la République.

On distingue deux sortes de citadins vénitiens; les premiers sont citadins de naissance et d'origine, issus de ces familles qui, avant la fixation du grand conseil, avaient la même part au gouvernement qu'y a présentement la seule noblesse vénitienne, et qui ne sont demeurés dans l'ordre de la citadinance que pour avoir été exclus du grand conseil dans le changement que fit le doge Gradenigo. Sous une autre sorte de gouvernement, plusieurs de ces familles d'anciens citadins pourraient se vanter d'être bien gentilshommes; car il s'en voit qui ont le même nom et les mêmes armes que des nobles vénitiens de la première classe.

Le second ordre des citadins est composé de ceux qui, ou par mérite ou par argent, ont obtenu ce rang dans la République. Les uns et les autres jouissent des mêmes privilèges; ils peuvent, comme les nobles, porter la veste et entrer dans les charges et dans les emplois que la République a destinés aux citadins, et lorsqu'ils sont en terre ferme, leur qualité de citadins vénitiens les égale à la noblesse du pays et leur donne, comme à ces nobles, l'entrée dans les conseils des villes. Ceux-ci, en échange, ont à Venise les mêmes privilèges que les citadins; mais comme la plupart ne

s'estiment guère moins que les nobles vénitiens mêmes,
ils tiennent infiniment au-dessous de leur qualité tous
les privilèges de la citadinance, dont le corps comprend
encore les médecins, les avocats, les marchands et les
ouvriers d'étoffes d'or ou de soie et les verriers de Mouran, qui se disent tous anoblis par Henri III.

La République honore beaucoup, ou du moins elle
fait semblant d'honorer les vrais citadins, soit pour
rendre leur sujétion moins dure, soit parce qu'étant
plus modestes que n'est ordinairement la noblesse vénitienne, ils sont beaucoup plus aimés du peuple. On
confère aux citadins qui ont du mérite, et qui s'attachent au service de la République, les charges de secrétaires du sénat et de tous les tribunaux par où passent les affaires d'État. On en fait aussi des secrétaires
d'ambassade, des résidents auprès des princes étrangers. En un mot, on leur donne toutes les charges
qu'on tient au-dessous d'un noble vénitien.

Le but auquel tous les citadins aspirent et où ils
peuvent parvenir par l'exercice de leurs charges est
la dignité de grand chancelier de la République; le
rang et la grandeur apparente que cette charge donne
à celui qui la possède en rendrait la fonction digne
d'un des premiers sénateurs, si la République, jalouse
de son autorité, n'avait réduit ce grand emploi au seul
exercice des choses où la charge l'oblige, comme je
dirai ci-après, sans lui donner ni voix ni crédit dans
tous les tribunaux où il a la liberté d'entrer. Cependant, comme cette dignité est la plus haute élévation
où puisse prétendre un citadin vénitien, ils y bornent
tous leur ambition et se vantent avec raison que si la
République a souvent trouvé des traîtres parmi les

nobles, ils sont exempts de ces reproches, puisque les citadins ont été inviolablement attachés aux intérêts de cet État.

IX

DE LA NOBLESSE DE TERRE FERME

Tout ce qu'il y a de gentilshommes hors de Venise et dans tout l'État de la République est compris sous le nom de nobles de terre ferme, excepté quelques familles qui sont de la troisième ou de la quatrième classe de la noblesse vénitienne. Quelque ancienne que puisse être la noblesse des gentilshommes de terre ferme, les nobles vénitiens ne font point de comparaison avec eux, voulant qu'il y ait la même différence qui se trouve entre le souverain et le sujet. Cette manière dure et fière aliène entièrement les esprits de la noblesse de terre ferme et fait naître de temps en temps de fâcheux différends entre elle et les jeunes nobles vénitiens qui se trouvent quelquefois dans les villes de l'État, les premiers ne voulant point céder à ceux-ci lorsqu'ils sont hors de Venise sans aucune charge publique.

Les gentilshommes de terre ferme composent les conseils des villes dont ils sont. Ils peuvent régler plusieurs choses qui regardent la police et les intérêts publics, qui n'ont rien de commun avec le gouvernement politique, dont la République ne fait part qu'aux

seuls nobles vénitiens. Toutefois, lorsque quelques-
uns de ces gentilshommes s'attachent au service de la
République dans les armes, elle leur donne des emplois
considérables, et souvent des gouvernements de places
et de citadelles dans les provinces ; mais elle ne les
traite pas en cela plus favorablement que les officiers
étrangers.

Comme cette noblesse pourrait se rendre trop considérable, le sénat ne perd point les occasions de l'abaisser toutes les fois qu'elles se présentent ; leurs moindres fautes sont des crimes capitaux, pour lesquels on
les proscrit et on confisque leurs biens. Et si un gentilhomme de terre ferme a la hardiesse de faire ou de
soutenir une querelle contre un noble vénitien, la sévérité du châtiment fait bientôt connaître la différence
que la République veut qu'on fasse entre un gentilhomme qu'on croit être né pour commander et un
autre dont elle veut faire consister tout le mérite dans
l'obéissance.

Le sénat sait fort bien que la noblesse de terre ferme
ne peut voir qu'avec indignation les nobles vénitiens
dans une si haute élévation, et qu'elle supporte impatiemment que le commandement souverain ne soit
qu'entre les mains de ceux à qui elle ne se croit pas
inférieure ; c'est pourquoi, comme dans les moindres
troubles qui pourraient arriver le sénat aurait beaucoup à craindre de cette noblesse si elle vivait dans
une parfaite union, il tâche de la tenir toujours dans
la division en y semant la jalousie, lorsqu'il manque
d'occasions plus propres pour en affaiblir les forces.

L'on vit un exemple manifeste de cette politique du
temps que Francois Érisso, qui fut fait ensuite doge,

était général des armées en Frioul. Cet habile homme
observa que dans cette province la noblesse, vivant dans
une parfaite intelligence, pouvait s'unir à la première
rencontre en faveur de l'empereur, qui y a de grandes
prétentions, et faire perdre à la République cette belle
frontière de ses États. Il en donna d'abord avis au sénat,
lequel approuva la prévoyance de ce général et l'expédient qu'il proposa pour en prévenir les dangereuses
suites.

Cet expédient fut de lui envoyer quantité de lettres
patentes avec les noms en blanc, pour donner le titre
de marquis ou de comte à ceux de cette noblesse qu'il
jugerait à propos ; de sorte que ces grâces, distribuées
à dessein par ce général tout au contraire de ce que
la justice aurait dû exiger, ne manquèrent pas d'avoir
l'effet qu'il s'en était promis, en jetant parmi ces gentilshommes les semences d'une discorde implacable
qui divisa les familles, arma les frères contre les frères, causa une infinité de meurtres, enrichit le fisc des
biens de cette noblesse et délivra pour un long temps
la République de la crainte qu'elle avait eue de la
bonne intelligence qui régnait dans cette province [1].

1. *Diviser pour régner*, devise de Catherine de Médicis.

X

DES PROCURATEURS DE SAINT-MARC

Après avoir fait connaitre quelle est la qualité des
personnes qui ont le souverain gouvernement en main,
il est à propos de parler ici de la *dignité* des procurateurs de Saint-Marc et de celle de grand chancelier ;
car comme elles donnent à ceux qui les possèdent un
rang très éminent qui leur fait avoir beaucoup de relation au gouvernement de l'État, il est nécessaire de
savoir quelles sont ces dignités, avant que d'entrer dans
la description des conseils de la République, tant pour
faciliter l'intelligence des matières dont je dois traiter,
que pour n'être pas obligé de renvoyer le lecteur ailleurs. Ces deux grandes dignités, avec celle de doge,
sont les seules qui soient à vie, parce qu'elles sont la
récompense des services rendus à l'État. Les grands
privilèges et les prérogatives extraordinaires que la dignité de procureur de Saint-Marc porte avec elle font
qu'elle est le terme de la plus haute ambition de la
noblesse vénitienne, puisque celle de doge, comme je
dirai, a des conditions si dures qu'elle n'est ordinairement souhaitée que de peu de sénateurs. Un gentilhomme vénitien ne peut prétendre à l'honneur de
la veste[1] de procurateur que par les services importants qu'il aura rendus à la République dans plusieurs

---

1. *Veste* est pris ici dans le sens général d'habit, en italien *vestito.*

ambassades, ou dans le commandement des armées
de mer, ou enfin dans un long exercice des premières
charges de l'État. Cette dignité donne l'entrée au sénat
et le pas en même temps au-dessus de tout le reste
de la noblesse vénitienne, parce que les procurateurs
sont censés les premiers sénateurs, et en cette qualité
ils sont exempts de toutes les charges publiques qui
obligent à faire de grandes dépenses, excepté les ambassades extraordinaires et les commissions importantes, comme fut le règlement des limites entre la
Porte et la République, où le procurateur Nani fut si
utilement employé après la paix de Candie.

On voit, dans les annales de la République, qu'il y a
plus de six cents ans qu'il y avait un procurateur de
Saint-Marc, lequel prenait le soin du bâtiment de cette
église, en administrait le revenu et en était comme le
grand marguillier. La République créa un second procurateur de Saint-Marc plus de quatre-vingts ans après ;
et comme, dans la suite du temps, les biens de cette
église s'accrurent beaucoup, la République fit trois procurateurs, à chacun desquels elle donna enfin à diverses fois deux collègues ; de sorte qu'il y a environ deux
cent trente ans que le nombre fut fixé à neuf, divisés
en trois procuraties ou chambres, dont la première
s'appelle celle d'en haut, laquelle a le soin de tout ce
qui regarde l'église. La seconde a la direction des biens
laissés aux pauvres par ceux qui demeurent en deçà,
et la troisième a la direction des biens laissés aux pauvres par ceux qui demeurent au delà du grand canal ;
c'est pourquoi les procuraties sont distinguées par ces
trois termes différents de *procuratie di Sopra, di Citra
e d'Ultra*.

La République ne fut pas seulement obligée de créer neuf procurateurs de Saint-Marc pour faciliter la distribution des grandes richesses laissées à l'église de Saint-Marc et aux pauvres, surtout lorsqu'elles se trouvèrent extraordinairement augmentées par les grandes donations du puissant doge Sébastien Ziani; mais encore elle voulut multiplier cette dignité pour en faire la récompense des services que les nobles rendaient à l'État, voyant qu'il n'y en avait point de plus agréable ni que la noblesse vénitienne recherchait davantage que celle-là.

Ces seigneurs sont les exécuteurs de tous les legs pieux, les tuteurs des orphelins et les protecteurs des veuves. Ils distribuent tous les ans des bourses pour marier de pauvres filles, et donnent pour rien les habitations de plusieurs maisons qui dépendent de leurs procuraties. Le rang que cette dignité donne dans la République a été de tout temps si recherché de la noblesse vénitienne, que dans toutes les fâcheuses guerres de l'État, le sénat en a su faire une abondante source d'or, en vendant la veste de procurateur; mais on n'en a jamais tant vu à la fois que dans les derniers temps de la guerre de Candie, puisque en l'année 1672 on en comptait encore trente-cinq de vivants.

Ceux qui remplissent les neuf places des anciens procurateurs sont appelés procurateurs par mérite, afin de les distinguer des autres, qui ont acheté cette dignité; cependant ils jouissent tous des mêmes privilèges, n'y ayant aucune différence entre eux sinon que lorsqu'un procurateur par mérite meurt, le grand conseil en élit un autre avant que le défunt soit enterré, et qu'on ne remplace point ceux qui le sont par argent, afin de les réduire avec le temps au nombre de leur fixation. Les nobles qui ont acheté la veste de procurateur l'ont payée trente mille ducats; mais ceux dont j'ai parlé, lesquels, après avoir acheté la noblesse, ont encore voulu monter à ce haut degré d'honneur par une échelle d'or, l'ont payée deux fois davantage, n'étant pas juste que les nouveaux nobles fussent traités dans cette rencontre comme l'ancienne noblesse.

Tous les procurateurs portent la veste ducale, c'est-à-dire à grandes manches jusqu'à terre, et, suivant le rang de leur ancienneté, ils ont leur habitation dans les superbes procuraties neuves; mais comme la bibliothèque de Saint-Marc, dont ils sont les maîtres, la chambre des archives de la République, dont ils sont les gardiens, et celle où ils tiennent ordinairement leurs conseils trois fois la semaine, occupent une partie de ce grand bâtiment, il n'y reste du logement que pour six procurateurs; c'est pourquoi la République donne aux autres une médiocre pension jusqu'à ce qu'ils entrent dans les procuraties.

Bien que la vente de cette dignité soit d'un grand avantage à la République à cause des grandes sommes qu'elle en tire dans les pressants besoins de l'État, elle ne laisse pas néanmoins de porter un notable préjudice au public et aux particuliers de la noblesse, parce que par ce moyen ceux qui pourraient soutenir la gloire de la République dans les ambassades, par les grandes dépenses qu'il y faut faire, s'en trouvant exempts par les privilèges de cette dignité, le sénat est obligé de donner souvent ces emplois à des gentilshommes qui, ne pouvant pas en soutenir dignement l'honneur, s'in-

commodent beaucoup et font tort en même temps à la
réputation de la République.

***

XI

DU GRAND CHANCELIER

La République, comme j'ai déjà dit, ne se peut passer
du ministère des citadins; c'est pourquoi, afin d'exciter
le zèle et d'assurer à l'État la fidélité des principaux
membres de ce puissant corps, elle a voulu l'honorer de
l'illustre dignité de grand chancelier, à laquelle ils ne
peuvent parvenir que par l'assiduité et l'importance
de leurs services. Ce poste est le faîte de la gloire et la
dernière récompense où aspirent les secrétaires de la
République, et particulièrement ceux du conseil des
Dix, qui tiennent le premier rang. Les avantages qui
sont attachés à cette grande charge égalent en apparence celui qui la possède aux premiers sénateurs de
la République, et même en plusieurs choses ils l'élèvent beaucoup au-dessus; car excepté les conseillers
de la seigneurie et les procurateurs de Saint-Marc, il a
la préséance sur tous les autres magistrats, il porte la
veste ducale de pourpre, il a le titre d'Excellence, les
portes lui sont ouvertes dans tous les conseils, il tient
les sceaux de la République et il en a le secret, il assiste
à la lecture des dépêches et des réponses des ambassadeurs et à tout ce qui se traite au sénat, il lit dans

le grand conseil tout ce qui s'y doit ballotter, et il est le chef des citadins, comme le doge l'est de la noblesse.

L'élection du grand chancelier se fait par le grand conseil, c'est-à-dire par l'assemblée générale de toute la noblesse; et lorsqu'il prend possession de la charge, il fait une entrée au collége avec la même pompe que les procurateurs de Saint-Marc, dont je décrirai les particularités dans la troisième partie. Il marche avec un cortége de plusieurs procurateurs, d'un grand nombre de sénateurs et de nobles en vestes ducales de pourpre, lesquels, pour faire honneur en cette occasion à l'ordre des citadins, n'accompagnent pas seulement chacun un des parents ou des amis du chancelier, mais encore leur donnent la main; et tous les citadins qui assistent à cette cérémonie portent aussi la veste ducale de pourpre, sans aucune sorte de distinction; et avec cette pompeuse suite, qui est toujours fort grande, à cause de l'honneur que les citadins y reçoivent, le chancelier se rend au collége, il harangue la seigneurie, il y reçoit les sceaux et prend possession de sa charge.

Cet officier a trois mille ducats d'appointements, sans ce qu'il touche des expéditions de la chancellerie et de quelques autres droits casuels qui triplent son revenu; ce qui, joint aux grands priviléges de sa charge, élève sa condition au-dessus de celle du doge même, parce qu'il n'est pas obligé de vivre dans la même servitude. Mais afin que rien ne manque à la grandeur extérieure du chancelier, la République lui fait, à sa mort, des obsèques aux dépens du public avec la même pompe qu'au doge; et s'il y a quelque différence, c'est que la seigneurie assiste à ses obsèques en vestes noires, pour témoigner le regret qu'elle a de la mort du chancelier, et qu'elle porte la veste pourpre aux funérailles du doge, comme je dirai en son lieu.

Si le doge de la République n'est en effet qu'un véritable fantôme et une ombre de prince, le grand chancelier, qui est le doge des citadins, n'est aussi qu'un serviteur honoraire qui entre dans toute la confidence de ses supérieurs, qui le payent bien de ses services ; et comme il n'a point de voix délibérative dans les conseils, tous les privilèges qu'il a et toutes les marques d'honneur dont il est revêtu n'empêchent pas qu'il ne soit moins qu'un simple noble ; de sorte que sa grande dignité n'est qu'une honnête servitude ; aussi, se reconnaissant inférieur à la noblesse, il n'use jamais du droit qu'il a de préséance que dans les fonctions de sa charge, car dans le particulier il rend aux nobles les respects d'un citadin.

XII

DU GOUVERNEMENT DE LA RÉPUBLIQUE EN GÉNÉRAL

Le gouvernement de la République de Venise est semblable à une grande et ingénieuse machine dont plusieurs ressorts cachés concourent ensemble au moindre mouvement qu'on y aperçoit au dehors. On y observe un tempérament si juste et si admirable de

supériorité et de dépendance entre les vieux nobles et
les jeunes, entre les riches et les pauvres, entre ceux
qui possèdent les premières dignités et les moindres
particuliers de la noblesse, que de cette subordination
réciproque résulte nécessairement une parfaite union
et un zèle ardent pour le bien public, qui sont le fondement et la base de la puissance et de la durée de la
République.

Ce n'est pas que de cette commune dépendance, qui
partage ainsi l'autorité entre des personnes qui sont le
plus souvent d'un caractère tout à fait différent, c'est-
à-dire entre les méchants et les gens de bien, il ne
naisse en plusieurs rencontres divers inconvénients au
préjudice des sujets. Mais si l'art trouve du poison
dans ce que la nature produit de plus doux et de plus
agréable, et qu'au contraire il sait extraire les remèdes
les plus salutaires des venins les plus pernicieux, doit-
on trouver étrange que les plus sages lois de la politique produisent quelquefois de fâcheux inconvénients,
de même que les règlements les plus injustes ont des
suites souvent très avantageuses?

La République a voulu conserver dans l'ordre extérieur de son gouvernement une parfaite image de la
monarchie, de l'aristocratie et de la démocratie; et
elle a su trouver en effet les moyens de jouir des véritables avantages de ces trois différentes formes de
gouvernement; car en la personne du doge, au nom
duquel se font les ordonnances, les dépêches et les
négociations, elle fait éclater la majesté du prince
souverain. Le prégadi, qui est le sénat, représente
une parfaite aristocratie, où les plus sages têtes de la
République règlent avec un pouvoir absolu les plus

importantes affaires de l'État; et le grand conseil, qui
est l'assemblée de toute la noblesse, distribuant la
plus grande partie des diguités à ceux qui s'en rendent
dignes, est la véritable image d'une démocratie où
les plus puissants sont obligés de briguer les suffrages,
et n'ont d'autorité qu'autant qu'il plait à ce grand
corps, qu'il est presque impossible de gagner et de corrompre. Mais avant que d'entrer dans le particulier du
gouvernement, je le diviserai en ecclésiastique et en
politique, parce que la République n'est pas moins la
maîtresse de l'un que de l'autre.

XIII

DU GOUVERNEMENT ECCLÉSIASTIQUE

Une des choses à quoi le sénat s'est appliqué avec
plus de soin, depuis l'établissement du gouvernement
aristocratique, a été d'empêcher par toutes sortes de
moyens que les princes étrangers n'eussent aucune connaissance de ses délibérations ni de ses maximes particulières; et comme il eût été plus facile à la cour de
Rome qu'à aucune autre d'en venir à bout, et même
de former un parti considérable dans le sénat par le
moyen des ecclésiastiques, la République ne s'est pas
seulement contentée de leur en interdire tout à fait
l'entrée, mais encore elle n'a jamais souffert que la
juridiction ecclésiastique ordinaire se soit établie dans

ses États avec la même autorité que la plupart des
princes chrétiens lui ont laissé prendre.

De tous les États de la chrétienté, il n'y a que la République de Venise où les ecclésiastiques soient exclus
de tous les conseils et de tous les emplois publics,
même quand ils sont nobles vénitiens; le sénat s'est
si bien trouvé de cette maxime, et d'être ainsi le maitre
absolu de tous les sujets de quelque condition et profession qu'ils soient, qu'il n'a jamais fait paraitre plus
de fermeté que lorsqu'il a été question de maintenir
cet usage. L'histoire de l'interdit du pape Paul V[1] en
est un bel exemple. Ce fut dans cette rencontre que le
savant Fra Paulo rendit à sa patrie des services très
importants, en soutenant par ses doctes écrits le droit
de la République.

Par cette maxime le sénat tient les ecclésiastiques
dans la dépendance; et par la tolérance qu'il a d'ailleurs pour eux à l'égard de leur conduite particulière,
il les a entièrement à sa dévotion : et de cette sorte
il n'est pas moins le maitre absolu du gouvernement
ecclésiastique qu'il ne l'est de celui de l'État. C'est
pourquoi il ne sera pas hors de propos de toucher ici
quelque chose de la manière dont se gouverne le clergé
de Venise, avant d'entrer dans le détail du gouvernement politique.

1. Voy. la note D à la fin du volume.

XIV

DU PATRIARCHE DE VENISE

L'Église de Venise, je veux dire de tout l'État de la République, reconnait deux patriarches, qui sont celui d'Aquilée et celui de Venise. Ce dernier n'était autrefois qu'un fort petit évêque, dont le revenu n'était pas considérable, et qui prenait le titre d'évêque de Castel, qui est le quartier de Venise où est située son église. Mais comme, depuis le grand accroissement de la République, il arriva qu'il naissait souvent des contestations pour la juridiction entre cet évêque et le patriarche de Grado, qui était primat de Dalmatie et de Venise, le sénat demanda au pape que le patriarchat et l'évêché fussent unis en la personne de celui des deux prélats qui survivrait à l'autre, et par ce moyen le patriarchat de Grado fut dévolu, en l'année 1450, à l'évêque de Castel en la personne de Laurent Justiniani, que l'Église a canonisé à cause de la sainteté de sa vie et des miracles qu'il fit après sa mort.

Le patriarche de Venise est primat de Dalmatie et d'une partie des États de la République en terre ferme ; les évêques de Candie, de Corfou et de quelques îles voisines de Venise sont ses suffragants. Cette dignité éminente ne peut être possédée que par un noble vénitien ; c'est pourquoi la République s'en est conservé la nomination. Mais il est étonnant qu'un prélat de ce

caractère ait une autorité si bornée sur son clergé.
Les prêtres et les religieux déclinent également sa juridiction, à la faveur de deux ou de trois magistratures
où les premiers sénateurs de la République, s'attri-
buant la connaissance de tout ce qui regarde les religieux et les ecclésiastiques, réduisent à fort peu de
chose tout le pouvoir du patriarche; et comme ce prélat n'a point la nomination des cures de Venise ni
des autres bénéfices de son Église, excepté deux dignités, son crédit n'est pas plus considérable que son
autorité.

Bien que le pouvoir que les nonces du pape ont chez
tous les princes d'Italie, tant pour le spirituel que
pour le temporel, ne soit pas d'une grande étendue à
Venise, il ne laisse pas néanmoins de diminuer encore
la dignité et l'autorité du patriarche; car lorsque ce
prélat officie pontificalement dans sa propre église en
présence de la seigneurie, il ne pourra donner la bénédiction au peuple sans la permission du nonce aposto-
lique, qui assiste à toutes ces fonctions publiques; c'est
pourquoi le maître des cérémonies va lui demander
en ces termes : *Placeat ut celebrans benedicat?* et il répond : *Placet*[1].

---

[1] « Lui plaît-il que le célébrant donne la bénédiction ? — Il lui plaît. »

XV

DE L'ÉLECTION DES CURÉS DE VENISE

Soit que la République ait eu dessein d'ôter aux ecclésiastiques les moyens d'avoir de l'obligation à d'autres supérieurs qu'au sénat, soit qu'elle n'ait eu d'autre vue que de maintenir l'ancien usage de l'Église,
elle a laissé l'élection des curés à la disposition des
paroissiens, qui doivent choisir celui des prêtres habitués de la même paroisse qui leur paraît le plus digne et par la capacité et par l'ancienneté du service.
Mais pour empêcher les grandes brigues qui se faisaient autrefois en ces occasions, tant de la part des
prêtres que de celle des paroissiens, le sénat a ordonné
que l'élection soit faite dans le terme de trois jours
après la mort du curé; faute de quoi la République y
nomme.

Tous ceux qui possèdent des maisons en propre dans
l'étendue de la paroisse, nobles vénitiens, citadins et
artisans, s'assemblent dans l'église pour procéder à
l'élection par la pluralité des voix; mais comme il
s'agit d'examiner le mérite de tous les prêtres habitués,
ils comparaissent l'un après l'autre, suivant l'ordre de
leur ancienneté, et là, par un discours étudié, les plus
jeunes parlant les premiers, ils exagèrent tous les services qu'ils ont rendus à la paroisse et aux paroissiens;
après quoi on les ballotte, pour voir celui qui aura le

plus de suffrages, ou bien on élit par acclamation celui qui a le plus de mérite ou qui est le plus fort en
brigue.

Comme les ecclésiastiques de Venise sont pour la
plupart de basse origine, et que la science parmi eux
n'est pas moins rare que la vertu, il ne faut pas s'é-
tonner s'il se passe à ces élections des choses fort singulières et presque incroyables à ceux qui ne connaissent pas Venise. L'on voit de ces prêtres qui, pour
mieux persuader l'assemblée du mérite qu'ils se sont
acquis dans la paroisse, appellent tout haut et font
venir devant eux de bonnes femmes, les interrogeant :
« Qui vous a secourue dans votre nécessité? Et vous,
qui vous a assistée dans votre maladie? Qui vous a
protégée dans votre persécution? N'est-ce pas moi? »

Il n'est pas difficile de s'imaginer de quelles réponses
sont suivies toutes ces interrogations ; mais ce qui vaut
incomparablement mieux que cela, c'est d'entendre
haranguer un prétendant à la cure, lequel, pour mieux
exalter son mérite, ne fait pas de difficulté de dire tout
haut les dernières infamies de ses concurrents, en protestant qu'il n'est point un ivrogne comme celui-ci, ni
un libertin comme celui-là, en un mot tout ce qu'il
sait de plus caché, dont il peut tirer quelque avantage
au préjudice de ses confrères.

L'adresse de celui qui fut élu il y a peu de temps
dans une des meilleures paroisses de Venise me parait
d'autant plus ingénieuse qu'elle est couverte du voile
de la dernière simplicité. Celui-ci, comme le plus vieux
des prêtres habitués, et qui apparemment avait plusieurs fois manqué la cure par l'exagération de tout
son mérite, paraissant le dernier dans l'assemblée,

prit un style tout nouveau; il s'avança au milieu de la
compagnie tout courbé sur son bâton, toussant fort
creux, et ne prononça que ce peu de paroles en fort
bon vénitien : « Ces messieurs, dit-il, m'ont obligé de
comparaître; pour moi, je n'ai rien à vous dire, sinon
que, si je suis bon, vous me fassiez curé, et si vous ne
me croyez pas tel, vous me laissiez là. » Cette expression toute nouvelle eut tant de force, que, sans regarder autrement au mérite, toute l'assemblée le proclama
curé d'une commune voix.

Les réjouissances qui suivent ces élections ne sont
pas moins singulières. On allume quantité de falots
et de feux de joie pendant trois jours devant la porte
du curé; l'on y tire des fusées et des boites, et l'on
va écrire en gros caractères sur les murailles de tous
les carrefours de la paroisse son éloge en peu de
mots, qui expriment tout son mérite, par le seul nombre des années qu'il a passées au service de cette
église.

Comme la République connaît parfaitement, par les
diverses expériences qu'elle en a déjà faites, qu'il lui
est d'une très grande importance d'avoir les religieux
et les ecclésiastiques entièrement à sa dévotion, elle
ferme les yeux à plusieurs sortes de désordres auxquels il ne serait pas difficile de remédier, ne trouvant
pas de meilleur moyen, pour attacher entièrement les
uns et les autres à ses intérêts, que l'indulgence qu'elle
a touchant leur conduite; mais d'un autre côté le sénat ne manque jamais d'obtenir par la crainte et par
la sévérité du châtiment ce que cette sorte de complaisance n'est pas quelquefois capable de lui acquérir;
car non seulement il punit toujours très rigoureuse-

ment ceux qui font paraître de l'opposition à ses ordres, mais encore il ne pardonne pas même à ceux
qui apportent la moindre lenteur à s'y soumettre aveu-
glément.

XVI

DE L'INQUISITION DE VENISE

Quand on connaît l'esprit avec lequel la République
se gouverne, et la jalousie qu'elle a de l'autorité ecclésiastique, on s'étonne d'abord que l'inquisition soit
établie à Venise et dans tous ses États; mais lorsqu'on
sait sous quelles conditions elle y a été reçue et de
quelle manière sa juridiction est bornée, on cesse de
s'étonner, pour admirer au contraire la sagesse du sénat qui, connaissant parfaitement la conséquence d'une
autorité si formidable, ne s'appliqua pas avec moins
de soin dès le commencement pour en empêcher l'é-
tablissement, avec toute l'étendue du pouvoir que ce
tribunal a dans les autres pays, que Rome de son côté
employa d'adresse et d'autorité pour obtenir cet important avantage ; mais il fallait nécessairement avoir
l'agrément du sénat, et pour ce sujet le pape fut contraint de consentir à des conditions qui rendent le tribunal de l'inquisition presque aussi dépendant du gouvernement politique que tous les tribunaux séculiers.

Le saint-office est composé du nonce du pape rési-

dant à Venise, du patriarche de Venise (qui comme
noble vénitien est religieux observateur des lois de la
République), du père inquisiteur, qui est toujours de
l'ordre de Saint-François, et de deux principaux sénateurs, qui sont assistants, et sans la présence et le con-
sentement desquels toutes les procédures sont nulles
et les sentences ne peuvent être mises à exécution; de
sorte que par ce moyen, et sous prétexte qu'une matière d'inquisition sera contraire aux lois et aux intérêts de l'État, les plus grandes affaires de ce tribunal
se réduisent à peu de chose.

L'hérésie expresse est presque la seule matière dont
l'inquisition de Venise ait droit de connaitre. Je dis
l'hérésie expresse; car la plupart des désordres qui la
suivent, ou qui peuvent la faire naitre et l'entretenir,
ont des juges séculiers qui, ayant le soin de veiller à
la tranquillité publique par l'observation d'une exacte
police, prennent connaissance de ces matières. Tous
ceux qui font profession d'une autre religion que de
la catholique ne sont point soumis à l'inquisition; et
depuis le catalogue des livres défendus, qui fut dressé
lorsque la République reçut l'inquisition, il y a environ cent ans, il n'est point permis au saint-office d'en
censurer d'autres que ceux que la République censure
elle-même.

Le sénat cependant, afin d'être plus assuré dans sa
conduite, tant à l'égard des matières de la religion
que sur les droits légitimes de la cour de Rome,
entretient deux docteurs, qu'on appelle consulteurs
d'État, l'un religieux et l'autre séculier; et c'est par
leur avis que la République se règle dans toutes ces
rencontres; de sorte que le sénat ne reçoit jamais de

Rome ni bulles, ni brefs, ni excommunications, que ces deux docteurs ne les aient bien examinés, et n'assurent qu'ils ne contiennent rien de contraire aux lois et à la liberté de l'État.

La République a trouvé à propos de permettre aux Grecs et aux Arméniens l'exercice de leur religion, chacun dans leur église; et quoique les Grecs aient assez de retenue pour ne pas ouvertement avouer qu'ils sont schismatiques, ils ne laissent pas néanmoins de faire connaître dans le particulier qu'ils ne dépendent que du patriarche de Constantinople, et qu'ils diffèrent de l'Église romaine dans les cinq points qui sont le schisme de l'Église orientale. Cependant, lorsque les Grecs et les Arméniens célèbrent quelque fête, le peuple va en foule visiter leurs églises, pour y gagner les indulgences, de même qu'il fait les églises catholiques.

Quant aux huguenots[1] et aux luthériens, que l'inquisition ne souffre nulle part, la République ne leur a pas véritablement accordé avec une pleine liberté l'exercice public de leur religion; aussi y en a-t-il fort peu à Venise; mais la tolérance y est telle qu'on y ferme les yeux pour ces sortes de matières; et lorsqu'un huguenot est mort à Venise, on n'a pas beaucoup de peine à le faire enterrer publiquement dans une église, les curés n'ayant pas coutume de se formaliser s'il est mort catholique ou hérétique. Cependant l'inquisition ne profite jamais des amendes ni des biens d'un hérétique condamné, la République ayant voulu qu'ils retournassent aux héritiers. Cet usage

---

1. La désignation de huguenots s'applique ici aux protestants calvinistes.

est bien différent de ce qui se pratique en Espagne, où l'inquisition ne prend pas seulement les biens des juifs qu'elle condamne à être brûlés, mais encore tout ce que possèdent ceux qui se convertissent à la foi, comme étant des choses mal acquises qui en altéreraient la pureté.

Il n'y a point d'endroit en Italie où les juifs soient mieux traités qu'à Venise, à la réserve des États du grand-duc[1], où l'on peut dire que cette nation est la maîtresse, à cause du grand négoce qu'elle attire à Livourne ; mais à Venise chaque maison de noble en a quelqu'un d'affectionné et de confident; car comme ils sont reconnus pour des personnes très secrètes, cette bonne qualité leur fait trouver des protecteurs parmi la noblesse, qui sait s'en servir à plus d'un usage ; et comme ils ne peuvent être recherchés pour la seule religion, tous les crimes qu'ils peuvent commettre sur ce fait, blasphèmes, sacrilèges et autres, vont aux tribunaux séculiers. Ils portent, pour se faire distinguer, des chapeaux rouges, faits de la plus belle écarlate qui se puisse voir, doublés de taffetas noir, de sorte que cette singularité surprend d'abord les étrangers.

Les juifs ne sont pas seulement tolérés à Venise, à cause que les plus riches, s'associant avec les marchands pour le négoce du Levant, y attirent le commerce, mais aussi parce qu'ils donnent des sommes considérables à la République dans les pressantes nécessités, outre les grandes taxes ordinaires qu'on leur impose. Ils habitent un lieu séparé, fermé de deux

----

1. Le grand-duc de Toscane.

porles, où leur grand nombre, qui est de plus de deux
mille cinq cents, les oblige d'élever les maisons jusques à six ou sept étages. Ils sont de plusieurs nations
différentes, Hollandais, Espagnols, Portugais, Allemands et Italiens; ils ont des synagogues particulières; mais parmi ces nations différentes les Portugais
sont les plus riches, et ils s'estiment d'une condition si
élevée au-dessus des autres, qu'ils ne font aucune comparaison avec eux.

Pour une plus grande liberté, la République a établi
en faveur de toutes les religions dont je viens de
parler une chambre particulière dans l'Université de
Padoue, qui était autrefois si célèbre, où quelques
régents nommés pour cet effet ont pouvoir de donner
les degrés et le doctorat à toutes sortes de personnes,
sans aucune distinction de religion, après qu'on a fait
les études ordinaires. De sorte que comme on se trouve
exempt, par ce moyen, de faire la profession de foi
ordonnée par les bulles des papes, on y voit les schismatiques, les hérétiques et les juifs se faire docteurs
en droit et en médecine; et ainsi la République fait
goûter à ses sujets la douceur de cette liberté, sans
être obligée de couvrir d'autres prétextes l'intérêt
qu'elle a de laisser vivre chacun dans ses États hors
de la crainte que l'inquisition cause ailleurs.

XVII

DU GOUVERNEMENT POLITIQUE
DE LA RÉPUBLIQUE

Le collège, le prégadi et le grand conseil sont les
trois principaux ressorts qui font mouvoir toute la
machine de l'État ; mais comme la régularité de ce
mouvement, qui fait toute la perfection du gouvernement de la République, dépend de la relation qui est
entre ces conseils, il est absolument nécessaire d'en
connaitre la subordination réciproque, l'ordre qu'on
suit dans la conduite des plus importantes affaires et
l'autorité qu'ils ont chacun en particulier. Mais comme
j'irais contre l'ordre naturel des choses si, pour dé-
crire un palais d'une rare structure, je commençais
par les fondements plutôt que par la face principale,
qui frappe d'abord la vue, il me semble de même que
j'apporterais plus de confusion que de netteté dans la
matière que je traite, si je passais d'abord dans l'inté-
rieur du gouvernement de la République sans m'arrêter à l'endroit qui est l'entrée magnifique de ce superbe édifice, où les savants architectes qui en ont
élevé le plan ont mis les plus beaux ornements de
leur art.

XVIII

DU COLLÈGE

Le collège est le tribunal où réside toute la majesté
du prince : les ambassadeurs y vont à l'audience ; on
y lit les lettres des affaires étrangères ; on y présente
toutes les requètes ; on y plaide les causes privilégiées,
qui sont celles des prélats et des bénéfices ; on y juge
les procès entre les parents ; on y règle la compétence
des juges ; en un mot, le collège est la porte par où il
faut que toutes les affaires du dehors entrent ; et c'est
lui qui prépare les matières qui doivent être agitées et
réglées au prégadi, qui est le sénat de la République.

Le collège est composé du doge, de ses six conseillers, des trois chefs de la quarantie criminelle, des
six sages grands, des cinq sages de terre ferme et des
cinq sages des ordres, qui sont vingt-six personnes,
lesquelles, étant différentes en âge et en dignité, forment une assemblée qui représente tout le corps de
l'État.

Il y a dans la salle où se tient le collège une espèce
de trône, qui est une grande estrade élevée de quatre
marches, laquelle occupe tout le fond de la salle ; le
doge est assis dans le milieu sur une chaise de menuiserie à l'antique, qu'un petit marchepied élève de six
pouces plus haut que les bancs qui sont à droite et à
gauche ; une pièce de satin cramoisi qu'on attache sur

le dossier de cette chaise, un carreau de même étoffe et un petit tapis de pied sont tout l'ornement du siège dogal. Il y a cependant sujet de s'étonner que la République n'ait point couvert d'un dais la majesté de son prince, et qu'on n'en connaisse point l'usage dans le palais du doge : c'est peut-être que le pape Alexandre III, qui donna au prince Sébastien Ziani toutes les pompeuses marques qui rendent aujourd'hui la dignité dogale majestueuse aux yeux du peuple, ne s'avisa pas de lui faire présent d'un dais.

Les six conseillers du doge, avec les trois chefs de la quarantie criminelle, sont assis à droite et à gauche du prince, occupant tout le fond de la salle; sur le côté de main droite sont placés les six sages grands, et les cinq sages de terre ferme sont du côté gauche. Il y a pour chaque place un petit carreau de cuir doré, et des accoudoirs mobiles en forme de boîtes hautes et plates en font les séparations, afin qu'en les approchant comme on veut, on puisse faire place aux personnes qui dans leurs audiences doivent prendre séance en différents endroits, suivant le différent caractère dont elles sont revêtues.

Les cinq sages des ordres sont assis sur un banc à dossier, qui est placé en bas, hors de l'estrade, à main gauche; et au-dessous des sages de terre ferme les secrétaires du collège, dont quelques-uns sont destinés pour servir d'interprètes aux ambassadeurs dans leurs audiences et à tous les autres ministres étrangers, sont sur un banc de l'autre côté, mais beaucoup plus éloigné du trône du prince.

XIX

DU DOGE

L'on a pu remarquer dans ce que j'ai dit ci-devant, que depuis que la République est gouvernée par des doges, il n'est arrivé aucun changement dans la forme de son gouvernement qui n'ait eu pour but la diminution de l'autorité de ces princes ; de sorte que la dernière réforme qui se fit au *serrar del consiglio* en l'année 1289 dépouilla les doges du crédit qui leur était encore resté depuis la création du même conseil, cent dix-sept ans auparavant. Le sénat, qui connaît parfaitement que la liberté de la République est incompatible avec un prince qui serait au-dessus des lois, n'y a pas seulement assujetti le doge sans aucune réserve, mais encore il en a fait à son égard de particulières qui l'ont rendu en plusieurs choses inférieur à la condition d'un simple sénateur, et qui, de prince de la République qu'il était autrefois, l'ont fait devenir une vaine image et un véritable fantôme de la majesté, dont le sénat a retenu toute l'autorité.

On n'élève cependant à la dignité dogale que des sénateurs d'un mérite particulier, et l'on choisit ordinairement un des procurateurs de Saint-Marc ou un sénateur qui ait servi l'État dans les ambassades, dans le commandement de la flotte ou dans l'exercice des premiers emplois de la République. Mais comme le

sénat ne le met dans ce haut rang que pour gouverner en son nom, les plus habiles sénateurs ne sont pas
toujours les plus propres à occuper cette place. L'âge
avancé, l'humeur aisée et la naissance illustre sont
les trois qualités auxquelles on s'attache davantage,
la raison d'État voulant sur toute chose que le prince
soit doux et paisible, afin qu'il sache plier et se soumettre sans peine aux sentiments de ceux qui ont plus
de part que lui au gouvernement de la République.

Dominique Contarini, dernier doge mort depuis peu,
n'avait pas passé par tous les degrés qui élèvent ordinairement un noble vénitien à cette dignité; il était
même à la campagne, cultivant les fruits de son jardin,
lorsqu'il fut élu doge; mais outre qu'il était d'une
des plus illustres familles de Venise, laquelle a déjà
donné huit doges à la République, la nature l'avait
doué d'une si grande douceur d'esprit, d'une affabilité
si charmante et d'un extérieur si noble et si majestueux, qu'il s'attirait également l'amour et la vénération de la noblesse et du peuple; les jeunes gentilshommes étaient surtout si touchés de son mérite, que
je leur ai plusieurs fois ouï dire tout haut, en le considérant dans les fonctions publiques : *E adorabile quel
vecchio* [1].

Nicolas Sagredo, qui vient de lui succéder, est le
premier doge de cette famille, laquelle est de la noblesse de la seconde classe. Il était procurateur de Saint-
Marc fait par mérite; il avait exercé depuis longtemps
les premières charges de la République et avait actuel-
ment la meilleure part au gouvernement de l'État, de

1. Ce vieillard est adorable.

sorte que son mérite seul a fait son élévation, plutôt
que les brigues de ses amis. Quelque dures que soient
les conditions qui accompagnent la dignité dogale,
elles n'ont pas empéché qu'à cette dernière élection on
n'ait vu plus de prétendants que jamais, et en même
temps plus de sujets capables de remplir dignement
cette place.

Le dogat n'est pas moins à charge à la famille qu'à
la personne du doge : ses frères, ses enfants et ses pe-
tits-fils ne peuvent avoir aucun emploi considérable
dans la République qui ait rapport au gouvernement;
s'ils en ont quelqu'un, ou s'ils sont ambassadeurs, ils
doivent s'en démettre aussitôt après l'élection. Si le
doge est marié, sa femme n'est point traitée en princesse, le sénat n'en ayant plus voulu couronner depuis
le siècle passé, soit pour modérer l'ambition des femmes, soit pour éviter les frais immenses qui se firent
au couronnement de la dernière princesse, femme du
doge Marin Grimani.

Toutes ces circonstances, jointes à la grande sujétion
dans laquelle il faut que les doges vivent, n'empêchent
pas les familles qui n'ont pas encore donné de doge à
la République de faire leur possible pour arriver à cet
honneur, afin de se mettre en plus grande considération, espérant même de mieux établir leur fortune par
le bien qu'on peut amasser, si le doge est assez heureux pour vivre longtemps dans cette dignité; et c'est
une des raisons pour lesquelles ils font leurs doges à
vie; outre que s'il n'était que pour un temps il en serait
beaucoup moins considérable chez les étrangers, et le
sénat ne pourrait pas le tenir dans une si grande sujétion qu'il fait, par la crainte d'être déposé ou d'être

recherché, ce qu'on fait après sa mort au préjudice
de toute sa famille.

Comme la République a quelquefois forcé ses princes
à accepter et à retenir leur dignité, elle a su aussi les
déposer lorsque l'àge ou les infirmités les ont rendus
inutiles au service de l'État, quoique en effet la République ait plus besoin du nom que de la présence du
doge. Dans cette appréhension, il ne cesse point d'aller
au collège et à tous les tribunaux où le devoir de sa
charge l'appelle, s'il ne se sent tout à fait hors d'état
de le faire; et je ne doute point que le doge Dominique
Contarini ne craignît quelque chose de semblable dans
la longue maladie qui le tint plus d'un an et demi
paralytique de la moitié du corps; car lorsqu'un ambassadeur envoyait lui faire un compliment, il ne manquait jamais de dire, en finissant son remerciement,
qu'il se portait beaucoup mieux et qu'il espérait voir
dans peu de temps M. l'ambassadeur au collège.

Le doge préside à tous les conseils; mais il n'est
reconnu prince de la République qu'à la tête du sénat,
dans les tribunaux où il assiste et dans le palais ducal
de Saint-Marc; hors de là, il a beaucoup moins d'autorité
qu'un particulier, puisqu'il n'oserait se mêler d'aucune
affaire. Quelques-uns ont écrit qu'il était permis de le
tuer ou de lui faire insulte si on le trouvait hors de
la ville, et qu'il n'avait pas la permission de sortir de
son palais. Il est vrai qu'il y a eu autrefois sur ce sujet
de très sévères règlements, mais les choses ne vont
pas jusqu'à cette extrémité. Il ne quitte pas néanmoins la ville sans en demander une espèce de permission à ses conseillers. Le doge Dominique Contarini
allait très souvent visiter ses filles et ses nièces reli-

gicuses dans différents couvents, et se transportait
même plusieurs fois l'année à la campagne pour y respirer l'air de la terre ferme.

/ Lorsque le doge sort de la ville, il ne porte aucune
marque extérieure qui le puisse faire distinguer des
autres gentilshommes; il va vêtu de gris, en justaucorps, avec l'épée; et si quelque noble le rencontre, il
ne fait pas semblant de le reconnaître, pour ne lui pas
rendre les respects qui ne lui sont dus que lorsqu'il est
avec la République, laquelle ne laisse pas d'être sans
lui tout ce qu'elle est en effet; et lorsque le doge va
par la ville en visites particulières, il n'a, comme les
autres nobles, que deux gondoliers avec un valet de
chambre; et sa gondole n'est reconnaissable que par
un tapis et deux carreaux de satin cramoisi qui sont
sur le dossier; mais, bien loin de faire paraître cette
légère marque de sa dignité, les gondoliers la cachent
presque toute avec les rideaux noirs de la gondole.

Il est vêtu dans ces occasions comme le sont les
conseillers, c'est-à-dire de pourpre; mais il porte un
bonnet de général de la même couleur que la veste;
il est rond, fait de carte en dedans, et n'a que quatre
doigts de haut; mais la partie supérieure plate, comme
une grande assiette, a le double plus de circonférence
que l'entrée de la tête.

L'on donne au doge le titre de Votre Sérénité et de
Sérénissime Prince; mais pour lui faire sentir que ces
qualités ne sont pas attachées à sa personne, les ambassadeurs ne laissent pas, en son absence, d'user des
mêmes termes lorsqu'ils parlent au collége, et ne pro-
noncent guère le mot de Votre Sérénité sans y joindre
celui de Vos Excellences, comme des titres confondus

entre lesquels on ne doit pas faire de différence dans ce tribunal, où la majesté de la République est comme répandue sur tous les sujets qui composent le collège.

Bien que les dépêches se fassent au nom du prince, et que toutes les réponses des ambassadeurs lui soient adressées, il ne peut cependant les ouvrir, et toutefois on peut le faire sans lui et y répondre de même ; et pour le faire continuellement souvenir qu'il ne fait que prêter son nom au sénat, l'on ne délibère et l'on ne prend aucune résolution sur les propositions que les ambassadeurs et les autres ministres vont faire au collège, qu'il ne se soit retiré avec ses conseillers ; pour lors on examine la chose, on prend les avis des sages, et l'on dresse la délibération par écrit, pour être portée à la première assemblée du sénat, où le doge, se trouvant ensuite avec ses conseillers, n'a, comme les autres sénateurs, que sa voix pour approuver ou désapprouver les résolutions qu'on a prises en son absence.

La monnaie de Venise porte le nom du doge ; mais elle n'est pas battue à son coin, comme elle était lorsque le doge avait un pouvoir absolu dans le gouvernement ; il y a, au lieu de son image, un doge revêtu des habits ducaux, à genoux devant saint Marc, pour donner à connaître que le prince est sujet de la République, dont l'image de saint Marc est le hiéroglyphe. Et dans la maison où se fabrique la monnaie, tous les particuliers en peuvent faire battre, en payant un droit au prince, et c'est le doge qui donne cette permission et qui jouit de cet avantage.

La République donne au doge quatorze mille ducats

d'appointements, qui font environ trente-quatre mille
livres, pour l'entretien de sa maison et pour les frais
qu'il fait à traiter quatre fois l'année les ambassadeurs,
la seigneurie et tous les sénateurs qui assistent aux
fonctions de ce jour-là. Le train ordinaire du doge consiste en deux valets de chambre, quatre gondoliers et
quelques autres serviteurs ; la République paye tous les
autres officiers, qui ne le servent que dans les cérémonies publiques. Il peut vendre les charges de commandeurs du palais, qui sont les huissiers de la justice, et
celles des écuyers du doge qui sont vingt-cinq. Et c'est
en cela et en la collation de tous les bénéfices de
Saint-Marc que consistent les principaux avantages de
sa dignité.

Comme la République n'a pas seulement revêtu son
prince de toutes les apparences d'une dignité souveraine, mais qu'elle lui a encore fait accorder par les
papes et par les rois les véritables prérogatives de la
majesté royale et la préséance au-dessus des autres
princes après les têtes couronnées, il y a sujet de s'é-
tonner qu'elle ait, ce semble, dérogé à ces avantages,
en l'abaissant au rang de tous les autres princes d'Italie à l'égard des cardinaux ; car lorsqu'un cardinal va
à l'audience, il s'assied à la droite du doge dans sa
propre chaise, qu'on élargit exprès en ces rencontres-
là, et dans une visite particulière le doge va recevoir
le cardinal à sa gondole.

Ces visites particulières et celles que les ambassadeurs font quelquefois au doge, dans des occasions
extraordinaires, ne se font qu'avec la permission du
sénat, qu'on va demander au collège ; car le doge n'est
pas le maître de recevoir qui lui plaît, puisqu'il vit

chez lui d'une manière si retirée, que l'on peut dire
que la solitude et la dépendance sont les qualités les
plus essentielles à sa condition ; aussi ces visites ne
plaisent-elles pas au sénat, qui n'en accorde la permission que lorsqu'il manque de prétexte honnête pour
la refuser. M. le comte d'Avaux[1] fut le premier qui
s'avisa de visiter le doge Dominique Contarini dans sa
maladie, et le sénat y consentit. Dans ces occasions,
le cavalier du doge et quelques-uns de ses autres officiers se trouvent sur la rive du palais et conduisent
l'ambassadeur chez le doge. Le sénat cependant est
assuré d'être ponctuellement averti des moindres paroles qui se disent dans ces entretiens. Bien que le
marquis de la Fuente, ambassadeur d'Espagne, fût
fâché d'avoir été prévenu dans cette visite par M. le
comte d'Avaux, il ne laissa pas néanmoins de demander la permission de voir le doge, comptant cela pour
un avantage que peu d'ambassadeurs reçoivent dans
le cours de leur emploi.

Le doge ne peut faire aux ambassadeurs que des
réponses générales sur les propositions qu'ils vont faire
au collège ; car s'il parlait d'une manière qui mît le
sénat dans le moindre engagement, il n'aurait pas
seulement la honte de s'en voir désavoué, mais il s'ex-
poserait encore à de sensibles mortifications. Cependant si les propositions d'un ambassadeur blessaient
la dignité de la République, le doge n'est pas seulement
autorisé, s'il répond au nom de la République, de répondre avec toute la vigueur d'un prince indigné d'un
pareil procédé, mais aussi il est obligé d'en user de la

---

1. L'ambassadeur auquel était attaché l'auteur de ce livre.

sorte, s'il ne veut être estimé indigne du rang qu'il occupe. Que si un ambassadeur ne va à l'audience que pour donner part au collège de quelque avantage remporté par son prince, ou pour se réjouir de quelque heureux succès qu'auront eu les affaires de la République, le doge a pour lors la liberté de répondre plus amplement, sans entrer toutefois dans aucune particularité.

Le long usage qu'avait le doge Dominique Contarini de toutes ces diverses manières de s'expliquer, dans les occasions différentes, lui avait acquis tant de facilité pour faire des réponses mesurées et proportionnées au sujet, que jamais prince ne pouvait s'en acquitter mieux que lui ; cependant, pour en avoir fait quelquefois qui ne paraissaient pas conçues en termes assez généraux, il essuya en diverses rencontres de très sensibles réprimandes. Ce n'est pas seulement dans ces audiences que le doge doit prendre garde de ne pas excéder les bornes qui lui sont prescrites ; mais il doit encore mesurer exactement toutes ses démarches. L'affaire de monsignor Altoviti, prédécesseur de monsignor Varéfe, nonce du pape, paraissait une bagatelle à l'égard du doge, et néanmoins elle fit bien sentir à Sa Sérénité la misère de sa condition.

Ce nonce avait demandé satisfaction au collège de ce que, contre le privilège des ambassadeurs, le capitaine grand, qui est comme le grand prévôt, avait arrêté un de ses estafiers qui portait des pistolets ; et bien qu'il eût été relâché dès qu'on fut assuré qu'il appartenait au nonce, ce prélat néanmoins prétendait qu'on lui fît une satisfaction publique ; mais voyant que le sénat n'était pas disposé à la lui accorder, il témoigna publiquement son ressentiment, en refusant d'assister aux chapelles que le doge tient fort souvent. Et c'est là le seul moyen que les ambassadeurs ont de faire paraître à tout le monde leur mécontentement, lorsqu'on ne leur rend pas toute la justice qu'ils prétendent; et comme le sénat prend ordinairement ce procédé pour une marque de mépris, et qu'il ne veut pas que pour des sujets de peu d'importance le peuple s'aperçoive de cette mésintelligence, il devient par là plus traitable et se porte plus facilement à donner satisfaction aux ministres, qui doivent assister aux cérémonies avec la seigneurie.

· On approchait pour lors des fêtes de Pâques, auquel temps la seigneurie va à l'église de Saint-Marc plusieurs jours de suite, soir et matin ; cela fit que le sénat ne voulut pas différer davantage à contenter le nonce, qui demeurait ferme dans sa prétention. Toute la satisfaction pourtant fut que le capitaine grand qui avait arrêté l'estafier n'assisterait point, comme il fait toujours, au cortége du doge pendant trois fonctions solennelles ; de sorte qu'il ne parut point à la première cérémonie des Ténèbres le mercredi saint ni tout le jeudi ; mais il se rendit le vendredi au matin dans la cour du palais pour marcher à son ordinaire. Le nonce étant alors dans l'appartement du doge, où l'on s'assemble pour ces sortes de fonctions, fut averti par ceux qui prenaient garde de quelle manière on exécuterait cette fonction, que le capitaine grand paraissait. Il se plaignit sur-le-champ au doge de ce qu'on lui manquait de parole, protestant qu'il se retirerait si l'on ne donnait ordre à cet officier de sortir du palais; de sorte que ce prince, croyant de bonne foi qu'on

manquait à ce qu'on avait promis au nonce, envoya
dire au capitaine grand de se retirer.

Le sénat cependant expliquait les termes de cette
satisfaction tout autrement que le doge et que le nonce,
car il entendait que trois différentes séances à l'église
de Saint-Marc devaient être ce que le nonce avait pris
pour trois fonctions de trois différentes fêtes solennelles; c'est pourquoi il mortifia également le doge et le
capitaine grand, l'un pour avoir commandé et l'autre
pour avoir obéi contre leur devoir. L'officier fut mis
en prison et traité sévèrement, pour lui apprendre à
connaître ses véritables supérieurs, et un des inquisiteurs d'État, qui ont pouvoir de vie et de mort sur le
prince comme sur le moindre gentilhomme de la République, fit une si sévère réprimande au doge, en le
faisant souvenir que sa vie était entre leurs mains, s'il
passait les bornes de son devoir, que ce pauvre prince
en versa des larmes et regretta, sans doute, la douceur
de la vie tranquille qu'il menait à la campagne avant
son élection.

***

XX

DE LA POMPE AVEC LAQUELLE LE DOGE MAR-
CHE AUX CÉRÉMONIES SOLENNELLES

Lorsque le doge assiste aux fonctions publiques avec
les ambassadeurs et la seigneurie, il est précédé par
le clergé de Saint-Marc et ensuite par les huissiers du

palais, qu'on appelle commandeurs, lesquels portent des manteaux de drap bleu qui leur vont jusqu'aux talons et des barrettes rouges de la même figure que celle des nobles, auxquelles sont attachés deux sequins peu différents de deux écus d'or, l'un devant et l'autre derrière. Huit de ces huissiers portent huit étendards de taffetas peints et dorés, avec le lion de Saint-Marc ; il y en a deux bleus, deux rouges, deux violets et deux blancs, qui signifient la paix, la guerre, la trève et la ligue ; et dans l'ordre de leur marche les deux étendards qui répondent au temps auquel la République se trouve doivent aller les premiers.

Six autres de ces mêmes huissiers suivent après avec des trompettes d'argent toutes droites et de six pieds de long ; ceux-là sont suivis par cinq hautbois qui portent la veste de serge rouge et qui jouent par intervalles toujours une même chanson, tant que la marche dure. Les écuyers du doge marchent après deux à deux. Ces écuyers sont des gens d'une condition inférieure aux citadins ; ils portent des manteaux courts et sont simplement vêtus de noir, avec des collets unis ; la principale de leurs fonctions est de couper et de servir sur table lorsque le doge traite les ambassadeurs et la seigneurie.

Le capitaine grand et le cavalier du doge, qui est son maître de cérémonies, qui reçoit et qui invite les ministres chez le doge, marchent après les écuyers ; ils sont tous deux vêtus de robes et de vestes de satin et de damas cramoisi, avec des souliers rouges. La première de ces deux charges se donnait autrefois à des nobles vénitiens ; elle a été possédée ensuite par des citadins ; mais elle est présentement si déchue, que les

capitaines des shires peuvent y prétendre. Sept ou huit
de ces capitaines suivent ces deux officiers, et on les
prendrait pour tout autres qu'ils ne sont, à les voir
avec leurs vestes et leurs hongrelines de satin et de
damas cramoisi, qui leur vont jusqu'à mi-jambe. Ils
ne portent pour toutes armes qu'un stylet à manche
d'argent passé dans leurs ceintures, qui sont garnies
de grandes plaques de même métal.

Les secrétaires du sénat marchent ensuite, avec la
veste ordinaire de drap violet et l'étoile de velours. Le
grand chancelier les suit vêtu de pourpre, comme tous
les sénateurs qui assistent à la cérémonie. Deux écuyers
du doge portent l'un la chaise pliante d'or. c'est-à-dire
de bois doré, garnie d'un riche brocart d'or, et l'autre
un carreau de même étoffe ; et un clerc de chapelle
avec la veste violette marche devant le doge, portant
le chandelier et le cierge blanc de Sa Sérénité.

Le pape Alexandre III, en reconnaissance de la protection qu'il reçut de la République et des services particuliers du prince Sébastien Ziani, donna au doge la
chaise d'or, le carreau et le parasol de même, le cierge,
les étendards et les trompettes, qui sont aujourd'hui
la plus magnifique partie de la pompe de ces cérémonies.

Le doge suit immédiatement après et marche au
milieu du nonce du pape et de l'ambassadeur de France.
S'il y avait à Venise d'autres ambassadeurs, comme
on a vu autrefois et comme il se voit à Rome, ils mar-
cheraient tous de front, suivant leur rang, à côté du
nonce et de l'ambassadeur de France. Depuis que la
République, à l'exemple de la cour de Rome, décida la
préséance de la France au-dessus de l'Espagne (qui

fut lorsque messire François de Noailles, évêque d'Acqs,
était ambassadeur de Charles IX auprès de la République), l'ambassadeur d'Espagne ne s'est plus trouvé aux
fonctions publiques, et cela est cause qu'il est moins
connu et moins aimé à Venise que celui de France,
que le peuple nomme communément l'Ambassadeur,
comme s'il n'y en avait point d'autre.

Dans ces cérémonies le doge porte une veste à manches étroites, qui descend jusqu'à terre et qui se ferme
par devant avec une douzaine de gros boutons de vermeil jusqu'à la ceinture, qui est garnie de boucles dorées, et par-dessus il a un long manteau ducal, le tout
de brocart d'or ou d'argent mêlé de rouge ou de blanc,
conformément au jour de la solennité. Il porte la corne
de même étoffe, bordée d'un large tissu d'or, qui représente le diadème ; ses deux valets de chambre soutiennent la queue de son manteau, et le plus ancien des
écuyers porte l'ombrelle sur la tête du doge. C'est un
grand parasol élevé en pavillon, garni d'un gros brocart d'or, avec un campage tout à l'entour, comme
est celui du pape.

Les conseillers du doge suivent deux à deux, mais
le premier est accompagné du noble qui est élu pour
aller accompagner la première podestatie, ou le premier gouvernement qui doit vaquer dans les États de
la République ; il marche à la droite du conseiller et
porte à deux mains une grande épée dans son fourreau
de velours cramoisi, couvert de lames de vermeil cise-
lées à jour. Cette épée est semblable à celle que le pape
bénit tous les ans le jour de Noël, avec un chapeau de
velours noir fermé d'hermines et un Saint-Esprit sur
la forme brodé de perles pour envoyer à celui des

princes chrétiens qui combat contre les ennemis de
l'Église. Celle qu'on porte derrière le doge est une marque de la dignité de grand écuyer de l'empire d'Orient,
dont le doge Pierre Gradenigo fut pourvu par l'empereur Michel, et que plusieurs autres doges possédè-
rent après lui. Si l'on porte cette épée après le prince
et à la tête de la seigneurie, c'est pour faire voir que
le sénat a toute l'autorité et que le doge n'a pour lui
que l'ombre de la grandeur, dont tous les trophées et
toute la pompe qui le précèdent ne sont que la fausse
apparence.

Les six conseillers du doge sont suivis de trois chefs
de la quarantie criminelle, des deux avogadors, des
trois chefs du conseil des Dix, des deux censeurs et de
plusieurs sénateurs marchant tous deux à deux avec
la veste ducale, qui est de pourpre, fort ample et dont
les manches sont aussi larges que la veste est longue.
Le doge attire avec ce cortège l'admiration et la vénération du peuple, qui aime à voir ces cérémonies et
qui chérit la personne des doges, sachant bien que
s'il a quelquefois sujet de se plaindre de la rigueur du
gouvernement, ce n'est pas le prince qui en est la cause,
quoique toutes les publications se fassent en son nom.

Lorsque la fonction se fait dans l'église de Saint-
Marc, le doge est assis à la première place à main
droite de la porte du chœur, le nonce et l'ambassadeur
de France sont à son côté, sans qu'il y ait aucune place
vide entre eux; mais les conseillers sont à quelque
distance au même premier rang qui est à côté. Tous
les chefs qui assistent aux cérémonies avec le doge et
les conseillers sont assis sur deux autres rangs de
bancs du même côté, et les sénateurs qui représentent

le prégadi sont de l'autre ; mais ils partagent tous
également avec le doge les honneurs de ces cérémonies,
à l'égard de la paix et de l'encens qu'on y donne, pour
faire connaître au public qu'ils n'assistent pas à ces
fonctions pour faire cortège à leur prince, mais qu'ils
sont, aussi bien que lui, les membres essentiels du corps
de la République.

Lorsque les cérémonies sont achevées, le doge retourne au palais avec le même cortège. Le nonce et
l'ambassadeur de France le conduisent jusqu'au pied
de l'escalier, où ils prennent congé de Sa Sérénité ;
mais au lieu de se retirer en même temps, ils se rangent à main droite, et ils restent à cet endroit jusqu'à
ce que le dernier sénateur ait passé. Cet usage, qui
paraît être contre la dignité des ambassadeurs, a été
néanmoins introduit par un nonce du pape, lequel,
poursuivant une affaire importante au sénat, avait
voulu solliciter ces messieurs en leur rendant cette civilité ; mais comme la République sait tirer avantage
de toutes choses, on ne serait pas reçu à abolir une
coutume qui lui plaît extrêmement, à cause que, suivant ses véritables maximes, les sénateurs y sont ho-
norés comme le doge même par les ministres des plus
grands princes de la chrétienté.

Comme ces cérémonies publiques ont la plupart
pour fondement quelque conspiration heureusement
découverte, ou quelque sédition apaisée, ou quelque
bataille gagnée, ou enfin quelque autre sorte de succès
heureux à l'État, et que la République affecte de faire
paraître en toutes les rencontres sa piété et sa reconnaissance par les actions de grâces qu'elle rend publiquement au Ciel, ces fonctions sont devenues si fré-

quentes, qu'avec celles des fêtes solennelles elles sont
la plus grande partie des occupations des ambassadeurs.

XXI

DE L'ÉLECTION DU DOGE

Avant que de procéder à l'élection d'un nouveau
doge, l'on rend les derniers devoirs au défunt avec
toute la magnificence du rang qu'il a tenu pendant sa
vie. L'on embaume son corps et on l'expose trois jours
durant dans une salle sur un lit de drap d'or, avec l'é-
pée et les éperons, que, par un usage tout à fait singulier, on lui met à la renverse. Cependant le temps
de cette exposition n'est pas seulement pour donner
lieu au peuple d'aller rendre les derniers devoirs au
prince; mais il est particulièrement destiné à recevoir
les plaintes qu'on pourrait faire contre sa conduite et
contre son administration, et pour donner temps à ses
créanciers de demander leur payement, auquel l'on
oblige ses héritiers de satisfaire incessamment, sans
quoi il serait privé des honneurs des funérailles, qui se
font aux dépens de la République.

C'est pourquoi la première chose que l'on fait après
la mort du doge, c'est d'élire trois inquisiteurs pour
rechercher sa conduite, pour écouter toutes les plaintes qu'on peut faire contre sa manière de vivre, et pour
faire justice sur toutes les moindres choses aux dépens

de sa succession, comme si la misère de la sujétion
dans laquelle il a vécu ne devait pas finir avec sa vie.
Il semble même que la République veuille modérer la
satisfaction que pouvait trouver le doge, en mourant,
dans l'espérance que le public témoignera de la douleur à sa mort, puisque la seigneurie assiste à sa pompe
funèbre en veste d'écarlate, pour faire paraître au
peuple, par la singularité de cette cérémonie, que ce
n'est pas le gouvernement du prince qui fait la félicité
de l'État, et que la République, étant véritablement libre, ne doit donner aucune marque d'affliction à sa
mort.

Les obsèques du doge ne sont pas plus tôt finies que
toute la noblesse au-dessus de trente ans s'assemble
dans le grand conseil, où l'on élit cinq correcteurs,
qui doivent corriger les promesses du doge, c'est-à-
dire les statuts dont il doit jurer solennellement l'observation d'abord après son élection ; et ces nobles ont
le pouvoir d'y ajouter ou d'en retrancher tout ce que qu'ils
jugent être nécessaire pour le bien de l'État, et par ce
moyen la République ôte aux doges toutes les occasions de pouvoir interpréter, moins à leur désavantage,
tous les termes de ces obligations, qui composent un
livre entier.

La République fait admirer sa prudence dans le
choix qu'elle fait des quarante et un électeurs du doge ;
en voulant que le sort et le mérite concourent également dans une action si importante, puisque, par un
long circuit de ballottations et d'élections réciproques,
elle rompt l'effet que les brigues auraient sans cela,
et laisse jouir les familles de la satisfaction qu'elles
trouvent à contribuer presque toutes à l'élection du

prince; car tous les nobles qui sont au grand conseil
tirent chacun une balle d'une urne, où il y en a trente
dorées. Ceux qui ont les dorées sont réduits à neuf
par le sort : ces neuf en élisent quarante; le sort les
réduit à douze, lesquels en nomment vingt-cinq, qui
par le sort reviennent à neuf, lesquels choisissent qua-
rante-cinq gentilshommes, dont on en tire onze au sort
qui nomment les quarante et un véritables électeurs
du doge.

Après que ces électeurs ont tous été approuvés dans
le grand conseil, ils s'enferment dans le palais de Saint-
Marc, d'où ils ne sortent point qu'ils n'aient élu le
doge. Et bien que pour l'ordinaire cette élection ne tire
pas en longueur, les électeurs ont néanmoins été quelquefois cinq ou six mois sans pouvoir s'accorder, à
cause que des quarante et une voix il en faut avoir
vingt-cinq pour être fait doge; et pendant tout le
temps que les électeurs sont enfermés, ils sont gardés
soigneusement et traités à peu près de la même manière que les cardinaux le sont dans le conclave[1].

La première chose que le doge fait après son élection et après avoir prêté le serment et juré l'observation des statuts, c'est de se faire voir au peuple. Mais
comme la République ne lui laisse jamais goûter une
joie toute pure sans la mêler de quelque amertume
qui lui fasse ressentir le poids de la servitude à laquelle sa condition l'engage, on le fait passer, en des-
cendant, par la salle où son corps doit être exposé après

1. On sait en effet que les cardinaux, une fois réunis en conclave pour
l'élection d'un pape, ne sont pas admis à sortir du palais où a lieu leur
réunion avant qu'ils ne se soient mis d'accord pour le choix d'un sou-
rain pontife.

sa mort. C'est là qu'il reçoit par la bouche du grand chancelier les compliments de son exaltation, pour le faire souvenir que c'est dans ce même lieu que l'on examinera après sa mort s'il aura eu pendant sa vie la justice pour règle de toutes ses actions.

Le doge monte ensuite dans une machine qu'on appelle le puits et qu'on conserve dans l'arsenal pour cette cérémonie ; elle a véritablement la figure extérieure d'un puits soutenu sur un brancard qui est d'une longueur extraordinaire et dont les deux bras se joignent ensemble. Environ deux cents hommes de la maitrise de l'arsenal portent cette machine sur leurs épaules ; le doge est assis dans cette espèce de puits avec un de ses enfants ou de ses plus proches parents, tous debout derrière lui ; il a deux bassins remplis de monnaie d'or et d'argent battue tout exprès pour cette occasion, avec telle figure et telle inscription qu'il lui plait, et il la jette au peuple, pendant qu'on le porte ainsi autour de la place Saint-Marc.

La coutume de faire ces largesses au peuple fut introduite en 1172 par le fameux doge Sébastien Ziani, qui triompha de Frédéric II en la personne d'Othon, fils de cet empereur, dans le combat naval qu'il gagna pour la défense du pape Alexandre III. Ce doge crut qu'il était nécessaire d'user de cette libéralité envers le peuple, comme du charme le plus doux et le plus propre pour adoucir l'indignation qu'il avait de se voir dépouillé, à l'élection de ce prince, du droit qu'il avait depuis plusieurs siècles de faire seul cette élection. Ce doge était d'ailleurs si riche, qu'il fit bâtir à ses dépens toutes les procuraties vieilles, et laissa de grands biens à l'église Saint-Marc, de sorte que le

peuple était persuadé qu'il avait trouvé des trésors immenses.

XXII

DES SIX CONSEILLERS DU DOGE, DES TROIS CHEFS DE LA QUARANTIE CRIMINELLE, ET DU VICE-DOGE.

Comme la dignité de conseiller du prince apporte plus
d'honneur qu'elle ne donne de part aux affaires importantes, ce ne sont pas, pour l'ordinaire, les meilleures
têtes de la République qui occupent ces postes; mais
on élève toujours à ce rang de vieux sénateurs de la
première noblesse. Ils sont un an conseillers, mais ils
n'assistent que huit mois au collège, et pendant les
quatre autres mois ils président à la quarantie criminelle, de même que les trois chefs de cette chambre,
ont séance au collège pendant deux mois. Le doge, les
six conseillers, avec les trois chefs de la quarantie criminelle, qu'on appelle vice-conseillers, représentent la
seigneurie et jugent toutes les causes privilégiées qui
se plaident au collège.

Il y a autant de conseillers qu'il y a de quartiers
dans la ville, et un noble qui demeure dans un quartier
ne peut pas être conseiller dans un autre, chaque conseiller étant le chef de son quartier. Quoiqu'on ne les
appelle que conseillers du doge, ils sont véritablement
conseillers de la seigneurie; c'est pourquoi ils ont plus

de crédit que le doge même, puisqu'ils peuvent faire
sans lui tout ce qu'il ne peut faire qu'avec eux. Ils sont
vêtus de rouge avec la veste ducale à manches durant
le temps qu'ils sont en charge, et les chefs de la quarantie criminelle ne portent que la veste violette de la
manière ordinaire à manches étroites.

Comme la République ne veut jamais être sans le
doge, ni la seigneurie sans son chef, le plus ancien des
conseillers en occupe la place lorsqu'il est malade ou
que le siège est vacant; il le représente dans toutes
les fonctions, marchant au milieu des ambassadeurs
dans les cérémonies publiques, et leur répondant dans
les audiences du collège; mais il ne s'assied point dans
le siège ducal et ne prend jamais les habits du doge, ne
se faisant distinguer que par la barrette, qu'il n'ôte non
plus de sa tête que le doge n'ôte sa corne.

XXIII

DES SIX SAGES GRANDS

L'on fait choix des meilleurs sujets de la République
pour remplir les places de sages grands; car, comme
ils doivent manier les plus grandes affaires de l'État,
ils doivent aussi avoir acquis une prudence consom-
mée et une parfaite connaissance de tous les intérêts
de la République. Ces six gentilshommes sont la partie intellectuelle de l'âme de la République. Aussi les

procureurs de Saint-Marc se font honneur d'occuper ces postes, puisque les sages grands sont les maîtres du gouvernement pendant les six mois qu'ils sont en charge.

Ce sont eux qui consultent sur toutes les matières qui doivent être agitées au prégadi et qui assemblent le sénat lorsque quelque affaire pressante ne permet pas de différer jusqu'à la première séance. C'est aussi le sénat qui les élit; mais comme on ne change que trois conseillers du doge à la fois, on ne change aussi que trois sages, afin de ne pas remplir ces places importantes de six sujets tous nouveaux. Ils portent la veste ducale de drap violet, et la République n'envoie point d'ambassadeur à l'empereur, au pape, ni au Grand Seigneur, qu'il n'ait déjà eu ou à qui elle ne donne par avance la qualité de sage grand.

Comme les six sages grands roulent par semaines pendant leurs six mois, l'on peut dire que le sage de semaine est le chef de la République, car c'est lui qui reçoit tous les mémoires et toutes les requêtes; c'est lui qui propose les affaires au prégadi, où son sentiment donne ordinairement le branle aux résolutions du sénat; car il porte le résultat des consultations que les sages ont faites sur toutes les matières, et la substance des réponses qu'on doit faire tant aux dépêches des ambassadeurs de la République qu'aux offices que ceux des princes étrangers passent au collége.

XXIV

DES CINQ SAGES DE TERRE FERME

Les sages de terre ferme n'ont guère moins d'autorité dans le collège que les sages grands, car ils consultent avec eux sur toutes les matières qui s'y traitent et qui doivent être portées au sénat. Ils portent la veste ducale violette, ils sont traités d'Excellences, et la République donne la qualité de sages de terre ferme à tous les ambassadeurs qu'elle envoie aux rois et aux princes souverains.

Ces sages ne sont que six mois en charge, et l'on choisit pour ces emplois des gentilshommes d'un âge moyen, lesquels, dans les divers postes qu'ils ont déjà occupés, ont fait paraître autant d'habileté et d'application qu'il en faut pour remplir ces places. Le premier est le sage de l'écriture, lequel est proprement le sécrétaire d'État pour la guerre; les officiers et les soldats dépendent si absolument de lui, qu'il peut les casser et les condamner même à la mort sans appel, étant juge en dernier ressort des uns et des autres dans toute l'étendue des États de la République.

Le second est le sage caissier, c'est-à-dire le trésorier des guerres, qui ordonne le payement des troupes, des officiers et des pensionnaires de l'État. Le troisième est le sage des ordonnances, qui a la direction des milices de terre ferme. Et les deux autres sages ne sont que pour suppléer au défaut des précédents, si par indisposition ou par quelque autre cause ils ne pouvaient vaquer à leur emploi.

C'est le prégadi qui élit les cinq sages de terre ferme, comme il fait les six sages grands; et bien que leur autorité soit devenue considérable à cause de l'acquisition que la République a faite en terre ferme, depuis environ trois cents ans, de toutes les provinces qu'elle y possède, et qu'ils aient voix délibérative aux consultations qu'ils font au collège avec les sages grands sur toutes les matières qui doivent être traitées au sénat, néanmoins, par une maxime particulière du gouvernement, qui ne souffre aucune égalité d'autorité dans des emplois différents, ces sages n'ont point de voix délibérative dans l'assemblée du sénat où ils assistent, quoiqu'on y agite les mêmes matières qu'ils ont déjà examinées et digérées au collège dans leurs consultations.

XXV

DES CINQ SAGES DES ORDRES OU PETITS SAGES

On doit admirer la sagesse de la République, qui a su se faire une pépinière de grands hommes en établissant les cinq sages des ordres ; car, comme cette magistrature est sans juridiction, elle devient une excellente école à la jeunesse pour s'instruire dans les affaires et se rendre capable d'exercer les premières charges de l'État. Les cinq places des petits sages sont destinées aux jeunes nobles d'ancienne origine, lesquels, désirant entrer dans les emplois, commencent à donner des marques de prudence par une conduite plus sage ou moins déréglée que celle de la plupart de la jeunesse qui vit dans un entier libertinage.

La qualité de sage des ordres distingue extraordinairement ces gentilshommes pendant les six mois qu'ils sont en charge; ils ont part au secret de l'État, puisqu'ils assistent aux consultations du collège et qu'ils entrent au sénat. Il est vrai qu'ils n'ont point de voix délibérative en l'une ni en l'autre assemblée; mais ils peuvent dire leur avis à la consultation des sages, en parlant debout et découverts; et afin que rien ne manque à leur instruction, la chambre secrète, où l'on conserve toutes les dépêches importantes des ambassadeurs et tous les registres des affaires d'État, leur est ouverte quand il leur plaît.

C'est dans cette source que ces jeunes nobles puisent une parfaite connaissance des intérêts de la République, et c'est par l'exemple des sages vieillards qu'ils regardent comme leurs maîtres, qu'ils apprennent l'art de gouverner l'État. Cet emploi, d'un autre côté, est la pierre de touche par laquelle l'on connaît le caractère et la capacité de leur génie et de leur esprit. La douceur, la modestie, la sagesse dans la conduite de la vie, sont les principales vertus qu'on demande aux sages des ordres. Mais ce qu'on remarque particulièrement dans ces commencements est la force des brigues qu'ils font pour obtenir ces emplois; car les plus sages sénateurs les voient avec plaisir employer tout leur crédit et toute leur adresse à conduire leurs intérêts, jugeant du pouvoir qu'ils auront à l'avenir dans la République par le succès de leurs premières prétentions.

Cette magistrature est la porte par où l'on peut entrer et arriver plus tôt aux grands emplois; car les petits sages ont toute la facilité possible de faire connaître ce qu'ils valent et une ample matière d'étaler les divers talents qu'ils ont reçus de la nature ou de l'étude, dans les discours qu'ils sont obligés de faire en entrant au collège, sur les choses qui regardent la mer, et toutes les autres fois qu'ils veulent parler sur les matières qui se traitent dans les consultations des sages. Ces nobles, qu'on appelait autrefois sages de mer, portent la veste violette à manches étroites, comme les trois chefs de la quarantie criminelle; mais ils n'ont pas le privilège des autres sages, des conseillers de la seigneurie ni des procurateurs, qui la portent en été de camelot au lieu de drap.

XXVI

DE L'AUDIENCE DES AMBASSADEURS

La première audience d'un ambassadeur est entièrement différente de toutes les autres : les soixante sénateurs que le sénat a envoyés le jour précédent au-devant de lui jusqu'à l'île du Saint-Esprit, qui est un couvent dans les lagunes, à deux milles de la ville, pour l'accompagner à son entrée et le conduire à son palais, le vont

prendre chez lui avec le même ordre, pour le mener à
l'audience. Le sénateur qui lui a fait, à son arrivée, le
compliment de la part de la République, et qui est un
chevalier à l'étoile d'or, c'est-à-dire qui a passé par les
grandes ambassades, le conduit encore dans sa gondole,
et celles de l'ambassadeur suivent à vide, toutes très
richement parées ; chaque sénateur prend aussi, comme
le jour précédent, un des gentilshommes ou des officiers de la maison, et il lui donne la main partout excepté chez l'ambassadeur, qui arrive au palais Saint-
Marc avec ce grand cortège et monte au collège d'un
pas extrêmement lent, de peur que la hauteur de l'escalier ne le fasse manquer d'haleine et ne l'empêche,
en arrivant, de prononcer avec liberté la harangue qu'il
a préparée pour cette action.

Il trouve les portes de la salle ouvertes, le doge et
le collège debout pour le recevoir et tous découverts,
excepté le doge ; l'ambassadeur salue trois fois cette
auguste assemblée de trois révérences chaque fois, savoir le doge et les conseillers qui sont en face, les sages
grands à main droite, et les autres sages à main gauche,
la première fois proche la porte, la seconde fois au milieu de la salle, et la troisième avant que de monter sur
l'estrade où est la seigneurie. Cependant la salle du collège se remplit de toutes sortes de personnes, dont la
plus grande partie est en masque, et particulièrement
les dames curieuses et plusieurs gentilshommes, qui
s'y rendent de bonne heure pour n'être pas dans la
foule et se placent le plus proche de la seigneurie qu'ils
peuvent pour mieux satisfaire leur curiosité.

L'ambassadeur prend sa place à la droite du doge,
auquel il présente sa lettre de créance qu'un secrétaire

du collège lit et interprète tout haut, se tenant debout
vis-à-vis de l'ambassadeur, qui prononce ensuite son
discours, auquel toute l'assemblée prête un silence et
une attention extraordinaires, quoique peu de personnes
en entendent bien le langage; le français cependant est
la langue étrangère qu'on ignore le moins à Venise ;
mais si un ambassadeur n'était point averti des particularités de cette cérémonie, il se trouverait fort surpris
de voir une foule de masques dans une si majestueuse
et si sérieuse assemblée; et il aurait sans doute beaucoup de peine de sortir avec honneur d'une action sur
le succès de laquelle le public et les particuliers établis-
sent ordinairement l'opinion qu'ils doivent avoir du
mérite et du génie d'un ambassadeur.

Le secrétaire, qui a retenu toute la substance de la
harangue de l'ambassadeur, la redit à la seigneurie tout
haut en italien; le doge y répond par un compliment
étudié à son ordinaire, et l'ambassadeur se retire en
faisant les mêmes révérences au collège, qui se tient debout et découvert jusqu'à ce qu'il soit hors de la salle,
d'où il est reconduit à son palais et jusque dans sa
chambre d'audience avec les mêmes cérémonies.

Le sénat affecte de ne dire jamais ouvertement *non*
dans ses réponses négatives; il trouve cette expression
trop dure et trop désobligeante; c'est pourquoi, lorsqu'il n'accorde pas la demande d'un ambassadeur, il
use, dans sa réponse, d'un si grand tour de belles paroles, qu'on peut souvent douter s'il n'accorde point ce
qu'il refuse en effet; et lorsqu'il consent à la demande,
il sait si bien relever cette faveur par toutes ses circonstances, que ce qui ne vaut pas souvent la peine d'être
demandé paraît une grâce de grande importance. Il

est constant qu'il n'y a point de gens au monde qui sachent s'énoncer avec plus d'adresse dans ces rencontres que les secrétaires du sénat, qui font consister dans ce genre d'écrire leur plus grande habileté.

Le doge ne se découvre point pour les ambassadeurs dans leurs audiences publiques; la raison qu'ils en donnent est que la corne est la couronne du doge, et qu'il ne l'ôte pas même à la messe, si ce n'est à l'élévation. Cependant le conseiller vice-doge en use de même en l'absence du prince, et ne fait pas seulement le semblant de porter la main à sa barrette, pendant qu'un ambassadeur lui fait à trois diverses fois trois profondes révérences. Le doge néanmoins ôte sa corne pour les cardinaux qui vont à l'audience et pour les princes du sang royal, comme il fut pratiqué lorsque feu M. le prince de Condé fut à Venise.

XXVII

DU PRÉGADI

Le prégadi est le sénat, où réside toute l'autorité de la République; on y prend les résolutions de la paix et de la guerre, des ligues et des alliances; on y élit les capitaines généraux, les provéditeurs des armées et tous les officiers qui ont un commandement considérable dans les troupes; on y nomme les ambassadeurs; on y règle des impositions suivant l'exigence des affaires

publiques; on y élit tous ceux qui composent le collège;
on y examine les résolutions que les sages prennent
dans les consultations du collège, sur lesquelles le
sénat se détermine par la pluralité des voix de ceux
qui ont droit d'opiner dans cette assemblée, qui est
l'âme de l'État, et par conséquent le principe de toutes
les actions du corps de la République.

L'on donne le nom de prégadi au sénat de Venise
à cause que, comme il ne s'assemblait autrefois que
dans les occasions extraordinaires, on allait prier les
principaux citoyens de s'y trouver, lorsque quelque affaire d'importance méritait qu'on prît leur avis. Présentement le sénat s'assemble tous les mercredis et
tous les samedis. Mais le sage de semaine peut faire
tenir extraordinairement le prégadi, lorsque les affaires
qu'on y doit porter demandent une prompte délibération du Sénat.

Le prégadi fut composé de soixante sénateurs dans
sa première institution, qu'on appelle le prégadi ordinaire. Et comme on était obligé d'en joindre souvent
plusieurs autres dans les affaires importantes, on en
créa encore soixante, qu'on appelle *la Giunta*. Ces six-
vingts places sont toujours remplies par des nobles
d'un âge avancé, d'un mérite connu et de la première
noblesse. Tous les membres du collège et ceux du
conseil des Dix, les quarante juges de la quarantie
criminelle, et tous les procurateurs de Saint-Marc, entrent aussi au prégadi, avec la plus grande partie des
magistrats de la ville ; de sorte que l'assemblée du
sénat est d'environ deux cent quatre-vingts gentilshommes, dont une partie a voix délibérative, et le reste
n'y est que pour écouter et pour se former aux affaires.

Le doge, les conseillers de la seigneurie et les sages grands sont les seuls dont les avis peuvent être ballottés, pour éviter la confusion qui naîtrait de la diversité des sentiments dans une si grande assemblée, où les avis ne peuvent passer s'ils n'ont la moitié des voix. Cependant ceux qui n'ont pas le droit de suffrage peuvent haranguer pour approuver ou pour contredire les opinions qu'on propose. Comme les six-vingts sénateurs ordinaires et extraordinaires sont tous les ans ballottés au grand conseil, pour être changés ou continués, comme il plaît à cette assemblée, cela fait que le désir qu'ils ont tous d'être maintenus dans ce rang, qui leur donne un si grand crédit, et la crainte d'en être privés par le grand conseil, qui n'épargne jamais personne, les attachent inviolablement au devoir de leur emploi et les empêchent d'user mal de leur autorité.

Il n'y a personne qui ne juge qu'il doit y avoir de grands inconvénients à craindre, lorsque les affaires se règlent par la pluralité de tant de voix, surtout à cause qu'elles se donnent par des balles qu'on jette dans des boîtes que des secrétaires portent par la salle, dont les unes sont marquées au-dessus du mot oui, les autres non, et les dernières sont destinées pour les balles de ceux qui rejettent également le pour et le contre, qu'on appelle les non sincères ; car, comme ces voix se donnent sans qu'on puisse remarquer de quel avis chacun est en particulier, tel est souvent d'un sentiment qu'il n'oserait approuver s'il fallait se déclarer ouvertement.

Le secret est une chose rare parmi une multitude où la pauvreté et la jeunesse se rencontrent ; cependant c'est une merveille comment il est inviolable dans le sénat de Venise, puisque les exemples de ceux qui l'ont vendu aux ministres des princes ne sont pas en grand nombre. La république y a pourvu par les peines dont les inquisiteurs d'État punissent les coupables, comme je dirai dans la suite ; par les serments, qu'on fait renouveler lorsqu'on y traite quelque matière de la dernière importance, et par l'exclusion qu'elle donne à tous ceux qui ont relation à la cour de Rome, lorsque les affaires la regardent, quelque éloignée que puisse être cette relation ; car le sénat, qui ne s'est pas contenté d'exclure tous les ecclésiastiques du gouvernement, se défie même si fort de leurs parents, que si l'on y agite une matière où Rome peut prendre quelque part, on fait crier tout haut dans le prégadi : *Fuora papalini*[1], c'est-à-dire que tous ceux qui ont des enfants ou des frères pourvus de bénéfices ou de dignités ecclésiastiques doivent se retirer sur l'heure, de peur que le secret de l'État ne passe aux étrangers qui y ont intérêt.

XXVIII

DU GRAND CONSEIL

Toute l'autorité de la République est partagée entre le sénat et le grand conseil ; et si le premier règle sou-

1. Dehors les *papalins*.

verainement les affaires d'État, le second dispose absolument de toutes les magistratures dont dépend l'ordre du gouvernement. Il a droit de faire de nouvelles lois, d'élire les sénateurs, de confirmer les élections du sénat, de nommer à toutes les charges, de
créer les procurateurs de Saint-Marc, les podestats, les
gouverneurs et les commandants qu'on envoie dans
les provinces; enfin le grand conseil corrige toutes les
erreurs publiques et redresse les fausses démarches
des particuliers qui n'usent pas de leur autorité au gré
de la noblesse, de sorte que, comme le grand conseil
est l'assemblée générale des nobles, il est aussi le premier tribunal, la base et le soutien de la République.

Le grand conseil s'assemble les dimanches et les
fêtes, excepté les jours de la Vierge et de saint Marc ;
pendant l'été, c'est depuis les huit heures du matin
jusqu'à midi, et en hiver depuis midi jusqu'au coucher du soleil, n'étant pas permis de finir, après ce
temps-là, aucune affaire dans le grand conseil, puisque même celles qui se trouvent commencées sans
pouvoir être terminées sont reballottées dans la première séance comme si l'on n'en avait point parlé.
Cette assemblée se tient dans la plus grande salle du
palais, qui a dans le fond une espèce de trône comme
celui du collège, où le doge et les conseillers de la seigneurie prennent leurs places ; les chefs du conseil des
Dix, les avogadors et les censeurs sont assis autour de
la salle sur des bancs élevés, parce que c'est à eux à
prendre garde que les nobles ne fassent rien contre
les statuts.

Les plus grandes assemblées du grand conseil ne sont
ordinairement que de six cents gentilshommes, qui se

mettent sur des bancs disposés par allées le long de la salle ; mais il y en a environ un pareil nombre qui sont ou employés dans les provinces, ou qui pour d'autres raisons ne se trouvent pas au conseil. Comme les sages grands peuvent assembler extraordinairement le sénat, de même les conseillers de la seigneurie sont maîtres de convoquer le grand conseil toutes les fois que la multitude des emplois qui sont à distribuer ou que quelque affaire pressante le demandent ; et pour cet effet on sonne une cloche qui s'appelle la Trotière, à laquelle répondent cinq cloches des principaux clochers des autres cinq quartiers de la ville ; et à ce signal la noblesse ne manque point de se rendre au grand conseil, où il leur est défendu de porter des armes, sous peine de la vie, et d'être jeté par les fenêtres, de peur que la chaleur des ballottations ne fît naître quelque désordre. C'est pourquoi ils laissent dans leurs gondoles leurs stylets et leurs autres armes qu'ils portent partout ailleurs.

Pour la sûreté de cette assemblée, contre laquelle on remarque dans l'histoire de Venise qu'on a fait autrefois plusieurs conspirations qui tendaient à faire périr toute la noblesse d'un seul coup, on met des gardes aux principales entrées du palais, et l'on tient les autres fermées. On se sert, pour cet effet, de la maîtrise ou des ouvriers de l'arsenal, comme des plus fidèles sujets de la République ; et comme ce conseil ne se tient que les jours de fête, afin que tous les magistrats de la ville s'y puissent trouver, les ouvrages de l'arsenal ne s'en trouvent point retardés. Toute cette milice est sous le commandement de quelques procurateurs de Saint-Marc, non seulement parce qu'ils sont des sujets d'une très grande autorité, mais encore parce qu'ils ne vont point au grand conseil, étant comme au-dessus de toutes les magistratures qu'on y distribue, ou bien que, ne pouvant y avoir de voix passive, ils ne doivent pas non plus y en avoir d'active.

Les procurateurs qui sont de garde se tiennent dans une très magnifique loge bâtie pour ce sujet au pied du clocher de Saint-Marc, vis-à-vis la grande porte du palais; elle est toute de marbre, enrichie de très belles statues et d'excellents bas-reliefs de bronze qui sont du Sansovin, aussi bien que l'architecture de ce petit bâtiment, qui a un parvis élevé de quelques marches et fermé d'une balustrade de marbre et qui sert de corps de garde au palais.

On ne propose jamais, à chaque séance du grand conseil, que neuf emplois à distribuer, à cause de l'ordre qui est établi, pour faire que le sort fasse les électeurs qui nomment à ces emplois, et que le mérite ou la brigue les donnent ensuite à un des quatre nobles que les électeurs ont choisis pour chaque charge qui est à remplir. Mais pour faire que de tous les nobles qui se trouvent dans le grand conseil il n'y en ait que trente-six qui soient électeurs, on tire au sort de la manière que je vais dire.

L'on met de chaque côté du trône de la seigneurie vis-à-vis des deux derniers conseillers, une haute et profonde coupe où l'on atteint de la main sans pouvoir regarder dedans, et les secrétaires comptent autant de balles qu'il y a de nobles au conseil, les séparant également dans les deux coupes et prenant garde d'en mettre trente dorées dans chacune, parmi les autres qui sont blanches. L'on place une semblable coupe

aux pieds du doge, dans laquelle il y a autant de balles
qu'il y en a de dorées dans les autres deux, c'est-à-dire
soixante, dont il n'y en a que trente-six de dorées.
Après quoi, tous les nobles, appelés par un secrétaire,
selon l'ordre des bancs où ils sont assis, vont deux à
deux tirer chacun une balle dans la coupe qui est de
leur côté ; si elle est blanche, ils la jettent, et si elle
est dorée, le gentilhomme la montre et la donne au
conseiller qui est proche de la coupe, et puis, s'avançant vers le doge, il tire une des soixante balles, et s'il
s'adresse à une dorée, il est un des électeurs pour les
charges qui sont à distribuer ; mais si elle est blanche,
il se retire à sa place.

Lorsqu'il y a neuf électeurs faits de cette sorte, ils
passent avec un secrétaire dans une chambre qui tient
à la salle du conseil, où, après avoir tiré au sort pour
être mis par ordre, celui qui est le premier nomme un
noble pour le premier des emplois qui est à donner, et
les autres en font de même suivant le rang que le sort
leur a donné. Ces neuf électeurs ballottent ensuite les
neuf nobles élus l'un après l'autre, et s'il y en a quelqu'un qui n'ait pas six balles, il est exclus, et celui qui
l'a nommé en doit élire un autre qui puisse avoir six
suffrages.

Cependant, après que le sort a fait neuf autres électeurs dans le grand conseil, on procède de la même
manière, leur faisant nommer et ballotter ensuite neuf
différents nobles pour les mêmes neuf emplois ; et la
même chose se pratique jusqu'à ce que les trente-six
électeurs, aient été faits en quatre bandes de neuf chacune, aient élu trente-six gentilshommes, c'est-à-dire
quatre pour chaque emploi ; après quoi ils font ballotter

l'un après l'autre dans le grand conseil, et celui des quatre qui a le plus de balles demeure pourvu de la charge à laquelle il a été nommé.

Pour finir ces ballottations avec moins de perte de temps, il y a grand nombre de petits enfants de l'hôpital des enfants trouvés qui portent dans une poche des petites balles d'étoffe de la grosseur d'une noisette, et tiennent à leurs mains une boîte semblable à celles avec lesquelles on prend les suffrages dans le sénat, excepté que dans celles-ci il n'y a que deux endroits séparés, l'un pour le oui et l'autre pour le non, parce qu'il n'y a point de voix douteuses ou indifférentes touchant la distribution des emplois, comme il y en a d'incertaines dans les diverses opinions qu'on a sur les affaires d'Etat. Ces enfants vont par la salle, nommant hautement le noble qu'on ballotte. Mais cette ballottation se fait avec tant de confusion de la part des enfants qui portent les boîtes, et avec si peu de dignité du côté des nobles, qui laissent quelquefois tomber leur balle à terre en marchant par la salle sans application, que ce peu d'ordre est tout à fait opposé à la gravité qui devrait être inséparable d'une si illustre assemblée; comme les sénateurs, qui sont dispersés autour de la salle pour prendre garde qu'il ne se commette aucun abus dans les ballottations, ne peuvent pas exactement observer si un noble prend plus d'une balle ou s'il n'en a point plus d'une dans la main, d'autant que la longue entrée de la boîte, qui est faite exprès pour pouvoir laisser tomber la balle du côté qu'on veut, sans qu'on sache où on la met, cache entièrement la main. Il est défendu de donner plusieurs balles pour servir son ami ou pour se venger de son ennemi, sous peine

d'être exclu à perpétuité du grand conseil, qui est la
même chose que d'être privé de la noblesse, comme il
est arrivé quelquefois.

C'est dans ces ballottations que les brigues de la jeunesse sont presque toujours supérieures, surtout lorsqu'il s'agit de mortifier un sénateur, ou en ne le continuant point dans sa dignité au bout de l'année, ou en
faisant descendre un noble d'une des premières charges de la seigneurie dans le dernier des emplois de
l'État, comme j'ai déjà dit, pour ne se savoir pas conduire au gré de tous. C'est aussi dans le grand conseil
que les inimitiés font jouer tous les ressorts de la vengeance ; c'est là que la dissimulation règne dans toute
son étendue, et que, ne pouvant être convaincu du contraire, on proteste ordinairement à celui auquel l'on
a donné l'exclusion, qu'on l'a servi en ami sincère.

Cependant quand ces moyens secrets de satisfaire sa
passion ne produiraient d'autre effet que celui d'empêcher la noblesse de pousser plus loin ses ressenti-
ments, cet avantage ne serait pas peu considérable
pour une République qui n'a rien tant à craindre que
la division de ses principaux membres ; mais la dépendance réciproque où le grand conseil tient tous les
nobles, l'appréhension qu'ils ont de s'y voir souvent
ballotter au préjudice de leur honneur et de leurs intérêts, ne les obligent pas seulement à garder des mesures pour vivre ensemble, au moins apparemment,
dans une parfaite intelligence ; mais encore ces considérations peuvent leur inspirer un véritable zèle et
un entier attachement au bien public, qui sont les
moyens les plus assurés par lesquels un noble peut
monter aux premiers emplois de la République et ac-

quérir l'estime et l'affection de ses égaux, s'il sait toutefois leur plaire.

Toutes les ballottations se font au grand conseil à portes ouvertes; il y a même un banc élevé destiné pour les étrangers qui ont la curiosité de voir de quelle manière ces messieurs donnent leurs suffrages; mais comme il est permis à tous les nobles qui entrent au grand conseil de haranguer pour dire leur sentiment sur les matières que le conseil de semaine peut y proposer, ou bien pour donner quelque avis important au bien de l'État, on fait sortir, dans ces occasions, les étrangers qui sont dans le conseil, afin qu'ils n'entrent point en connaissance des matières qui ne regardent que la noblesse.

Je ne m'arrêterai point à parler de toutes les magistratures de Venise; le détail n'en serait pas moins ennuyeux qu'il est peu nécessaire pour connaître la forme du gouvernement de la République; je dirai seulement qu'on y compte plus de soixante tribunaux différents, qui occupent utilement la plus grande partie de la noblesse, tant dans l'administration de la justice touchant les matières civiles et criminelles, que dans les magistratures qui sont établies pour l'observation d'une exacte police, outre le grand nombre d'autres emplois où les nobles sont occupés dans les provinces que la République possède; je ne parlerai ici que de quelques tribunaux qui, pour la grande autorité qu'ils ont dans la République et pour la nature des affaires dont la connaissance leur appartient, étant comme les maitres du gouvernement de l'État, méritent d'être connus, tant à l'égard de l'étendue de leur pouvoir que de la fin de leur première institution.

XXIX

DU CONSEIL DES DIX

Il n'y a point à Venise de plus grave ni de plus redoutable tribunal que le conseil des Dix; il prend connaissance des affaires criminelles qui arrivent entre la noblesse, tant dans la ville que dans tout l'État, il juge les crimes de lèse-majesté publique (c'est ainsi qu'on appelle à Venise la majesté du prince); il a droit d'examiner la conduite de tous les podestats, commandants et officiers qui gouvernent les provinces, et de recevoir les plaintes que les sujets pourraient faire contre eux; il a le soin de la tranquillité publique, et par conséquent ce conseil est le maître de toutes les fêtes et de tous les divertissements publics, les permettant et les défendant, selon qu'il le juge à propos; il procède contre ceux qui font profession de quelque secte particulière, contre les faux monnayeurs; en un mot, ce tribunal a une juridiction si étendue, que son autorité est également redoutable aux nobles et aux simples sujets de la République.

Il fut créé la première fois en l'année 1310 pour redonner à la ville la tranquillité et la sûreté qu'elle avait perdue depuis la fameuse entreprise que Bayamonte Tiepolo fit pour s'opposer aux changements que le doge Pierre Gradenigo avait introduits dans le gouvernement; mais comme on s'aperçut que ce tribunal avait produit des effets très avantageux pour l'établissement du nouveau gouvernement, il fut rétabli en plusieurs rencontres différentes, et enfin il fut confirmé pour toujours, vingt-cinq ans après son premier établissement. Le doge entre dans ce conseil avec six conseillers, et il y préside; mais les dix sénateurs qui le composent n'ont pas moins de pouvoir sans le doge que lorsqu'il est présent avec les six conseillers.

Ces dignités sont remplies par des nobles du premier rang, qui doivent être tous dix de différentes familles. Ils sont élus tous les ans par le grand conseil; mais ils élisent trois de leur corps pour en être les chefs, et ils les changent tous les trois mois, pendant lesquels ces chefs roulent par semaine. Celui qui est de semaine reçoit tous les mémoires, les accusations, les rapports des espions, et les communique à ses collègues, lesquels, sur les dépositions des témoins et sur les réponses des accusés, qu'ils tiennent dans de rudes cachots, font le procès aux coupables, étant eux-mêmes les accusateurs devant le conseil, sans qu'il soit permis de s'y défendre par soi-même ou par la bouche d'un avocat; c'est pourquoi, comme cette manière de juger a quelque chose de barbare et que la sévérité est inséparable de ce tribunal, la noblesse supporte d'autant plus impatiemment une autorité si terrible, qu'elle y est directement soumise.

Le conseil des Dix ne se tient qu'une fois la semaine; mais les chefs peuvent l'assembler pour des affaires pressantes. On voit dans l'histoire de la République que le conseil des Dix a fait des traités de paix et d'alliance, indépendamment du sénat, pour de pressantes raisons;

mais son pouvoir ne s'étend plus jusque-là. Comme c'est à ce conseil à pourvoir à toutes les choses dont dépend la sûreté de la République, l'on voit dans l'arsenal du canon et quelques galères qui sont à la disposition de ce tribunal; celle qui est toujours armée à la rive de la place Saint-Marc est sous leur commandement. Mais pour pouvoir s'opposer promptement à une conjuration, le conseil des Dix a un petit arsenal dans le palais, comme j'ai dit, près de la salle du grand conseil.

L'on voit dans cet arsenal une assez grande quantité d'armes antiques de toutes les façons, quelques petits canons qui tirent plusieurs fois, et grand nombre de pièces curieuses. Les armes à feu sont dans une chambre au-dessous de la première, parmi lesquelles il y a six cents mousquets toujours chargés et cent mèches arrangées autour d'une machine ronde, lesquelles par le moyen d'un ressort se peuvent allumer en un instant toutes à la fois.

XXX

DES INQUISITEURS D'ÉTAT

Le tribunal des inquisiteurs d'État est le plus formidable qu'on se puisse jamais imaginer; car, comme la matière dont ces seigneurs prennent connaissance est la plus délicate de toutes les matières criminelles,

de même leur sévérité est d'autant plus terrible et
leur rigueur inexorable, que leur procédure est extraordinaire. Les trois places d'inquisiteurs d'État
sont remplies par deux sénateurs du conseil des Dix
et par un des conseillers du doge. Ces trois seigneurs
ont un pouvoir absolu sur la vie du doge, des nobles,
des étrangers et de tous les sujets de la République,
sans être obligés d'en rendre compte à qui que ce soit
ni d'en communiquer avec le conseil des Dix, s'ils se
trouvent tous trois de même avis.

Les exécutions de ce tribunal ne sont pas moins secrètes que leurs jugements, hormis qu'il s'agisse d'un
crime public ; car, pour ne pas donner lieu de crier
contre une si grande sévérité, qui punit quelquefois
de mort une parole qui aura échappé à un misérable
contre un si rigoureux gouvernement, on envoie la
nuit noyer le coupable, sans autre formalité que la
confrontation de deux témoins, s'il y en a, ou bien sur
le rapport des espions dont ils remplissent la ville.
Et c'est par le moyen de ces délateurs à gages que
ces juges sans pitié ont des yeux et des oreilles partout ; c'est pourquoi un homme est réputé perdu sans
ressource lorsqu'il est dénoncé aux inquisiteurs d'É-
tat, si son innocence n'est aussi évidente que le jour
même.

Comme une procédure si peu juste a déjà donné lieu
à quelques fâcheux inconvénients, il a été ordonné que
les inquisiteurs d'État ne pourront plus faire mourir
un noble vénitien sans l'entendre pour sa justification.
On peut juger par là du danger que courent les personnes sans appui qui tombent en de si terribles
mains, puisque les simples soupçons dans les matiè-

res d'État sont punis, à Venise, plus sévèrement que le crime même ne le serait ailleurs, et qu'on y condamne le port d'armes à feu et cent autres choses qui ne seraient ailleurs que des contraventions aux ordonnances de police.

La moindre peine qu'un étranger qui est en quelque considération ait à craindre, si l'on se défie de lui et s'il devient suspect aux inquisiteurs, c'est un ordre signé d'un de ces magistrats, portant commandement de sortir de la ville et des États dans le terme de vingt-quatre heures, sous peine de la vie [1]; mais comme la défense qui est faite à la noblesse d'avoir aucune correspondance, non seulement avec les ambassadeurs et les autres ministres des princes, mais encore avec la dernière personne de leurs maisons, sous peine de la vie et d'une mort infâme, c'est sur celle-là que les espions sont d'autant plus à craindre qu'ils sont plus vigilants.

Il n'y a guère plus de cinquante ans qu'on a commencé à tenir cette sévérité à l'égard de la noblesse vénitienne, afin d'ôter aux ambassadeurs toute sorte de moyens d'entrer en connaissance du secret du sénat; mais la terreur que cet effroyable tribunal fait à la noblesse vénitienne va jusqu'à un tel excès, que les nobles ont porté d'eux-mêmes cette défense plus loin qu'on a eu intention de l'étendre, de peur de manquer par ne faire pas assez touchant une matière si suspecte à l'État; de sorte que s'il arrive à un gentilhomme vénitien, quelque rang qu'il tienne dans la République, de dire quelque parole à un gentilhomme ou à un valet de la maison d'un ambassadeur, sans le connaître, le

1. Voy. la note E à la fin du volume.

prenant, dans une église ou dans quelque autre lieu
public, pour un étranger indifférent, et qu'il vienne à
savoir ensuite à quelle personne il a parlé, il court dès
le moment en faire la confession à un des inquisiteurs
d'État, qui ne manquent pas de lui ordonner d'être
plus circonspect à l'avenir, et de savoir à qui il parle.

Cette défense ne regarde pas seulement la noblesse;
les citadins qui portent la veste et tous les officiers publics s'y trouvent compris; et, par une suite nécessaire,
tout ce qu'il y a d'honnêtes gens qui pratiquent avec
les nobles vénitiens se croient aussi obligés de ne pas
fréquenter les ambassadeurs ni ceux de leurs maisons,
de peur de se rendre suspects et de faire tomber le
soupçon sur les nobles qu'ils fréquentent. Les avocats,
et particulièrement les médecins, sont les seuls parmi
ceux qui portent la veste vénitienne que cette rigou-
reuse défense excepte, à cause de la nécessité qu'on a
de leur ministère. Cela n'empêche pas néanmoins qu'ils
n'usent de cette liberté avec beaucoup de précaution.

L'abbé Moro, noble vénitien, quoique exclu du grand
conseil par la qualité de bénéficier, fut étranglé par
l'ordre des inquisiteurs d'État, à cause des secrètes in-
telligences qu'il avait avec l'ambassadeur d'Espagne.
N. Cornaro, qui fut pris quelque temps après dans une
gondole, où il s'entretenait en masque avec le secrétaire d'un autre ambassadeur d'Espagne, ne fut pas
autrement traité ; mais le malheureux Antoine Foscarini, gentilhomme d'un mérite singulier, a été le plus
funeste exemple qu'on puisse apporter de l'effroyable
sévérité des inquisiteurs d'État sur cette matière.

Ce pauvre gentilhomme allait tous les soirs chez une
femme qui demeurait proche la maison de l'ambassa-

deur d'Espagne ; un de ses ennemis sut se prévaloir de cette occasion pour le perdre, avec d'autant plus de facilité qu'il était assuré d'être cru en rapportant aux inquisiteurs d'État que ce noble avait une étroite correspondance avec l'ambassadeur d'une nation laquelle, par les diverses entreprises qu'elle a faites contre la République, est devenue si suspecte aux Vénitiens.

Cet homme demanda des témoins et des gens en même temps pour se saisir du noble lorsqu'il sortirait de chez l'ambassadeur ; mais pour faire réussir sa détestable entreprise, il aposta un homme du poil et de la taille de ce gentilhomme, revêtu d'une veste, et lorsqu'il sut que le noble était chez la dame, il plaça ses espions et leur fit voir sur la brume la figure de ce noble, qui entra effectivement chez l'ambassadeur d'Espagne et qui sortit par une autre porte. Les espions rapportent sur-le-champ ce qu'ils ont vu ; les inquisiteurs, pour être mieux assurés de la vérité, font chercher le Foscarini chez lui et partout où ils croient qu'il pourrait être, et, ne le trouvant pas, l'ordre fut donné de se saisir de lui lorsqu'il sortirait, de sorte que ce malheureux fut pris la nuit, à vingt-cinq pas de la porte de la dame, les sbires n'osant pas approcher des maisons des ambassadeurs ni passer de jour dans l'étendue de leur juridiction, sans s'exposer à être cruellement maltraités.

Cet innocent est d'abord conduit aux prisons des inquisiteurs d'État, lesquels, sans autre formalité, lui envoient un confesseur et un bourreau ; le gentilhomme crie, se tourmente et proteste si fort qu'il est innocent de tout ce qu'on veut lui imposer, que le confesseur,

pleinement persuadé de son innocence, se croit obligé
d'en faire rapport aux inquisiteurs; mais ils n'ont point
d'oreilles pour lui, et leur jugement est exécuté sans
remise, de sorte que ce misérable gentilhomme, déses-
péré dans son malheur, fut étranglé sans vouloir écouter son confesseur, mourant comme enragé de se voir
traiter si inhumainement.

L'exécrable malice de cet accusateur ne fut découverte que par lui-même, lorsque, étant au lit de la mort,
il se sentit forcé par les remords de sa conscience de
confesser l'artifice dont il s'était servi pour faire périr
ce gentilhomme; mais le coupable ne put être puni
pendant sa vie, et l'innocent ne fut justifié qu'après sa
mort. On lui décerna des honneurs; on fit satisfaction à
sa famille; l'on créa son fils procurateur de Saint-Marc
par mérite, et ce fut pour ne plus tomber à l'avenir
dans une semblable erreur qu'on ordonna que les inquisiteurs ne pourraient plus faire mourir un noble,
pour de telles accusations, sans l'entendre.

Comme ce tribunal ne diminue rien de sa sévérité,
punissant toujours les soupçons qui ont quelque apparence de fondement comme le crime même, ces juges rigoureux se contentent d'ordonner dans ces rencontres des exécutions secrètes, pour ne pas faire crier
contre une autorité qui est déjà si odieuse à la noblesse; de sorte que tel est souvent réputé mort par un
accident imprévu, qui est tombé sous le coup des exécuteurs de leurs arrêts.

XXXI

DES DEUX AVOGADORS

C'est ainsi qu'on appelle à Venise les deux magistrats dont la fonction a quelque chose de semblable aux avocats et aux procureurs généraux. Comme ils instruisent les procès et qu'ils plaident contre les criminels pour l'observation des lois, on les appelle avocats de la commune, *avogadors del commun;* mais ils ont de plus une juridiction particulière, jugeant les procès qui naissent entre les sujets pour des coups donnés, pour les injures qui font tort à la réputation, mais portent les affaires importantes aux tribunaux qui en doivent connaître, suivant la matière dont il s'agit.

La plus grande autorité de ces deux magistrats consiste au pouvoir qu'ils ont de suspendre pour trois jours les jugements de tous les tribunaux du collège, du grand conseil, du conseil des Dix, et même des inquisiteurs d'État, lorsqu'il ne s'agit point d'un crime positif, mais seulement de l'exécution des ordonnances qu'ils peuvent faire sur la matière d'État; de sorte qu'ils représentent les anciens tribuns de la République, et leur autorité égale presque celle des tribuns du peuple romain, puisque en s'interposant ils suspendent toute sorte d'exécution; mais ils sont obligés de dire dans trois jours les raisons de leur interposition, qui

doivent avoir assez de fondement pour faire délibérer
de nouveau sur les mêmes matières.

Le sénat élit les avogadors, mais il faut qu'ils soient
confirmés par le grand conseil, et l'on choisit ordinairement, pour occuper ces postes, des sujets d'une
intégrité connue et des premières familles. Ce ne
sont pas toujours des nobles fort riches, mais ils doivent avoir de la facilité à parler en public, et souvent
ils l'ont acquise par la profession d'avocat qu'ils ont
exercée, comme font tous les jours plusieurs nobles,
qui aiment mieux subsister par cette voie honnête, qui
leur est permise sans déroger, que par mille bassesses
que leur qualité pourrait rendre impunies. Les avogadors portent la veste ducale violette avec l'étole rouge
dans leurs fonctions ordinaires; mais dans le grand
conseil, dont les délibérations seraient nulles s'il n'y
assistait un des avogadors, ils portent la veste de
pourpre.

La défense qui fut faite à Venise, il y a environ six
ans, de porter la perruque donna lieu à une singularité qui mérite d'être remarquée à l'égard des avogadors. Un des plus anciens et des premiers sénateurs de la République, qui a été fait procurateur par
mérite, depuis peu de temps, était alors inquisiteur
d'État; et comme il a pour femme une dame de beaucoup de mérite, d'une humeur fort différente des autres gentilsdonnes vénitiennes, et qui aime extraordinairement la liberté des conversations honnêtes, il
remarqua qu'il entrait chez lui des gentilshommes à
grands cheveux blonds, lesquels, en d'autres rencontres, lui paraissaient en avoir de noirs; il prit ombrage
d'un pareil déguisement, et il en tira des conséquences

qu'il ne trouva pas moins dangereuses pour le repos de l'État que pour celui des particuliers.

Cet inquisiteur eut assez de crédit pour faire approuver son sentiment par ses deux collègues; c'est pourquoi dès le même jour il fut défendu, sous de rigoureuses peines, à toute la noblesse de porter la perruque, avec ordre à tous ceux qui l'avaient prise de la quitter incessamment. Il n'est pas difficile de s'imaginer dans quel embarras cette défense mit toute la jeune noblesse, qui était pour lors si curieuse en perruques que ceux-là mêmes qui avaient de fort beaux cheveux se faisaient raser pour la prendre, et n'épargnaient rien pour en avoir de plus belles; cependant la nécessité indispensable d'obéir à l'ordonnance des inquisiteurs d'État obligea toute cette noblesse de se retirer à la campagne, pour n'oser se montrer à la ville dans un pareil état.

L'avogador Laurent Donat, se trouvant du nombre de ceux qui portaient la perruque, crut aisément qu'on n'aurait pas moins d'égard au rang que sa dignité lui donnait qu'à la nécessité qui l'obligeait à porter de faux cheveux. Il fut trouver l'inquisiteur, et, découvrant sa tête, lui fit voir l'état où il était, lui représentant en même temps que le devoir de sa charge, qui l'attachait sans relâche au service du public, lui faisait espérer qu'il lui serait permis de porter une perruque; mais comme il n'eut jamais qu'un non pour toute réponse, il fit souvenir l'inquisiteur qu'en vertu de l'étole rouge qu'il portait sur son épaule, il pouvait suspendre l'exécution de son décret. Cette remontrance, accompagnée de quelque sorte de fierté, lui attira une réponse qui lui ferma entièrement la bouche, le faisant souvenir qu'en vertu de ce qu'il était, il pouvait le faire mettre dans un sac et l'envoyer noyer cette nuit-là même.

***

XXXII

DE LA QUARANTIE CRIMINELLE

Bien qu'il y ait trois quaranties, c'est-à-dire trois chambres composées de quarante juges chacune, je ne parlerai que de la criminelle, parce que c'est le plus considérable tribunal de la République, après ceux où l'on traite des affaires d'État. Il est même le plus ancien de tous, puisque l'on en ignore l'origine. Avant la création des deux quaranties vieille et nouvelle, cette chambre jugeait les affaires civiles comme les criminelles, et avant que le conseil des Dix fût établi, elle prenait aussi connaissance des crimes d'État et de tous ceux de la noblesse; mais bien que la juridiction de ce tribunal ait souffert une grande diminution et que tous les jours il y ait de nouvelles contestations entre cette chambre et le conseil des Dix, qui lui enlève toutes les affaires importantes, cela n'empêche pas néanmoins qu'il ne soit toujours en grande considération, à cause que les quarante juges dont elle est composée entrent au Sénat avec voix délibérative, et que les trois chefs qui en sont les présidents ont séance au collège pendant les deux derniers mois qu'ils sont en charge.

XXXIII

DE LA PROCÉDURE QU'ON OBSERVE AUX AFFAIRES CRIMINELLES

Lorsqu'il s'est commis un crime à Venise, il semble qu'on s'attache plus à l'instruction entière du procès qu'à s'assurer du coupable; mais après qu'on a toutes les preuves nécessaires, l'on envoie rompre la porte de la maison du criminel par le capitaine grand, pour le chercher chez lui avec quelque sorte d'éclat; et sur le rapport que cet officier fait de ne l'avoir pas trouvé, on le cite à comparaître dans un terme plus ou moins long, suivant l'énormité du crime; mais pendant ce temps-là le criminel est en sûreté, pourvu qu'il ne se fasse pas voir aux lieux publics de Saint-Marc et de Rialto; il peut même faire demander jusqu'à trois délais; et s'il ne voit point dans la suite des moyens assurés de se justifier, ou du moins de se tirer d'affaire par la faveur de quelque protecteur, il pourvoit à sa sûreté par son évasion, ce qui n'est pas beaucoup difficile, s'il a l'appui de quelque noble dont la gondole peut le transporter hors de l'État, du côté du Ferrarais, ou bien la première gondole peut le jeter à quelque coin de la terre ferme, d'où l'on peut aisément sortir des États de la République.

De là vient que la plupart des criminels sont jugés à Venise par contumace, et c'est ce qu'on appelle *bandire;* mais l'on accompagne le jugement de conditions proportionnées au crime : que le condamné ne pourra jamais acheter de grâces, comme il se pratique à Venise; que celui qui le tuera dans les États de la République aura une somme considérable; qu'elle sera payée au double si on le tue dans d'autres pays. Et si le crime touche sensiblement la République, l'on ajoute à la taxe le pouvoir de délivrer même un criminel d'État, afin de priver le coupable de la sûreté de toute sorte d'asile. Cependant l'on a vu que, quoique le jugement du conseil des Dix donné contre le jeune Mocenigo pour avoir tué, comme j'ai dit, un Foscarini d'un coup de pistolet, fût accompagné de toute la rigueur avec laquelle on peut punir les plus grands crimes d'État, les traîtres de la patrie et l'*intacco di cassa,* qui est le péculat et le vol des deniers publics, néanmoins ce noble a eu sa grâce et a été rétabli dans ses biens et dans sa noblesse.

Lorsque le coupable est dans les prisons et que son procès est en état, l'avogador prend l'audience pour le jour qu'il lui plaît, et, faisant conduire le criminel aux pieds des juges, il plaide fortement contre lui, exagérant son crime par toutes les circonstances qui le peuvent rendre plus énorme, et concluant toujours à un châtiment très rigoureux. Dans toutes ces sortes d'accusations publiques, aussi bien que dans les harangues qui se font au sénat et au grand conseil, il est défendu à la noblesse et aux avocats de parler autrement que vénitien[1], excepté dans l'exorde de

1. Les Vénitiens parlent un dialecte très doux qui diffère de la pure langue italienne beaucoup moins par les formes et la construction que par la prononciation des principales consonnes, comme le *g* et le *c* très

leurs discours, où ils peuvent employer la langue italienne dans sa pureté, s'ils la savent.

Cette affectation causerait une émulation ridicule,
qui les rendrait enfin peu intelligibles au public, outre
qu'il est de la dignité de la nation de parler sa langue
naturelle, laquelle dans ces temps-ci s'est beaucoup
polie, eu égard à ce qu'elle était; et j'ai remarqué que
dans les plaidoyers ils affectent un style mâle, dont
les mots et les expressions, tenant beaucoup de la langue latine, semblent avoir plus de force et d'énergie
que n'en aurait le véritable italien.

L'avocat de la partie répond à tous les chefs d'accusation, et il emploie enfin toute la force de toutes les
figures de rhétorique dans la péroraison de son plai-
doyer pour apitoyer les juges; il descend même de la
chaise d'où il parle et se jette à leurs pieds avec le coupable, accompagné de sa femme et de ses enfants,
s'il en a; et tous, fondant en larmes, implorent la misé-
ricorde de la justice. Ce triste spectacle, qui tient encore des coutumes de l'ancienne Rome, attendrit toute
l'assemblée et fait verser des pleurs aux plus insen-
sibles.

Il se trouve à ces causes criminelles un grand nombre de personnes, qui sont assises à côté et sur les
marches du tribunal, qui est fort élevé; mais c'est une
chose surprenante de voir que la plus grande partie
de ceux que la curiosité y attire soient masqués et
assis entre les juges et le criminel. Ce sont là les privi-

souvent changés en *z*, et une accentuation tout autre de certaines
voyelles. Par suite du grand mouvement de navigation vénitienne, ce
dialecte a laissé des traces sur beaucoup de points du littoral de la
Méditerranée.

lèges ordinaires de cette égalité vénitienne dont la République fait si fort éclater le nom.

Après que l'avocat a parlé, tout le monde se retire, et l'on ballotte l'opinion de l'avogador contre celle que les chefs proposent, qui est la plus douce; et la pluralité des balles l'emporte. L'on détermine aussi toutes les circonstances du châtiment par la ballottation, et de cette sorte ces juges décident de la vie et de la mort des criminels sans être obligés de rendre raison de leurs opinions, et même sans qu'on sache qui est contraire ou qui est favorable au coupable; mais comme ils sont les maîtres et les souverains, on ne leur demande pas s'ils ont la science nécessaire ou s'ils sont gradués dans les facultés de droit, pour pouvoir exercer ces judicatures. Ils jugent selon leurs lois, comme font dans l'armée les officiers selon les statuts de la guerre : leur conscience et leurs lumières naturelles étant la principale règle de leurs jugements.

Ce qu'il y a de plus rude dans la justice de Venise est l'extrême longueur qu'on apporte à vider les affaires criminelles, laissant ordinairement pourrir deux ou trois ans les coupables dans les cachots, pour leur faire expier, disent-ils, par ce long supplice une partie de leur crime. Mais ce qui me parait encore plus rigoureux, ce sont les fréquentes condamnations aux prisons obscures pour huit ou dix ans, et souvent pour toute la vie; car l'horreur de ces cachots, qui sont presque au-dessous de l'eau, et où l'on ne voit jamais d'autre clarté que celle d'une petite lampe, est certainement quelque chose de plus affreux que la mort même. D'ailleurs, comme la République a besoin de forçats, on y condamne aux galères pour des fautes très légères; mais l'abus qui règne à Venise d'accorder des grâces pour de l'argent est véritablement d'une dangereuse conséquence : car s'il est d'un côté une invention très utile à la République, il est de l'autre une porte ouverte au crime, pour ceux qui peuvent espérer de se délivrer pour de l'argent.

XXXIV

DES MAGISTRATS DES POMPES[1]

Si une constante égalité établie, du moins dans les choses extérieures, entre les principaux membres d'une république est un des plus forts liens de la parfaite union qui doit régner parmi eux, il est certain aussi que le luxe, en ruinant inévitablement les familles, devient par des suites nécessaires l'écueil assuré de la liberté que les républiques recherchent si fort. C'est pour prévenir les désordres contagieux du luxe que la République de Venise, à l'imitation de celle de Rome, a établi les trois *sopra-proveditori alle pompe*, sénateurs du premier ordre, qui, par des ordonnances très sévères, ont réglé la table, le train et les habits de la noblesse vénitienne.

Il est défendu aux nobles de faire servir chair et poisson à un même repas; mais la défense du luxe de

1. Pompes signifie ici *déploiement de luxe, dépenses fastueuses.*

la table ne peut regarder que fort peu de gentilshommes puissants, qui ont appris chez les étrangers à vivre
splendidement, et surtout ceux qui ont été en France,
et qui ne peuvent plus se passer de cuisiniers français.
Il n'est pas même permis aux nobles vénitiens de faire
sonner une cloche à l'heure de la table, si ce n'est dans
les maisons qui ont un ambassadeur au service de la
République.

Il n'y a que les procurateurs de Saint-Marc qui puissent se faire accompagner dans les rues par un ou deux
valets de chambre, qui portent des manteaux noirs
et point d'épée. Tous les autres nobles vont seuls par
la ville, n'ayant ni laquais ni gens de livrée ; et quant
aux habits, la grande veste noire les égale tous, parce
qu'elle doit être d'un même drap ; de sorte qu'un pauvre gentilhomme a sujet de supporter patiemment sa
misère, quand il voit souvent les premiers sénateurs
aller à pied par la ville sans équipage, et porter une
veste qui n'est pas différente de la sienne.

Si, nonobstant les défenses du tribunal des pompes,
les jeunes nobles qui ont du bien savent toujours se
faire distinguer dans la ville, tant par la propreté des
vestes, dont ils changent souvent, que par la magnificence des habits qu'ils portent dessous, ils le font
encore mieux à la campagne, par le nombre des valets
de livrée, des chevaux et des équipages, que les plus
riches gentilshommes entretiennent dans leurs maisons
de plaisance, dont les plus belles sont sur le canal de
la Brente, qui conduit à Padoue. On y voit un très
grand nombre de superbes palais, dont la plupart
sont de l'architecture de Palladio et quelques-uns sont
peints à fresque en dehors par Paul Véronèse, de sorte

que les palais, les jardins et les parterres, qui se suivent presque les uns les autres tout le long de cette
route, sont la plus agréable et la plus magnifique chose
qu'on puisse voir.

Les ordonnances des magistrats des pompes touchant le luxe des femmes sont encore plus régulièrement observées. Les pierreries, l'or et l'argent sont
également défendus, et il n'est permis aux gentilsdonnes vénitiennes de porter des perles au col que
pendant les deux premières années de leur mariage,
qu'on appelle le noviciat; et c'est en cela qu'on connaît
les jeunes mariées et à leurs gondoliers, auxquels
elles font porter leurs livrées pendant ce même espace
de temps. La plupart de ces dames ont néanmoins de
fort belles pierreries et en très grande quantité. Quelques-unes ont trois ou quatre garnitures différentes
de diamants, d'améthystes, d'émeraudes, toutes com-
plètes, consistant en roses, bouquets de tête, boucles
d'oreilles, colliers, bagues, bracelets et chaînes; mais
elles ne peuvent s'en parer que dans les occasions de
quelque réjouissance publique et pendant les derniers
jours du carnaval.

Une gentildonne qui tient un grand rang fut dé-
noncée, il n'y a pas longtemps, aux magistrats des
pompes pour avoir porté des diamants, et fut incontinent condamnée à deux mille ducats d'amende, qu'elle
fut obligée de payer sans remise, quelque crédit qu'elle
pût avoir. L'on voit néanmoins que les boutons de
diamants, qui sont présentement à la mode pour les
habillements des femmes, sont tolérés par les magistrats
des pompes lesquels, après avoir souffert dans ce siècle
que les modes françaises fussent introduites, pour éviter

d'autres abus, veulent bien avoir la complaisance de
leur laisser contenter la passion qu'elles ont de les suivre dans toutes les diverses sortes d'ajustements.

XXXV

DES DÉNONCES SECRÈTES ET DES ESPIONS

Les délateurs ont toujours été regardés comme les
ministres infâmes de la tyrannie ; mais la République a
su couvrir la honte d'une telle bassesse en faisant parler des bouches de pierre, qui ne nomment point leurs
auteurs. Les endroits où l'on jette les billets des dénonciations sont comme des troncs enchâssés dans l'épaisseur des murailles, où la bouche ouverte d'une tête à
grimaces engloutit les avis qu'on y donne, et les rend
par un endroit qu'on ne voit point. Tout le palais de
Saint-Marc et tous les lieux de la ville où quelques magistrats tiennent leur tribunal ont quantité de ces bouches dangereuses, avec l'inscri \tion de la magistrature à
laquelle appartient la connaissance des dénonciations
qu'on y jette ; et si le dénonciateur ne fait pas scrupule
de se déclarer, il reçoit lui-même la récompense portée
par les ordonnances ; sinon, en envoyant simplement par
un inconnu la moitié du papier déchiré du morceau sur
lequel il a écrit la dénonciation, on lui compte la somme,
sans autre formalité que de vérifier ce témoignage en

rapprochant le morceau de papier de la moitié qui est écrite, pour voir s'il s'y rapporte.

Comme la République est persuadée que la sûreté de l'État dépend d'une entière connaissance de tout ce qui se dit et qui se fait dans la ville et dans les provinces contre son autorité, elle a tendu ce piège, qu'il est bien difficile d'éviter pour peu qu'on sorte des termes de son devoir. Car par le moyen de ces dénonces secrètes, celui qui aurait honte de faire l'espion ou d'être le dénonciateur public de son ennemi, et qui sait quelque chose qui le peut rendre criminel, n'a qu'à en donner avis par un billet où il n'est pas obligé de se nommer, en citant deux témoins du fait qu'il révèle, assuré que son accusation aura tout le succès qu'il s'en promet; d'autant que les témoins, interrogés séparément, n'oseraient nier la vérité pour ne s'exposer pas eux-mêmes à la punition; de sorte que si l'on évite le rapport des espions on ne se sauve guère de la bouche des dénonces secrètes, dont les plus gens de bien, s'ils ont le malheur d'y être dénoncés, pour des choses même qui n'en valent pas la peine, ne se tirent point sans une amende pécuniaire.

La République ne se contente pas d'entretenir assez publiquement un grand nombre d'espions, qui ont chacun leur département pour des matières différentes, lesquels lui rendent un compte exact de tout ce qu'elle désire de savoir; mais encore elle en a de secrets dans les maisons des particuliers, et surtout elle en fait glisser dans celles des ambassadeurs, dont elle est dans une perpétuelle jalousie; de sorte que la République, par le moyen de ces sortes de gens qu'elle caresse et qu'elle paye ponctuellement, est avertie des moindres paroles qui regardent ses intérêts.

De tous les espions entretenus, il n'y en a point de mieux traités que ceux qui ont rapport aux inquisiteurs d'État ; et bien que cette profession soit regardée comme la dernière bassesse à laquelle un homme puisse se résoudre, et que la plus grande injure qu'on puisse faire à quelqu'un à Venise, ce soit de l'appeler *Spia d'inquisitori*, c'est néanmoins une chose indubitable qu'il y a des espions de toutes sortes de conditions, de même qu'il y en a de presque toutes les nations, des artisans, des citadins, des officiers de guerre et, ce qui doit surprendre davantage, des nobles même, qui n'ont pas honte de tirer la paye d'un service de cette nature.

Je ne m'arrêterai pas à citer d'autres exemples tragiques de ce qui est arrivé, par le rapport des espions, aux personnes peu prudentes et aux étrangers même qui inconsidérément ont pris la liberté de parler mal du gouvernement ou des personnes qui ont le pouvoir en main. Tout ceux qui vont à Venise en sortent les oreilles battues de mille histoires terribles. Je me contenterai d'en rapporter ici une de ma connaissance qui, pour n'avoir rien de funeste, ne fait pas moins voir l'exactitude des espions et l'impossibilité qui se rencontre à pouvoir se garantir de leurs atteintes.

Deux citadins intimes amis, se trouvant seuls avec leurs femmes hors de Venise et dans leur gondole, ayant envoyé leurs gondoliers à terre, un des deux, qui peu de jours auparavant avait reçu quelque mortification d'un des magistrats des pompes, pour avoir fait faire un habit avec des manches plus courtes qu'elles ne doivent être, crut pouvoir parler en sûreté dans un lieu comme celui-là, et témoigna avec quelques paroles de ressentiment le sensible déplaisir qu'il avait d'un si injuste traitement. Mais dès le lendemain un des chefs du conseil des Dix prit en particulier celui à qui ce discours avait été tenu, et lui dit : « Avertissez votre ami qu'il parle en d'autres termes de ses supérieurs; si je ne vous aimais comme je fais, ou si la chose avait été rapportée à quelque autre qu'à moi, on lui ferait un très mauvais parti pour les choses peu respectueuses qu'il dit hier en un tel endroit. »

XXXVI

DES FORCES DE LA RÉPUBLIQUE PAR MER ET PAR TERRE

La République de Venise a l'avantage de se maintenir par la réputation qu'elle s'est acquise plutôt que par la grandeur des forces qu'elle a sur pied; de sorte qu'en temps de paix à peine a-t-elle assez de troupes pour remplir les garnisons qu'elle est obligée d'entretenir pour la sûreté de l'État. Tout ce qu'elle a conservé de troupes réglées depuis la dernière paix de Candie, ne passe pas six mille hommes, tant en cavalerie qu'en infanterie, dont une partie est séparée dans les places de Dalmatie, sous le commandement du provéditeur général de cette province et du général étranger dont j'ai parlé, et l'autre partie sous les capitaines des armes, dans les villes de terre ferme, et surtout dans celles qui sont frontières du Milanais.

L'infanterie que la République entretient en temps
de paix est presque toute composée de capelets, qui
sont Esclavons, Morlaques et Albanais, c'est-à-dire de
ces peuples au delà de la mer Adriatique, lesquels
confinent avec les Turcs, dont ils sont si fort ennemis
qu'ils ne sont jamais en paix avec eux; l'on a vu même
en Candie que lorsqu'une mine ou un fourneau faisait sauter dans la ville quelqu'un de ces infidèles, il
n'était pas plus tôt tombé à terre, que les Esclavons le
mettaient en pièces pour en manger la chair. Ils sont
armés de longs sabres et de carabines, fort bons soldats et très affectionnés au service de la République.

La cavalerie est composée partie des mêmes capelets,
et partie d'Italiens et d'Ultramontains (c'est ainsi qu'on
appelle les Français et les Allemands); et comme la
paye et les compagnies de ceux-ci sont plus fortes
que celles des capelets, elles servent ordinairement de
récompense pour les officiers qui ont le mieux servi
la République, laquelle, outre ceux-là, en retient encore quarante ou cinquante qu'on appelle *condoti,* c'est-
à-dire pensionnaires, afin que lorsqu'elle est obligée
de lever de nouvelles troupes, elle puisse être assurée
d'avoir des officiers d'une expérience et d'une fidélité
connue; c'est pourquoi ces officiers sont bien payés
et ont des privilèges qui leur donnent un rang considérable dans l'État, et ils parlent assis quand ils ont
affaire au collège.

La République n'entretient que quinze compagnies
de cavalerie dans les provinces de terre ferme; mais
outre cela elle a huit ou dix mille hommes d'infanterie, dont elle fait parade, qui ne lui coûtent guère à
entretenir et qui ne lui servent pas de beaucoup. Ce

sont les milices de terre ferme, qu'on appelle *cernide*, c'est-à-dire gens choisis pour porter les armes, lesquels n'ont autre occupation que de faire souvent l'exercice et de passer en revue, afin que les étrangers et les princes voisins soient persuadés que la République est toujours puissamment armée; mais elle ne paye que les capitaines et les sergents, ces sortes de soldats se contentant de quelques exemptions. La République cependant ne laisserait pas de se servir utilement de cette milice dans une occasion imprévue, en la joignant à ce qu'elle a de troupes ordinaires.

Bien que la République soit persuadée que la guerre lui coûte beaucoup plus qu'aux autres princes, à cause qu'elle n'emploie à son service que des troupes étrangères, elle aime toutefois mieux en faire la dépense et courir risque d'être mal servie, comme elle est ordinairement, que d'aguerrir ses sujets et leur donner les moyens de se faire craindre. C'est pourquoi, lorsqu'elle est engagée à une guerre sur terre, elle ne fait pas seulement lever les troupes hors de ses États, mais encore elle en donne le commandement général à un prince ou à quelque seigneur d'une grande considération, qu'elle met dans ses intérêts par les grands appointements qu'elle lui donne. Ce général a sous lui des généraux de cavalerie et d'infanterie; mais les deux nobles que le sénat lui donne pour adjoints, avec la qualité de provéditeurs, ne lui laissent que le titre de généralissime, car ils sont les maîtres des résolutions et des entreprises. Ils n'approuvent d'ordinaire que les conseils dont ils sont les auteurs, et font céder l'expérience du chef à la jalousie qu'ils ont de leur autorité.

Le sénat met sa principale application à ses forces maritimes. C'est le génie de la nation que de faire la guerre par mer; elle en supporte le poids avec beaucoup moins de difficultés que d'une guerre sur terre. C'est dans la mer que la République a pris naissance; c'est de la mer qu'elle a tiré son plus grand accroissement; c'est par ses forces maritimes qu'elle s'est rendue formidable aux Turcs, et qu'elle a fait autrefois ses plus grandes conquêtes. Comme les Vénitiens sont nés dans la mer, ils ne sont pas moins habiles sur cet élément qu'ils y sont heureux; car, pour une disgrâce qu'ils y ont eue, ils peuvent compter cent avantages considérables. C'est leur valeur qui les a rendus maîtres du golfe Adriatique; et ils se maintiendront dans cette possession avec d'autant plus de vigueur qu'ils en jugent les conséquences très importantes.

La République n'a point d'armée navale réglée pendant la paix, mais elle peut armer trente galèsses en peu de temps, et elle en a toujours quelques-unes aux îles du Levant, avec les vaisseaux et les galéasses qu'elle y tient pour la sûreté de la mer et des provinces, sous le commandement du provéditeur général. La République entretient encore dans le golfe une escadre de six galères, avec plusieurs galiotes et brigantins, qui croisent incessamment vers l'entrée de cette mer, pour en assurer la navigation contre les corsaires, et surtout pour faire payer les droits aux marchands. Cela n'empêche pas que les pirates de Dulcigno, qui sont sujets du Turc sur la côte de Dalmatie, ne fassent quelquefois des courses sur celles de la Romagne et de la marche d'Ancone, proche de Lorette, dont le pape fait faire de grandes plaintes au sénat par son nonce, à cause qu'il n'accorde à la République les décimes du clergé qu'à condition d'assurer les côtes de l'État ecclésiastique contre ces infidèles.

Cette escadre est commandée par un noble du premier rang, qui a le titre de général du golfe, et sa commission dure trois ans; les galéasses et les vaisseaux de guerre ont aussi leurs généraux séparés en temps de guerre. Présentement la République n'a que deux galéasses armées, qu'elle tient à Corfou, et quelques vaisseaux de guerre, que la République devrait entretenir pour mieux assurer le commerce.

Soit que la République ait une armée navale destinée pour quelque expédition, ou qu'elle n'ait que les forces ordinaires qu'elle entretient en temps de paix, et l'escadre du golfe, elle crée toujours un provéditeur général de mer, qui commande la flotte. Ce poste est rempli par un des premiers sénateurs, lequel a un pouvoir absolu sur tous les officiers, soldats et matelots, pouvant punir de mort les uns et les autres, et disposer de toutes les charges de l'armée. Le provéditeur général de mer fait sa résidence ordinaire à Corfou, et son emploi dure deux ans, après lesquels il est obligé d'aller rendre compte au sénat de son administration.

Lorsque la République entre en guerre par mer, elle ne confie pas ses forces à un généralissime étranger, comme elle fait celles de terre ; mais dans ces occasions importantes, dont il semble que dépend tout le salut de l'État, la République crée un noble vénitien généralissime de mer, lequel ne commande pas seulement aux autres officiers généraux dont j'ai parlé, mais encore à tous les gouverneurs des places maritimes, auxquels il envoie ses ordres suivant les conjonctures différentes de la guerre, et il dispose souverainement de tous les emplois, aussi bien que des finances de l'armée. L'appréhension cependant de la recherche et la nécessité indispensable de rendre au sénat un compte exact de son administration ne sert qu'à rendre le généralissime plus soigneux à trouver les moyens d'en couvrir tous les défauts, lorsque après s'être dépouillé de cette autorité presque souveraine, avant que d'entrer à Venise, il va comparaître au sénat.

Cette dignité, qui est la plus éminente de l'État, ne dure qu'autant que la guerre. C'était le procurateur François Morosini qui la remplissait et qui défendait Candie dans ces derniers temps, la République n'ayant point de sénateur plus capable que lui d'occuper un poste si considérable; la recherche qu'on a faite, de sa conduite touchant tant la reddition de cette place que l'administration des finances, l'ayant fait deux fois constituer prisonnier avec danger pour sa personne, est une preuve évidente de la difficulté qui se rencontre à servir une République où il faut, pour ainsi dire, que le généralissime contente jusqu'à ses propres ennemis.

XXXVII

DES REVENUS ET DE LA DÉPENSE
DE LA RÉPUBLIQUE

Il serait ennuyeux de faire ici un long détail du revenu de la République et de calculer en particulier ce que chaque ville et chaque province rapporte. Je me contenterai de dire en général à quoi monte son revenu ordinaire, afin que par la connaissance des finances de l'État l'on puisse juger de la grandeur de ses forces, faisant voir en même temps par quels moyens et par quelles ressources il a été possible à la République, non seulement de s'opposer constamment à toutes les entreprises que les Turcs ont faites par mer et par terre, mais encore de soutenir contre ce puissant empire une guerre de vingt-cinq années.

Comme la République augmente ou diminue son revenu suivant les nécessités de la guerre et les besoins où elle se trouve pendant la paix, il est difficile d'en savoir précisément la valeur. Cependant, par la supputation des registres des recettes faites avant les plus pressantes nécessités de la dernière guerre de Candie, il se trouva que le revenu réglé de la République ne monte qu'à quatorze millions de livres.

La moitié de ce revenu se tire de la ville de Venise, en droits d'entrée et de sortie, en impositions sur toutes les denrées qui s'y consomment, et sur toutes les mar-

chandises qui s'y vendent; en dîmes et décimes, et en
d'autres droits qui se lèvent dans les îles des lagunes
et sur tous les biens qui sont dans l'étendue du pays
qui est proche de Venise, et qu'on appelle le duché ou
le dogat.

L'autre partie du revenu se tire tant des villes et
des provinces des États de terre ferme, par le moyen
des impositions qui sont sur les biens, sur toutes les
denrées et sur les marchandises des douanes, des dîmes
et des décimes, que de ce qui se lève en Istrie, en Dalmatie et aux trois îles de Corfou, de Zante et de Cé-
phalonie.

Il faut joindre à ce revenu le casuel du palais, la
vente de plusieurs offices, les confiscations et plusieurs
autres droits qui font un revenu considérable. Le sel
qui se fait à Corfou produit tous les ans deux millions
de revenu ; celui de Chiosa rapporte un million ; de
sorte que sur ce pied la République tire plus de dix-
huit millions assurés.

Pendant la guerre la République augmente les vieilles impositions et en fait de nouvelles, taxe les aisés et
les ecclésiastiques, dont elle tire de grosses sommes,
par octroi du pape, lorsque la guerre est contre les infidèles. Elle obtient même l'abolition de certains ordres,
comme étaient ceux du Saint-Esprit et des Porte-Croix,
dont les biens vendus ont produit des sommes très
considérables.

La République double les contributions du corps des
métiers, des gondoliers et des six grandes confréries
de la ville, qui ont de grands biens, et tire des juifs
des sommes immenses, les ayant obligés, dans les dernières nécessités, de lui prêter plus de trois millions au

denier trois, sans les taxes particulières des plus riches juifs, qui ont monté aussi jusqu'à trois millions de livres.

Lorsque la République a ouvert la porte du grand conseil pour y recevoir de nouveaux nobles, elle s'est fait des sources d'argent presque inépuisables ; le grand nombre de procurateurs de Saint-Marc surnuméraires, qui ont acheté cette dignité plus de trente mille ducats, ont été d'un grand secours dans les nécessités de l'État ; de sorte que ces moyens extraordinaires de trouver de l'argent, dont je ne remarque ici que les plus importants, ont été ces puissantes ressources par lesquelles la République a fait une résistance qui a étonné toute l'Europe.

La dépense réglée que la République fait par an ne passe pas dix millions de livres, qui sont employées partie aux appointements du doge, des ambassadeurs, gages des officiers et payement des troupes d'infanterie et de cavalerie de terre ferme et du Levant, et partie à l'entretien des forces de mer, de l'arsenal et des fortifications. Quant aux autres dépenses que la République est obligée de faire pour le nettoiement des canaux de la ville, et pour l'entretien de ceux de dehors, qui servent à la commodité de Venise, elle a des fonds particuliers par le moyen des impositions qui se font pour ce sujet, outre qu'elle fait travailler par corvées les habitants de la campagne, moyennant quelque légère gratification.

Comme il était dû beaucoup à la plupart des officiers qui avaient servi la République dans la dernière guerre, elle fit une déclaration par laquelle il fut arrêté qu'il n'y aurait d'officiers payés que ceux dont les comptes

avaient été arrêtés, et même qu'ils ne toucheraient que
la moitié de la somme qui paraîtrait dans leur compte;
et non seulement la République n'a point eu égard au
préjudice qu'elle faisait aux particuliers par tous ces
retranchements, qui augmentaient si fort son épargne
en diminuant si considérablement sa dépense, mais
encore, comme elle ne fait aucun payement qui ne
soit ballotté au collège et au sénat, elle consume en
frais ceux qui poursuivent leurs dettes, d'autant que la
République met tous les ans, pendant la paix, plusieurs
millions dans les coffres de son épargne. Ce qui lui
est d'autant plus facile que ses finances sont adminis-
trées non seulement avec une fidélité qui ne peut être
sujette à corruption, à cause qu'elles passent par peu
de mains, mais parce qu'il ne s'en fait pas le moindre
emploi qu'il ne faille, pour ainsi dire, un consente-
ment général; et par ce moyen il ne sera pas difficile
à la République d'acquitter en peu de temps les grandes dettes qu'elle avait contractées dans la dernière
guerre, bien qu'on les fît monter pour lors jusqu'à
quatre-vingts millions de livres.

TROISIÈME PARTIE

DES MŒURS ET DES MANIÈRES DE VIVRE, TANT DES GENTILS-
HOMMES VÉNITIENS ET DES GENTILSDONNES, QUE DES
AUTRES PERSONNES SÉCULIÈRES ET RÉGULIÈRES; AVEC
LES DESCRIPTIONS DE TOUS LES DIVERTISSEMENTS PUBLICS
DE VENISE.

I

DE L'ÉDUCATION ET DES MŒURS
DE LA JEUNE NOBLESSE

'IL est vrai que l'éducation ne contribue pas
moins que le bon naturel à former les mœurs
de la jeunesse, on ne doit pas s'étonner que
les jeunes nobles vénitiens, n'étant arrêtés par aucune des considérations qui portent ordinairement les
jeunes gens à la vertu, ou du moins qui les retiennent
sur le penchant du vice, vivent si irrégulièrement et
fassent paraître si peu de modération dans leur conduite. Je ne prétends parler que de la jeune noblesse,
n'ayant pas dessein de m'attacher ici à faire connaître
en général les mœurs et les inclinations des Vénitiens,
parce qu'elles seront suffisamment dépeintes dans
toute la suite de cette partie.

Les pères et les mères sont si idolâtres de leurs enfants, qu'ils ne les contraignent jamais; et ils ont pour
eux une telle complaisance, qu'ils ne leur refusent rien

de tout ce qu'ils peuvent souhaiter. Ils commencent à
les habiller richement dès qu'ils peuvent marcher; et
à peine ont-ils atteint l'âge de cinq ou six ans, qu'ils
leur donnent des habits noirs à manteau chamarrés de
dentelles de soie, d'or et d'argent; et ils leur font
porter des souliers avec des talons fort hauts, pour les
faire paraître plus grands qu'ils ne sont; aussi je ne
doute pas que ce ne soit cela en partie qui les fait
marcher si mal pendant toute leur vie.

Ce n'est pas cette seule passion aveugle des parents
qui commence à gâter l'esprit de ces jeunes gens, qui
les rend fiers, impérieux et violents dans leurs désirs;
la lâche flatterie de leurs domestiques n'y a pas moins
de part; car ces sortes de personnes mettent tellement
leur bonheur à se faire de puissants protecteurs de ces
jeunes gentilshommes, qu'ils n'oublient rien pour cela,
étant assurés de n'avoir rien à craindre quand ils ont
l'appui d'une grande maison. C'est pourquoi ils ado-
rent ces enfants, et les regardent comme l'espérance
certaine de leur fortune.

Ces gentilshommes, accoutumés de bonne heure à être
traités comme des princes, et ne trouvant aucune opposition à toutes leurs volontés, se persuadent insensiblement qu'il n'y a point de grands seigneurs qui ne
leur soient inférieurs; mais lorsque ces nobles commencent à faire réflexion qu'il n'y a qu'eux de souverains dans l'État, ils deviennent la plupart insup-
portables; c'est pourquoi les étrangers ne trouvent
ordinairement d'honnêtes gens parmi ces gentilshommes que ceux qui ont appris à vivre hors de leur
pays, parmi lesquels ceux qui ont vu la France se font
ordinairement distinguer des autres.

L'on peut facilement se persuader qu'à moins qu'une inclination naturelle, jointe à une grande docilité d'esprit, ne porte cette jeunesse à l'étude des belles-lettres, il doit s'en trouver peu qui fassent beaucoup de progrès dans les sciences. De sorte que, quelque soin qu'on puisse prendre d'instruire ces jeunes gens, ils n'étudient qu'autant qu'il leur plait, soit au collège, soit dans leurs maisons, sans que les parents, qui ne pensent qu'à en faire d'habiles politiques à leur manière, s'en mettent beaucoup en peine. Il se trouve néanmoins parmi cette nombreuse jeunesse quelques nobles qui, se portant d'eux-mêmes à l'étude, y réussissent fort bien.

Dès que ces jeunes gentilshommes ont seize ou dix-sept ans, ils entrent en société avec ceux qui sont plus avancés en âge, et prennent avec une entière liberté tous les divertissements qui leur plaisent. Comme ils ne manquent pas d'exemples dans leurs compagnons ni d'occasions dans une ville telle que Venise, l'on peut aisément se persuader, sans qu'il soit besoin d'en dire davantage, de quelle manière ils se conduisent. Ceux qui ont de l'argent le dépensent ordinairement à leurs plaisirs; et leurs parents, bien loin de s'y opposer, leur donnent au contraire de quoi y fournir, ou du moins ferment les yeux à tous les désordres de leur conduite.

Ceux de ces gentilshommes qui n'ont pas de quoi fournir à la dépense à laquelle leurs plaisirs les engagent, inventent toutes sortes de moyens pour en avoir. Ils donnent leur protection à des personnes qui les reconnaissent amplement; et s'ils sont de ces gentilshommes à pouvoir faire valoir leur crédit, ou s'ils sont

de ceux qui savent se rendre redoutables par les vio-
lences qu'ils exercent, ils font plus par le bruit de leur
nom et par la crainte qu'ils impriment, que les premiers sénateurs ne sauraient jamais faire avec toute
l'autorité de la République.

Si quelque misérable a un ennemi déclaré, dont il
a sujet de craindre quelque mauvais traitement, il s'a-
dresse à un de ces sortes de nobles, lequel envoie querir cet ennemi et lui défend de rien entreprendre contre la personne de celui qui est sous sa protection,
l'assurant que s'il lui arrive la moindre chose du monde,
il lui fera couper les bras et les jambes. Lorsqu'on ne
peut être payé de quelque méchante dette, l'on a re-
cours à un pareil appui, et d'abord le noble envoie
querir le débiteur, à qui il donne sur-le-champ un
terme pour payer, dans lequel il oserait moins manquer à la parole qu'on lui fait donner que s'il était
condamné en justice.

Ce procédé de certains gentilshommes s'appelle, à
Venise, tenir tribunal; et bien que cela soit très odieux
à la République et contraire aux lois et à la liberté
dont elle veut que ses sujets jouissent, néanmoins elle
ferme le plus souvent les yeux à tous ces désordres.
Mais cependant la pétulance de la plupart de la jeune
noblesse vénitienne, et la violence dont elle use souvent envers les particuliers, lui attirent insensiblement
une haine qui pourrait un jour lui être fatale.

Une grande partie des nobles vénitiens ont certains
hommes à leur service qui sont gens à tout faire, que
nous appellerions en France coupe-jarrets, et qu'à Venise on honore du nom de braves; c'est d'eux que l'on
se sert pour faire jeter un homme sur le carreau d'un

coup de carabine, pour faire poignarder quelqu'un ou pour faire couper le visage à une femme dont on a sujet de se plaindre, ce qui se pratique communément en Italie, et qu'on appelle à Venise *dar un sfriso,* ou balafrer le visage de quelques coups de rasoir. Lorsque ces sortes de braves ont affaire à quelqu'un qui porte une épée et qu'ils veulent l'attaquer en gens d'honneur, *da huomo honorato,* comme ils disent, sans aucune sorte de trahison, ils s'équipent d'une jaque de mailles, sous un grand buffle, d'une rondache de fer pendue derrière.l'épaule, d'une espèce de salade brisée, qu'ils attachent à la ceinture, et portent une épée qui n'a que deux pieds de lame, mais qui est large de trois doigts, et qui coupe des deux côtés; ils mettent par-dessus un manteau de campagne, qui couvre tout cet équipage.

Quand un brave rencontre la personne à qui il en veut, il jette en un instant son manteau et son chapeau, il embrasse l'écu, il couvre sa tête du bonnet de fer, et, l'épée à la main, il est en un moment en garde derrière son bouclier. J'en rencontrai un jour un en cette posture, qui avait voulu attaquer un étranger, lequel se sauva dans une maison et parut à la fenêtre; le brave l'appelait de la voix et de la main : *Messer foresto, vegni abasso, vegni abasso*[1]. Mais l'étranger trouvait cet ennemi armé trop à l'avantage, pour s'exposer à un combat si inégal.

Le jeu, et particulièrement celui de la bassette, est assez la passion des nobles vénitiens; mais il l'est plutôt de ceux qui sont d'un âge un peu avancé qu'il ne

---

[1]. Monsieur l'étranger, venez en bas, venez en bas.

l'est de la jeunesse. Il n'y a pas longtemps qu'un des premiers sénateurs de la République, voyant avec beaucoup de chagrin les fréquentes pertes que son fils faisait au jeu, sans pourtant oser lui faire connaître ouvertement le déplaisir que cela lui causait, se contenta de lui dire, un soir qu'il venait de perdre deux cents hongres[1] : *Tu te sei portato bene oggi?* (Tu as bien fait ton devoir aujourd'hui ?) Mais le fils répondit brusquement : *Non voglio questi musi* (Je n'aime pas qu'on me fasse de telles mines), et dès le lendemain il sortit de Venise, faisant entendre à son père par un de ses amis qu'il ne le verrait plus, et qu'il s'en allait en France.

Qui pourrait exprimer l'excès de la douleur que ce père témoigna de l'éloignement de ce cher fils! Il faillit en perdre l'esprit; il le demandait à tous ceux qui se présentaient à lui, et il s'écriait de temps en temps : « Est-il possible que je sois encore en vie, et que je n'aie pas mon fils avec moi! *Revien, caro mio fio Pierro*[2]. Reviens, mon cher enfant, tu n'auras pas seulement deux cents hongres; mais tu seras le maître de la clef du cabinet[3], et tu prendras tout ce que tu voudras. » Et il expédia courrier sur courrier avec de l'argent pour faire revenir ce fils qu'il croyait ne revoir de sa vie.

L'on peut juger par là si des jeunes gentilshommes élevés avec une pareille tendresse, adorés également de leurs parents et de leurs domestiques, sans crainte de qui que ce soit, accoutumés à suivre avec une pleine liberté tous les mouvements de leurs passions, enflés d'ailleurs de ce qu'ils croient être et du pou-

---

1. Le *hongre* valait environ six livres de France.
2. Reviens, Pierre, mon cher fils.
3. Coffre.

voir qu'ils se donnent de se faire obéir par autorité ou par crainte; si des gentilshommes, dis-je, nourris de la sorte, ne doivent pas être bien différents en toutes choses de la jeunesse des autres pays, et surtout de la France, où l'étude des belles-lettres, les exercices du corps et la conversation des personnes d'esprit et de vertu occupent ordinairement toutes les jeunes années des gens de qualité.

Comme les jeunes nobles sont en quelque façon assurés de l'impunité, il n'y a aucune considération qui les puisse retenir. En voici un exemple tout récent. Il y a environ un an, cinq jeunes gentilshommes, ne sachant un soir à quoi se divertir, dirent entre eux qu'il fallait faire quelque chose qui fît de l'éclat et qui fît parler d'eux. L'un proposa d'aller mettre le feu au quartier des juifs; l'autre dit qu'il fallait aller chez la plus belle gentildonne de Venise, enfoncer les portes et faire grand bruit; mais la proposition du troisième se trouva plus conforme au génie de ces jeunes gens. Il dit qu'on bâtissait au couvent de Saint-François, qui est un monastère de religieuses situé dans une île à deux milles de Venise, qu'il fallait y aller et entrer par les brèches.

Ils s'habillent dès le moment tout de blanc, ils montent en barque, ils y arrivent après minuit, et ils entrent jusqu'au dortoir. La première religieuse qui sortit de sa chambre à ce bruit, se trouvant au milieu de ces hommes, mit l'alarme au couvent; on y sonna le tocsin, quelques habitants de l'île y accoururent, de sorte que les nobles, ne se trouvant pas trop en sûreté, se sauvèrent dans leurs gondoles, et se retirèrent à Venise. Cette action y fit dès le lendemain un très

grand bruit ; on parla diversement des désordres qui
avaient été faits dans ce couvent ; on en publiait de
plusieurs sortes, et l'on en fit des informations exac-
tes pendant trois jours, sans en découvrir les auteurs,
qui furent enfin reconnus et bannis sévèrement ; mais
six mois après ils parurent à Venise comme auparavant.

Il est constant néanmoins qu'il se trouve d'honnêtes
gentilshommes parmi la jeune noblesse vénitienne ;
mais ce sont ceux-là particulièrement qui ont fait quelque séjour dans les pays étrangers et qui, ayant vu
qu'il y a d'autre noblesse en Europe, laquelle ne se fait
pas moins remarquer par le mérite que par la naissance, tiennent une conduite toute différente, et se
distinguent des nobles qui ne sont jamais sortis de
leur État, par des civilités et des honnêtetés envers les
étrangers, lesquelles vont quelquefois jusqu'à l'excès.

II

DE L'HABIT DES NOBLES

On remarque que de tout temps la noblesse vénitienne a porté une espèce d'habit long à la mode du
Levant et suivant l'ancien usage de Rome. Pendant
plusieurs siècles, ç'a été une robe longue de couleur
bleue ; mais enfin il a été immuablement fixé à une
veste de drap noir, ample et longue jusqu'à terre.

Les manches, qui ont demi-aune de large, descendent jusqu'au poignet, mais elles sont presque fermées par le bout, ne laissant qu'une ouverture nécessaire pour y passer la main, de sorte que, le coin étant arrondi par-dessous, elles ont la figure d'une manche de robe de chambre, dans laquelle la noblesse met ce qu'on porte ailleurs dans les poches du justaucorps.

Le collet de la veste est élevé tout droit à l'entour du col, et il est ouvert par devant, accompagnant celui du pourpoint, qui est fort haut et de même figure. Un petit collet empesé et tout rond, attaché au col en dedans, monte tout droit et déborde négligemment d'un travers de doigt par-dessus le collet du pourpoint, et un bouton d'orfèvrerie ou de diamant ferme le col de la chemise ; la veste se porte en été flottante, ouverte par devant et doublée de taffetas noir. Cependant l'obligation indispensable de la porter de drap, et même de celui de Padoue, en toutes saisons, est un supplice insupportable à la plupart de la noblesse pendant les grandes chaleurs.

Les gentilshommes, qui sont tous fort curieux des modes françaises, s'habillent très proprement, sous la veste, de petites étoffes de soie noire ; mais ils donnent toujours dans l'excès : tantôt de petits pourpoints fort courts et échancrés par devant d'un demi-quartier de chaque côté, tantôt de grandes rhingraves courtes et bizarrement chamarrées ; et bien que les points de Venise leur soient défendus, on en voit qui les étalent au-devant des chemises, aux manchettes et aux revers des manches, retroussant, pour les faire voir, celles de la veste, qu'ils doivent cependant porter abattues jusqu'au poignet ; car les tailleurs qui leur font les ves-

les sont obligés, sous peine de grosses amendes, de
tenir les manches longues et les vestes courtes, c'est-
à-dire qui ne traînent point à terre, tout au contraire
de ce qu'ils souhaitent.

Tous ceux qui portent la veste, sénateurs, simples
nobles et citadins, ne mettent sur leur tête qu'une
large barrette de laine noire tricotée, bordée d'un tour
de grosse laine pendante, qui fait une espèce de cor--
don, semblable à du poil de chèvre ; mais la plupart
de la jeunesse porte plus cette barrette à la main que
sur la tête ; de sorte que cette habitude et le soin qu'ils
ont, outre cela, de leurs cheveux, contribue à leur en
faire ordinairement croître de très beaux. Ils se les
faisaient néanmoins tous couper dans le temps qu'ils
avaient une si grande passion pour les perruques.
Mais quoiqu'elles soient encore défendues, ils recom-
mencent d'en reprendre l'usage, d'autant que les inquisiteurs d'État donnent assez facilement la permission d'en porter de courtes à calotte, lorsqu'on suppose
qu'on en a besoin. Mais peu à peu ils en allongent si
fort les cheveux, qu'on les voit croître tous les jours,
et je ne doute point qu'elles ne reviennent dans peu
de temps comme elles étaient auparavant.

Ils sont obligés de porter l'étole par-dessus la veste ;
c'est un lé de même drap qui est cousu en double, et
qui a plus d'une aune de long, avec une lisière fort
large ajoutée aux deux bouts. Ils jettent cette étole sur
l'épaule gauche en forme de chaperon. Leur barrette
était autrefois cousue à un des bouts de l'étole, comme
l'on voit aux aumusses des chanoines ; de sorte que
l'autre extrémité de l'étole leur allait jusqu'aux talons ; présentement, elle se prend pour une marque

d'autorité, et un noble n'oserait se montrer au Broglio sans avoir l'étole sur l'épaule ; cependant les citadins qui ont la veste ne vont point non plus sans l'étole, et les uns et les autres s'en couvrent la tête lorsque la pluie les surprend par les rues.

Il n'y a que les conseillers du doge, les procurateurs de Saint-Marc, les chefs du conseil des Dix, les sages grands et les sages de terre ferme qui soient exempts de l'incommodité de ce gros habit pendant les chaleurs de l'été ; car ils portent, comme j'ai dit, par un privilège particulier attaché à leur dignité, la veste de petit camelot. Mais si cette noblesse est à plaindre pendant cette saison, elle est digne d'envie pendant l'hiver. Ils commencent au mois de décembre à fourrer leur veste, ou entièrement comme font plusieurs vieillards, ou seulement aux extrémités, d'une bordure de petit-gris de quatre doigts de large par devant du haut en bas, aux parements des manches, et un bord par en bas cousu en dedans, qui ne déborde tout autour que d'un travers de doigt. Ils croisent la veste sur l'estomac, mettant le côté gauche sur le droit ; et ils se ceignent d'une ceinture de velours noir de trois doigts de large, laquelle est piquée et bordée d'un mollet de soie, et elle est garnie d'une douzaine de plaques d'argent en bosse, qui couvrent tout le devant de la ceinture. Il y a à un des bouts une grande plaque, et à l'autre une boucle avec un passant, laquelle s'accroche à celle des plaques du devant qui se trouve au point de la grosseur.

Rien n'est plus magnifique que cette sorte d'habit, sous lequel ces nobles paraissent tous bien faits ; ils retroussent la veste par devant avec la main gauche, et

portent la droite sur l'estomac, dans l'ouverture de la
veste, d'où l'on voit ordinairement sortir le pommeau
de leur stylet. Mais tel est parfaitement bien fait sous
la veste, qui en habit de campagne est tout autrement; car ils sont presque tous sujets à n'avoir pas les
jambes bien droites et à tourner les pieds en dedans;
et ce défaut est commun à Venise tant aux hommes
qu'aux femmes : à quoi la politique du pays, qui ne
veut point souffrir de maître à danser pour les dames,
et la négligence de la jeune noblesse, qui ne veut pas
se contraindre longtemps lorsqu'il se trouve quelque
maître étranger, empêcheront toujours de remédier.

Les jeunes gentilshommes vénitiens ne sont obligés
de porter cet habit que lorsqu'ils sont en âge d'entrer dans le grand conseil, qui est à vingt-cinq ans,
s'ils ne se trouvent point des trente auxquels le sort
donne tous les ans ce privilège entre tous ceux de
vingt-deux à vingt-cinq ans qui donnent leur nom
pour être tirés. Néanmoins les parents font prendre la
veste à leurs enfants dès l'âge de quinze ans, s'ils peuvent obtenir cela d'eux, parce que cet habit, que la
République appelle l'habit de leur religion, oblige en
quelque façon ceux qui le portent à garder une certaine bienséance, qui peut contribuer à les faire vivre
avec plus de modération.

Les nobles vénitiens ne sont pas les seuls qui portent à Venise cette sorte d'habillement; les médecins,
les avocats, les secrétaires de la République, les no-
taires, plusieurs autres officiers du palais et un grand
nombre de citadins sont vêtus de la même manière,
sans aucune sorte de distinction; de sorte que sans
une grande pratique il est impossible de les distinguer

les uns des autres. On a souvent proposé de mettre quelque différence extérieure, qui pût faire reconnaître les nobles entre ceux qui ne le sont pas, mais cet avis n'a jamais pu passer au sénat.

Les uns disent que l'intention de la République est de faire paraître au peuple et aux étrangers le nombre de la noblesse beaucoup plus grand qu'il n'est, et d'en rendre par là le corps plus considérable ; les autres croient que la noblesse se trouve par ce moyen en plus grande sûreté ; car s'il se faisait, comme autrefois il s'est fait, quelque conjuration contre les nobles, ils auraient plus d'occasions de se sauver, étant, pour ainsi dire, confondus dans la multitude de ceux qu'on ne voudrait pas perdre. J'ajoute que cet habit commun aux nobles et aux citadins ne contribue pas peu à gagner l'amitié de ceux-ci, qui sont un des principaux membres du corps de l'État, pour qui le peuple a plus d'affection que pour la noblesse même, parce qu'ils sont plus modestes et plus modérés.

Quoi qu'il en soit, il est constant que la République a de très puissantes raisons pour en user de la sorte, puisqu'elle ne veut rien innover à cet usage, quelque honte que fassent souvent à un si noble habit certains misérables porteurs de vestes crasseuses, qui vont au marché acheter pour deux sous de sardines. Je ne parle pas de ces gentilshommes qui y vont pour leur plaisir, et qui font porter chez eux ce qui leur plaît davantage, puisque c'est un usage commun en Italie et en quelques provinces de France.

Si l'habit de noble vénitien attire quelque considération aux autres qui le portent, il les assujettit d'ailleurs à une si grande servitude envers la noblesse ;

qu'excepté ceux que leur emploi oblige de porter la
veste, il se trouve peu de citadins qui veulent la prendre; et dans la plupart des maisons bourgeoises où il
y a plusieurs enfants, on la fait porter à celui qui n'est
pas capable de faire autre chose, parce qu'on se fait
honneur d'avoir la veste dans sa famille. Les autres
personnes, le peuple et les étrangers ne sont obligés à
rendre aucun respect dans les rues à la noblesse vénitienne, et la liberté du pays fait que ces messieurs ne
prennent pas même garde si l'on les salue; mais si
ceux qui portent la veste et qui ne sont pas nobles vénitiens ne font des révérences assez profondes à toutes
les excellences dont Venise est remplie, ils se trouvent
souvent exposés à quelque chose de plus rude qu'à de
simples réprimandes.

Les jeunes nobles ne peuvent voir sans quelque sorte
d'envie et sans mépris un citadin en veste qui sera aussi
proprement habillé qu'eux; ils ne peuvent souffrir que
des hommes qui leur sont si inférieurs leur ressem-
blent si fort; de sorte qu'il est arrivé quelquefois que,
par un pur caprice et, comme ils disent, *per bel hu-
more,* certains gentilshommes vénitiens ont fait sauter
dans un canal de jeunes citadins qui leur paraissaient
faire trop les galants.

III

DES GENTILSDONNES VÉNITIENNES

Toutes les dames, soit citadines ou étrangères, qui sont d'un rang à se faire distinguer du commun, prennent à Venise la qualité de gentilsdonnes; mais il n'y a que les femmes et les filles des nobles vénitiens qui soient appelées gentilsdonnes vénitiennes et *patricie Venete;* elles sont pour la plupart grandes, majestueuses, fières et dédaigneuses en apparence; car je suis persuadé qu'elles ne manquent ni de douceur ni d'honnêteté, et qu'elles ne paraissent telles que pour n'avoir point cet air du monde que les dames ont dans les pays où elles vivent avec plus de société et dans un plus grand commerce.

La manière dont elles vivent entre elles est si retirée et si particulière, qu'elle tient quelque chose du sauvage; elles ne se visitent point et ne se parlent point lorsqu'elles se rencontrent, si elles ne sont fort grandes amies, ce qui ne se voit guère qu'entre celles qui forment quelque société particulière, de sorte qu'elles demeurent dans leurs maisons, en déshabillé, excepté les jours de fête et lorsqu'il y a quelque concours à quelque église où les dames ont accoutumé de se trouver, du moins celles dont les maris, moins jaloux ou plus honnêtes qu'un grand nombre d'autres très incommodes, ont assez de complaisance pour les laisser aller aux assemblées d'église, qui sont pour elles un des plus grands divertissements dont elles puissent jouir; aussi elles s'y tiennent le plus longtemps qu'elles peuvent. Mais il se trouve des nobles qui ne laissent sortir leurs femmes que pour aller à la messe à la plus prochaine église; il y a même des maris qui les tiennent sans scrupule des années entières sans les laisser sortir de leur maison.

De six ou sept cents gentilsdonnes qu'il y a à Venise, on n'en voit ordinairement que cinquante ou soixante qui vont aux églises, aux cours et aux assemblées publiques; mais lorsqu'il se fait quelque réjouissance générale, comme fut un carrousel qui se fit dans une académie qu'il y avait à Venise il y a deux ans, et comme sont les mariages des nobles de la première qualité, où toutes les dames sont ordinairement invitées, on en voit un très grand nombre, parmi lesquelles la beauté et la bonne grâce ne se rencontrent que très rarement. Mais parmi celles qui jouissent du peu de liberté que les maris accordent, il s'en voit plusieurs de fort bien faites, et quelques-unes très belles; cependant elles sont pour l'ordinaire bizarrement mises, par la trop grande envie qu'elles ont d'être à la mode de France; car présentement elles portent des manches qui n'ont que deux doigts de long et sont busquées de plus de demi-aune, ne manquant jamais de donner dans l'excès des modes, par la faute de leurs méchants tailleurs.

Les années précédentes, elles se paraient avec de grandes touffes de rubans qu'elles portaient sur chaque épaule; et lorsque les hommes prirent, au lieu de rubans, de gros cordons ferrés d'argent, les gentilsdonnes s'en firent aussi des nœuds sur les épaules et à la ceinture avec de longs ferrets pendants; et comme les plus laides et les plus vieilles aiment à s'ajuster comme les plus belles, elles se frisent, se poudrent et se couvrent de rubans si mal assortis à leur teint et à leur âge, qu'on ne peut rien voir de plus extraordinaire.

Quand on arrive de France à Venise, on trouve aux dames vénitiennes un air si différent de celui de France, qu'on ne croirait pas que les yeux s'y pussent facilement accoutumer. Mais lorsqu'on a vu le reste de l'Italie, l'on tombe aisément d'accord que les gentilsdonnes vénitiennes se mettent fort bien; et si la sévérité que tient à leur égard le tribunal des pompes ne les retenait, elles seraient toujours de la même magnificence qu'on les voit lorsqu'il leur est permis de se parer de leurs perles et de leurs pierreries.

Après leurs beaux points (dentelles) et leurs jupes magnifiques en or et en argent, elles n'ont rien qui les orne davantage ni qui leur sied mieux que les fleurs qu'elles portent, particulièrement à la tête; elles se mettent de si bon air sur un côté de leur grande coiffure étalée, que cela fait le meilleur effet du monde : aussi elles en ont dans toutes les saisons.

Lorsqu'une gentildonne entre dans une église, elle y marche d'un pas fort grave, avec une très grande queue traînante, l'usage des pages et des laquais étant tout à fait inconnu à Venise; et en quelque endroit qu'elle veuille s'arrêter, elle se fait faire place d'un air si fier, qu'elle repousse également le gentilhomme et le bourgeois, et prend leur place sans faire la moindre démonstration d'honnêteté. Comme leurs parents quand

elles sont filles, ni ensuite leurs maris ne se soucient
pas beaucoup qu'elles apprennent à faire la révérence,
il y a très peu de dames qui sachent s'en bien acquitter lorsqu'elles se trouvent indispensablement obligées
de saluer et de rendre la civilité à quelque personne
de grande considération; car pour lors elles sont toutes
déconcertées et font ordinairement la révérence en plusieurs temps, pliant les genoux et baissant la tête successivement, tout cela avec des yeux et un air qui témoignent assez l'embarras où elles se trouvent dans
ces rencontres.

Les gentilsdonnes vénitiennes se font suivre aux
églises par le plus de camérières ou femmes de chambre qu'elles peuvent, lesquelles ne les quittent pas
d'un pas et se tiennent ordinairement dans les plus
grands concours devant et derrière leurs maîtresses,
toutes glorieuses d'accompagner des dames de cette
qualité, de sorte que rien n'est plus incommode que
ce cortège de suivantes dans les grandes foules. La
noblesse cependant ne laisse pas d'avoir de grands
égards pour elles, et surtout pour celles qui servent
les plus belles dames, à cause des bons offices qu'elles
sont capables de rendre.

Ces suivantes, dont quelques-unes ne sont payées
que pour les jours de cérémonies, sont toutes vêtues
de la même façon, c'est-à-dire d'une jupe de serge
noire avec une grande écharpe de taffetas; et elles
sont ordinairement si familières avec leurs maîtresses,
que les étrangers s'étonnent avec raison de les voir
quelquefois à genoux s'appuyer sur elles dans les
églises, ne sachant pas que ces dames, qui n'ont d'ordinaire d'autre compagnie chez elles que ces filles et

ccs femmes, avec qui la plupart travaillent en point de Venise, ont pris l'habitude de rire et de discourir familièrement avec elles.

Les gentilsdonnes filles ne voient jamais le jour en public qu'à travers un grand voile blanc d'une gaze très fine et très lustrée, qui leur descend par derrière jusqu'au bas de la jupe, et les deux coins, où il y a des nœuds de rubans, sont soutenus à fleur de terre par des cordons attachés à la ceinture. Ce même voile, abattu par devant, leur couvre les bras et le visage, dont elles ne l'éloignent avec les deux mains qu'autant qu'il le faut pour voir devant elles. C'est ainsi que les filles de qualité vont tous les jours d'obligation à la messe dans les églises peu fréquentées; et elles ne sortent guère de la maison pour d'autres sujets.

Ce voile est majestueux et sied fort bien aux personnes qui ne s'en couvrent pas le visage. Les filles de qualité qui veulent se faire religieuses le portent de cette sorte quelque temps avant que d'entrer dans le couvent, afin de voir le monde auquel elles doivent renoncer. Ce même voile est la parure ordinaire des dames citadines. Les gentilsdonnes vénitiennes le portent quelquefois en déshabillé, et surtout lorsqu'elles veulent se mettre en dévotion. J'ai vu un prédicateur qui les exhortait à prendre ce voile, au moins pendant la semaine sainte, qu'elles vont ordinairement à la prédication.

Ce qu'on dit de la prodigieuse hauteur des patins que les gentilsdonnes vénitiennes portaient il n'y a pas encore fort longtemps, est très véritable, puisque les filles du dernier doge Dominique Contarini furent les premières qui s'affranchirent de cette incommode sujétion. Il y en avait de deux pieds de haut, avec lesquels ces dames paraissaient de véritables colosses, ne pouvant mettre un pied devant l'autre sans être appuyées sur les épaules de deux femmes de chambre.

IV

DE LA MANIÈRE QUE SE FONT LES MARIAGES DES NOBLES

Sabellin rapporte qu'un des anciens usages de Venise était de mettre à l'enchère les filles à marier, et de les délivrer au plus offrant. Cette coutume était fort avantageuse pour les belles ; leurs attraits portaient les enchérisseurs, à l'envi les uns des autres, à donner des sommes considérables pour avoir la préférence. Mais afin que les laides ne demeurassent pas sans mari, on employait sagement une partie de l'argent qu'on donnait pour les belles à doter toutes celles à qui la nature n'avait pas été assez libérale de ses grâces pour leur faire trouver des époux. Mais cet usage ne continua point après l'établissement de la République ; et si l'on remarque présentement quelque chose de singulier touchant les mariages, c'est la manière avec laquelle ils se font encore fort souvent parmi la noblesse vénitienne.

En effet, n'est-ce pas une chose tout à fait extraordinaire que de marier deux personnes de même ville et de même condition sans qu'elles se soient jamais vues? Cela est cependant si véritable, que dans le temps que j'écrivais ces remarques, il se conclut un mariage d'un jeune gentilhomme qui porte un des grands noms de Venise, lequel, après la signature du contrat, fut encore près d'un mois sans savoir comment était faite la demoiselle à qui il était marié; car l'usage veut qu'après que toutes choses sont arrêtées, le jeune homme aille, selon la mode du pays, passer et repasser tous les jours plusieurs fois à certaines heures du soir sous les fenêtres de la demoiselle, comme ferait le plus passionné des soupirants, et elle, de son côté, y paraît quelquefois pour le voir et pour en être vue.

Le gentilhomme dont je parle savait fort bien qu'il ne devait pas s'attendre d'avoir une belle femme, suivant ce qu'il en avait ouï dire; de sorte que la première fois qu'il commença de faire en gondole cette promenade de cérémonie, apercevant à la fenêtre un assez laid visage parmi plusieurs autres qui n'avaient pas beaucoup de charmes, il avoua que si c'était là celle qui lui était destinée, il ne la pouvait avoir pire. Mais il y a apparence qu'on avait fait paraître cette laide personne pour lui faire trouver ensuite son épouse moins désagréable; car lorsqu'il sut que ce n'était pas celle qui lui avait paru si horrible, il crut avoir sujet d'être content. La personne à qui ce gentilhomme faisait confidence de la découverte me racontait elle-même les singularités de ces circonstances, qui me semblaient être dignes de remarque.

L'usage veut encore que le nouveau marié ne rende aucune visite à sa future femme avant de lui porter le

collier de perles qu'il est obligé de lui donner; cette
première entrevue de personnes qui ne se sont jamais
vues a souvent donné lieu à des accueils si extrava-
gants, qu'on aurait de la peine à s'imaginer quelque
chose de semblable; cela vient de ce que la plupart de
ces demoiselles, vivant solitaires ou bien parmi des
servantes grossières, sans pratiquer le monde, leur naturel sauvage n'a pu être poli ni par l'éducation ni
par la conversation. J'en sais une laquelle, dans une
semblable rencontre, trouvant d'abord fort laid celui
qu'on lui avait donné pour mari, lui dit naïvement en
l'abordant : « O le laid visage! quoi! je dois vivre le reste
de mes jours avec toi? Certes, je n'ai garde. »

Ce n'a pas été là la première demoiselle qui, dans
des occasions de cette nature, a fait à peu près un semblable compliment à son mari; et néanmoins ces dames,
si sauvages dans ces commencements, ne laissent pas
de prendre des manières assez agréables dès que la
qualité de femme leur donne la liberté de se faire voir;
je dis de se faire voir, plutôt que de voir le monde;
car la plupart n'y entrent que pour être regardées, et
non pour y jouir de l'avantage des visites et des conversations, qui polissent l'esprit et aident extrêmement à corriger les défauts du corps.

De plusieurs frères il ne s'en marie ordinairement
qu'un, afin de conserver toujours leurs richesses dans
leur entier; et celui qui se marie n'est pas d'ordinaire
le meilleur sujet de la famille, ni celui qui pourrait
aspirer aux premiers emplois de la République; et soit
que les autres frères considèrent l'embarras du mé-
nage comme un obstacle qui peut les détourner de
l'application des affaires publiques, en quoi ils font

consister leur plus grande gloire et leurs plus importants avantages, ils se déchargent volontiers du soin
de la famille sur un seul des frères.

Les lois de la République permettent à la noblesse
de s'allier aux familles des citadins, d'épouser les filles
des verriers de Mouran, ou faiseurs de glaces et de
cristaux, et celles des ouvriers qui font des étoffes tissues d'or et d'argent, parce qu'ils jouissent, comme j'ai
dit, des privilèges de la citadinance; et ainsi la République donne moyen aux familles nobles incommodées
de se rétablir et de se relever de leur abaissement,
en prenant des femmes dont la qualité se trouve compensée par les grands biens qu'elles peuvent avoir; et
d'un autre côté elle ne se rend pas seulement les citadins affectionnés par des alliances qui les unissent à
la noblesse par le sang et par des intérêts communs,
mais encore en honorant des professions qui font
fleurir le commerce et rendent la ville recommandable dans les pays étrangers, elle contribue à maintenir le plus grand avantage qui lui reste.

Si un gentilhomme se marie à quelque autre sorte
de personne, les enfants ne seront que roturiers; et
il s'observe un ordre si exact et si rigoureux pour
éviter les abus qui pourraient se glisser sur cette matière, qu'on ne pardonnerait pas à un noble de la première classe, si dans le terme porté par les ordonnances, qui n'est que de peu de jours pour ceux qui sont
présents à Venise, il ne comparaît devant un des avogadors avec deux témoins qui assurent que ce gentilhomme a eu d'une telle sa femme, suivant la commune
renommée, un enfant appelé d'un tel nom. Et, en suite
de cette formalité, l'avogador l'écrit sur le Livre d'or;

sans cela, quelque légitime que soit un enfant de noble,
et quoiqu'il ait toutes les autres conditions requises à
sa naissance, il ne sera point censé noble vénitien, et il
sera privé de l'entrée du grand conseil jusqu'à ce qu'il
soit réhabilité, ce qui ne se peut faire qu'avec tant de
difficultés et tant de dépenses, que cela est cause qu'on
voit aujourd'hui des branches de la première noblesse
réduites à l'ordre des citadins, par des enfants qui n'ont
pas été inscrits au Livre d'or dans le temps qui a été prescrit.

V

DE LA LIBERTÉ DE VENISE

Je ne prétends pas parler de la liberté originaire de
Venise; ceux qui en voudront savoir plus que je n'en ai
dit au commencement de la seconde partie, trouveront ailleurs cette matière traitée à fond. Je ne parle
ici que de cette liberté dont le nom sonne si haut à
Venise, qu'elle est dans la bouche de tout le monde,
depuis le dernier du peuple jusqu'au premier des
sénateurs ; un *Semo à Venetia,* c'est-à-dire : Nous sommes dans un lieu de liberté, est souvent toute la réponse qu'on a sur la malhonnêteté des uns et sur
l'insolence des autres, qui manquent souvent de respect pour ceux à qui il en est dû beaucoup, bien qu'ils
ne soient pas nobles vénitiens. Cela vient de ce qu'après

la noblesse le peuple ne croit pas qu'il doive avoir des égards pour qui que ce soit.

Je me trouverais embarrassé s'il me fallait exactement définir la liberté de Venise; car elle ne renferme pas seulement la libre disposition dans laquelle se trouvent tous les sujets de la République, et surtout le peuple de Venise, de suivre impunément tout ce qui peut contribuer à leurs plaisirs, lorsque le public n'y est point intéressé; mais encore cette même liberté comprend une entière exemption de tous les égards que les inférieurs doivent à leurs supérieurs, lorsque l'autorité du gouvernement n'y est point offensée; ainsi je trouve que la liberté de Venise est, à parler proprement, un libertinage politique avantageux à la République, commode à la noblesse et agréable au peuple, qui ne s'aperçoit pas que la liberté qu'il prétend avoir au-dessus des peuples qui vivent dans un état monarchique n'est qu'une pure chimère.

Tout ce que j'ai dit ci-devant fait assez connaître quelle est la manière de vivre, quelles sont les principales occupations et les inclinations dominantes de la noblesse vénitienne; l'on verra encore dans la suite de cette partie un tableau assez naturel de leur véritable génie. Mais, pour ne pas entrer dans le détail de la conduite de toutes les différentes conditions, j'ai cru qu'au sujet de la liberté vénitienne j'en pouvais dire assez en général pour faire voir de quelle manière on vit à Venise, et comme un chacun peut s'y conduire à sa mode.

Si nous regardons les religieux, nous verrons dans leur conduite des dérèglements qui ne se voient en nul autre endroit, parce qu'ils ne peuvent trouver ailleurs autant d'impunité qu'à Venise et qu'aucun prince n'a autant d'intérêt, par rapport à Rome, de s'assujettir les religieux par une licence qui leur fasse perdre l'estime parmi le peuple, et les réduise en même temps dans une dépendance plus absolue que ne peut faire l'autorité souveraine. La plupart des ecclésiastiques vivent scandaleusement à Venise. Et comme ils sont pour l'ordinaire de la lie du peuple, il y a peu de bonnes maisons de nobles où il n'y ait un prêtre qu'on emploie à toutes sortes d'offices ; aussi il ne se fait guère de mauvais coup que quelque prêtre ne soit de la partie.

On ne peut pas nier qu'il n'y ait des curés d'une vie irréprochable, qui seraient sans doute capables d'apporter quelque modération aux désordres publics, si le mal n'était sans remède dans son principe ; mais quand il ne dépendrait que des pasteurs de réformer les mœurs, pour un qui aura le zèle et la capacité nécessaires il s'en trouvera plusieurs qui, faisant leurs occupations ordinaires de toute autre chose que de s'appliquer à régler leur propre conduite, auraient mauvaise grâce de vouloir corriger les défauts des autres. La liberté de Venise autorise tout ; car quelque vie qu'on mène, quelque religion qu'on professe, si l'on ne parle point et si l'on n'entreprend rien contre l'État ni contre la noblesse, on peut vivre en pleine sûreté, et jamais qui que ce soit n'entreprendra de censurer les débordements ni de s'opposer aux désordres de personne.

Si nous considérons les peuples de la campagne, nous trouverons qu'ils se ressentent de cette même liberté ; car, outre qu'ils sont peu chargés d'impôts et qu'ils ne voient presque jamais de gens de guerre dans leur pays, ils trouvent encore la domination de la République fort douce, en ce que leurs podestats, qui ne sont que fort peu de temps en charge et dont l'administration est sujette à une très exacte recherche, n'entreprennent point de les inquiéter; au contraire, les manières populaires qu'ils affectent, en leur donnant un libre accès dans leurs palais, toutes les fois qu'il leur plaît, gagnent leurs affections; ils voient d'ailleurs avec plaisir que la noblesse de terre ferme, toute glorieuse qu'elle puisse être de sa qualité, non seulement n'est pas mieux traitée qu'ils le sont, mais au contraire la rigueur est pour l'ordinaire d'autant plus grande à l'égard de ces gentilshommes que le sénat a plus d'intérêt à les abaisser; de sorte que les peuples des provinces et ceux de la ville sont persuadés qu'ils ne sauraient être plus libres ni plus heureux qu'ils le sont sous la domination de la République.

La fameuse liberté de Venise y attire les étrangers en foule; les divertissements et les plaisirs les y arrêtent et épuisent leur bourse. Les grands seigneurs et les princes souverains y vont souvent passer quelque temps. L'usage commode de l'incognito, joint aux charmes de la liberté vénitienne, leur fait sacrifier de grandes sommes à leur plaisir; on y a vu le dernier duc de Savoie, sous le nom du marquis de Salluzzes, y faire pendant quelque temps une prodigieuse dépense; le duc de Mantoue y fait plusieurs voyages dans la belle saison, et ne manque aucun carnaval; mais il vit à Venise d'une manière qui fait bien connaître qu'il s'attache peu à ce qui devrait être inséparable du rang et de la dignité d'un prince souverain.

Les princes de Brunswick avaient un palais meublé à Venise avant cette guerre, et y allaient souvent passer

les hivers. On prétend qu'en plusieurs voyages qu'ils
y ont faits, pendant quinze ou seize ans, ils y ont dé-
pensé douze millions d'écus, et que le banquier qui
faisait les remises de leur argent a gagné au change
cinq cent mille livres, avec quoi il s'est fait noble vénitien; voilà quels sont les principaux fruits de cette
liberté si vantée.

———

VI

DES DIVERTISSEMENTS PUBLICS DE VENISE

Si tout ce que j'ai dit jusqu'ici représente assez naturellement la ville de Venise, le gouvernement de la
République et les mœurs des Vénitiens, j'espère que la
matière dont je vais traiter présentement ne donnera
pas seulement le dernier coup de pinceau au portrait
que je me suis proposé d'en faire, mais encore qu'elle
en animera toute la peinture, en exprimant, pour ainsi
dire, avec les plus vives couleurs, l'esprit et le génie
des Vénitiens; de sorte que si Venise a paru jusqu'ici
singulière en toutes choses, elle le paraîtra encore davantage dans la nature de ses divertissements tout
extraordinaires.

Il y a dans tout le cours de l'année plusieurs sortes
de divertissements. Je parlerai de tous ceux qui peuvent occuper agréablement les personnes qui ne sont
à Venise qu'à dessein d'y passer leur temps; mais pour

suivre quelque ordre dans cette matière, je commen-
cerai par le carnaval; je décrirai tous les passe-temps
qui le rendent si célèbre; je parlerai ensuite de ceux
qui sont ordinaires à la belle saison; et je finirai par les
réjouissances publiques que les occasions différentes
font naitre de temps en temps.

VII

DU CARNAVAL

Le carnaval de Venise est en si grande réputation dans
toute l'Europe, que ceux des pays éloignés qui ont envie
de voir Venise attendent cette saison, où la ville se voi-
ordinairement pleine d'étrangers de toutes les nations;
mais la plus grande partie de ceux que la curiosité
y attire se trouvent trompés dans leur attente; car la
beauté du carnaval ne consiste pas, comme ils se l'imat
ginent, dans la magnificence des fréquents spectacles
publics, dans les pompeuses mascarades qui se voient
souvent dans plusieurs villes d'Italie. Il serait même
difficile de dire précisément sur quoi est fondée l'estime qu'on fait généralement de ce carnaval; mais je
suis persuadé qu'une infinité de choses concourent
à le rendre célèbre, et particulièrement l'usage que
chacun en fait par un déguisement commode, l'extrême liberté avec laquelle les masques peuvent pa-

raître partout, le respect inviolable qu'on leur porte, et le grand nombre des divertissements qu'on trouve à Venise pendant ce temps-là.

Rien n'est plus singulier que de voir, pour ainsi dire, toute la ville en masque : les mères portent à leurs bras leurs enfants déguisés, et les hommes et les femmes qui veulent aller au marché ou faire une emplette de cinq sols à la mercerie y vont masqués. La place Saint-Marc est le grand théâtre où s'étale tous les jours la pompe du carnaval; il n'y a pas un masque à Venise qui ne s'y rende une heure avant le coucher du soleil; et quelque grande que soit la place, elle peut à peine contenir la foule des masques et de ceux qui les vont voir. Les gentilsdonnes ne se déguisent que pour aller prendre ce divertissement pendant les derniers jours du carnaval.

La longueur du carnaval, qui commence après les fêtes de Noël, est une des choses qui contribuent le plus à le rendre agréable; aussi il serait impossible d'exprimer quelle est la consternation de toute la ville, et surtout des personnes qui attendent ce temps pendant tout le reste de l'année pour profiter des occasions qu'il fournit, lorsque la bizarrerie de quelqu'un des chefs du conseil des Dix fait défendre les masques, ou du moins en suspend l'usage jusqu'aux derniers jours du carnaval; mais si cette défense fait cesser la plupart des plaisirs de cette saison, l'on peut dire d'un autre côté qu'elle arrive rarement; et que si l'on en est souvent menacé, l'on n'en vient guère souvent à l'exécution, si quelque raison d'État n'oblige ce conseil d'en user de la sorte; cependant il est toujours permis d'aller en masque aux réduits, à l'Opéra et à la Comédie.

VIII

DES RÉDUITS

Lorsque la nuit approche et que le divertissement de la place finit, celui des réduits commence. On appelle *ridotti* les lieux où la noblesse vénitienne tient la banque du jeu ouverte pour tous ceux qui se présentent. Il y a plusieurs réduits à Venise où les nobles jouent en particulier pendant toute l'année; mais le grand réduit du carnaval est dans une maison proche de la place, où la plus grande partie du monde se rend dès que l'heure de la promenade est passée. L'on fait difficulté d'y laisser entrer ceux qui ne sont pas masqués, ce privilège n'étant que pour les nobles vénitiens; mais une fausse barbe, un nez, ou la moindre chose du monde qui déguise le visage, suffit pour cela; et si l'on n'a pas envie de jouer, on l'ôte si l'on veut dès qu'on est entré.

L'on voit dans une salle et dans plusieurs chambres de plain-pied quantité de chandeliers suspendus, et un grand nombre de tables arrangées tout autour, et à chacune un des nobles qui donnent à jouer, lequel est assis du côté de la muraille; ils ont tous devant eux plusieurs jeux de cartes, un tas de pièces d'or et un de ducats d'argent, avec deux flambeaux, prêts à tenir contre tous ceux qui se présentent, soit masqués ou gentilshommes vénitiens. La foule y est si grande qu'on ne peut souvent passer d'une chambre à l'autre, et cepen-

dant il y règne un silence beaucoup plus grand qu'à
l'église, de sorte que les étrangers sont surpris de ce
spectacle, qui est beaucoup plus admirable par sa singularité qu'il n'est divertissant par le plaisir qu'on y
peut prendre.

On n'y joue point d'autre jeu que la bassette, laquelle
avait été inconnue en France jusqu'à présent; mais depuis que M. Justiniani, ambassadeur de la République,
l'a introduit à Paris, il y est devenu si commun qu'il
serait inutile de le vouloir faire connaître. On la joue
néanmoins à Venise avec cette différence que ni le noble
qui taille ni les masques qui jouent ne disent mot. Les
jeunes gentilshommes vénitiens aiment bien mieux y
aller jouer quelquefois que de tenir la banque; mais la
tranquillité et le flegme avec lequel les uns et les autres
y perdent souvent de très grosses sommes est une
chose si extraordinaire, qu'on dirait que ce jeu est une
école établie pour apprendre à se comporter avec modération dans la bonne et dans la mauvaise fortune,
plutôt qu'une occupation de divertissement.

Un même noble tient rarement une banque pendant
tout le carnaval; les tables sont successivement occupées par différents gentilshommes qui ne sont pas tous
également bons joueurs; les uns y perdent, les autres
y gagnent considérablement, mais les personnes qui
aiment à jouer contre eux et qui ont une longue pratique de Venise savent quels sont les nobles qui ont la
réputation de jouer fidèlement; car quelque simple
que paraisse le jeu de la bassette, il se trouve de ces
gentilshommes si adroits à tailler et si subtils à tirer
les cartes, que les plus clairvoyans y seraient trompés.
Comme celui qui joue peut masser telle somme qu'il

lui plaît, sans que le noble qui taille puisse y trouver à redire, il peut de même se retirer après avoir fait un gros gain, soit en un seul coup, soit en plusieurs, sans que le noble puisse faire autre chose que de se mordre sourdement les doigts et maudire tout bas *la maledetta Maschara.*

Les gentilsdonnes vont souvent jouer au réduit, et n'ont pour tout déguisement qu'un loup de velours, de sorte que ceux qui les connaissent sans masque n'ont pas beaucoup de peine à les connaître masquées, puisque rien ne leur cache la taille ni le cou. Elles y boivent des liqueurs et des eaux glacées; l'on vend aussi dans ce même lieu de la viande et de la volaille prête à mettre à la broche, et l'on étale tout cela aux yeux du monde ; ce qui oblige souvent ceux qui vont là avec des dames à faire des parties de souper au retour de l'Opéra ou de la Comédie, où l'on va au sortir de ce lieu-là.

IX

DE L'OPÉRA

C'est à Venise que l'on doit l'invention des opéras; mais quoiqu'ils y aient été autrefois d'une singulière beauté, on peut dire néanmoins que Paris surpasse présentement tout ce qu'on a su faire à Venise. On avait de la peine à se persuader au commencement que la lan-

gue française pût s'accommoder aux récits en musique,
qui semblent si naturels en italien. En effet, si un
homme aussi habile que celui qui s'en est mêlé, et aussi
profond dans toutes les beautés de la musique italienne
qu'il l'est dans les délicatesses de la française, ne s'y
était appliqué avec tout le soin qu'il fallait pour faire
un agréable composé de deux manières de chanter si
différentes, il est à croire que ce noble et magnifique
divertissement n'aurait pas été suivi de tout le succès
qu'il a eu à la cour et à la ville.

L'on joue à Venise plusieurs opéras à la fois ; les théâtres sont grands et magnifiques, les décorations superbes et bien diversifiées, mais très mal éclairées ; les machines y sont quelquefois passables et quelquefois ridicules ; le nombre des acteurs y est toujours fort grand
et tous richement habillés ; mais leur action est le plus
souvent désagréable, les pièces sont longues, et ne lais-
seraient pas néanmoins de divertir pendant les quatre
heures qu'elles durent, si elles étaient composées par
de meilleurs poètes qui sussent mieux les règles du
théâtre que leur composition ne le témoigne , laquelle
ne mérite pas souvent la dépense qu'on fait pour les
représenter. On y voit entre les actes des entrées de bal-
lets si pitoyables, qu'il vaudrait beaucoup mieux qu'il
n'y en eût point du tout. On dirait, à voir danser ces
gens-là, qu'il sont chaussés de plomb, et néanmoins ils
reçoivent les applaudissements de toute l'assemblée,
parce qu'on n'en a jamais vu de meilleurs.

La beauté des voix compense tous les défauts dont
je viens de parler. L'on choisit d'ailleurs les meilleures
chanteuses de toute l'Italie ; et l'on ne plaint point quatre
cents pistoles et les frais du voyage pour faire venir de

Rome ou d'ailleurs une fille de réputation, quoique les opéras ne durent qu'autant que le carnaval. Leurs airs sont languissants et touchants, mais toute la composition est mêlée de plusieurs chansonnettes fort agréables qui réveillent l'attention; la symphonie est peu de chose, inspirant plutôt de la mélancolie que de la gaieté; elle est composée de luths, de tuorbes et de clavecins, qui accompagnent les voix avec une justesse admirable.

Si les Français ont d'abord de la peine à bien entendre les paroles, les Italiens et les étrangers en ont encore davantage en France, où l'on chante plus bas et où l'on prononce beaucoup moins distinctement. Ce grand chœur de musique qui remplit si souvent tout le théâtre français, et dont on ne peut presque point distinguer les paroles, choque les Italiens, qui disent que cela sied mieux à l'église qu'à l'opéra; la grande quantité de violons qui effacent, lorsqu'ils jouent, tous les autres instruments de la symphonie, ne peut plaire, disent-ils, qu'aux Français, si ce n'est lorsqu'ils jouent tout seuls en d'autres occasions. Et quoique en France on réussisse parfaitement à la danse, néanmoins on en met tant, disent-ils, dans l'opéra, qu'elle en fait souvent la plus grande partie; la matière de la composition est trop courte au goût des Italiens, qui ne trouvent pas non plus assez d'intrigues dans nos pièces d'opéra. Celle de leur composition est toujours conduite par le personnage d'une vieille qui donne de bons conseils aux jeunes et qui dit ordinairement des choses fort plaisantes.

Ceux qui composent la musique de l'opéra s'attachent à faire finir les scènes des principaux acteurs par des airs qui charment et qui enlèvent, afin d'attirer les applaudissements de tout le théâtre. Cela réussit si bien selon leur intention, qu'on n'entend que des *benissimo* de mille voix à la fois ; mais rien n'est plus singulier que les plaisantes bénédictions et les souhaits ridicules que les gondoliers, qui sont au parterre, font aux bonnes chanteuses à la fin de toutes leurs scènes. Ils crient de toutes leurs forces : *Sias tu benedetta! benedetto el'padre ohe te genero*[1]*!* Mais ces acclamations ne sont pas toujours renfermées dans les termes de la modestie.

Ces canailles disent impunément tout ce qui leur vient à l'esprit, étant assurés de faire rire l'assemblée, plutôt que de lui déplaire.

Il s'est vu des gentilshommes si transportés et si hors d'eux-mêmes par les charmes de la voix de ces chanteuses, qu'ils criaient tout haut de leurs loges, en se penchant en dehors : *Ah cara! mi butto, mi butto*[2], pour dire qu'ils s'allaient précipiter, dans les transports du plaisir que ces divines voix leur causaient. Au reste, je dois dire aussi que les prêtres ne font point de scrupule de paraître sur le théâtre et d'y faire toutes sortes de personnages, puisque cela se pratique à Rome ; au contraire, la qualité de bons acteurs leur donne celle de vertueux. Un jour, un des spectateurs, reconnaissant un prêtre sous l'habit de vieille, criait tout haut : *Ecco Pre Pierro, che fa la vecchia*[3]. Cependant toutes choses se passent à l'Opéra avec beaucoup plus de bienséance qu'à la Comédie, parce qu'on aime naturellement la musique, et qu'il y va plus d'honnêtes gens ; aussi paye-t-on quatre livres à la porte et deux livres au parterre

---

1. Bénie sois-tu, et béni soit le père qui t'a mise au monde !
2. Ah ! ma chère, je me jette, je me jette !
3. Voilà le Père Pierre qui joue la vieille.

pour la chaise, ce qui fait quarante-six sols de France, sans compter le livre de l'opéra et le petit pain de bougie que tous les spectateurs achètent; car sans cela ceux mêmes du pays auraient de la peine à comprendre quelque chose à l'histoire et à la suite de la pièce.

Les gentilsdonnes fréquentent plus l'Opéra que la Comédie, parce que ce premier divertissement est beaucoup plus honnête que le second; on y en voit un grand nombre sur la fin du carnaval; et comme il leur est permis en ce temps-là de se parer de leurs pierreries, elles y paraissent toutes brillantes à la clarté des bougies allumées qu'elles ont dans leurs loges.

Les partisans des chanteuses font imprimer des sonnets à leur louange, et parmi les acclamations qu'elles s'attirent en chantant, ils en sèment des milliers du haut du paradis, et ils en remplissent les loges et le parterre.

X

DE LA COMÉDIE

La comédie ne se joue à Venise que pendant le carnaval; mais elle commence quelquefois sur la fin du mois d'octobre, ou dans celui de novembre, et l'on voit souvent trois troupes différentes de comédiens, plus méchants (mauvais) les uns que les autres. Les théâtres où ils jouent appartiennent, comme ceux des opéras, à des nobles vénitiens, qui tirent un grand revenu des loges qu'ils louent, les unes pour tout le carnaval et les autres chaque jour, les comédiens n'ayant autre profit que ce qu'ils prennent à la porte, qui ne va pas à cinq sols par tête. La plupart du monde va en masque à la Comédie, comme à l'Opéra, pour y être avec plus de liberté. On ne met ordinairement qu'un manteau de campagne et une bahute sur la tête; c'est un petit domino de taffetas noir, qui ne laisse que les yeux et la tête découverts, sur quoi l'on met, si l'on veut, un demi-masque fort proprement fait d'une petite toile cirée blanche. Ceux qui, avec ce déguisement, mettent la veste vénitienne, sont considérés comme de véritables nobles; mais la noblesse ne se masque guère à l'Opéra ni à la Comédie.

Les jeunes nobles vont moins à la Comédie pour rire de la bouffonnerie des comédiens que pour y jouer eux-mêmes leur personnage. Ils font un si grand fracas, et quelquefois des actions si surprenantes et qui blessent si fort la retenue que l'on devrait avoir en public, qu'il faut l'avoir vu pour le croire. Un de leurs plus ordinaires passe-temps n'est pas seulement de cracher sur le parterre, mais encore d'y faire voler des lumignons de chandelles; et s'ils aperçoivent quelqu'un proprement vêtu, ou un chapeau à bouquet de plumes, c'est là qu'ils tâchent d'adresser, parce qu'ils le peuvent faire impunément; les nobles protecteurs du théâtre ayant à la porte des braves masqués et armés à leur dévotion, outre que la Comédie et l'Opéra sont des lieux privilégiés, où la moindre violence est un crime d'État.

La licence que ceux du parterre se donnent, à l'imitation de la noblesse, achève le désordre ; les gondoliers principalement donnent des applaudissements impertinents à certaines actions des bouffons qu'on ne souffrirait point ailleurs ; et tout le théâtre ensemble fait si souvent de si terribles huées aux acteurs qui ne plaisent pas, qu'on les oblige à se retirer, pour faire venir ceux qui font rire, criant incessamment tout haut : *Fuora buffoni*[1] *!* Les gentilshommes trouvent cela si bon, qu'ils se mettent eux-mêmes de la partie ; et si l'on demande pourquoi ils sont si sages dans le grand réduit, où l'on n'est que pour jouer, et qu'ils sont si fols à la Comédie, on répond que là il s'agit de perdre ou de gagner de l'argent, et qu'ils ne vont ici que pour se divertir, où, étant les maîtres, ils le font de la manière qu'il leur plaît.

Rien n'égale le bruit qui se fait lorsque, après une pièce qui a satisfait l'assemblée, ou pour mieux dire les seuls gondoliers, on vient annoncer celle du lendemain ; car, sans vouloir rien écouter, cette canaille crie si fort : *Questa ! questa !* (qu'on joue la même) qu'il faut nécessairement leur obéir. De sorte qu'on ne rapporte le plus souvent de ces méchantes comédies que le déplaisir d'avoir différé son souper jusqu'à neuf ou dix heures. On en joue néanmoins quelquefois de sérieuses, qui sont toutes en vers et qu'on appelle *opera* (œuvres), lesquelles réussissent fort bien ; et quelquefois ils en représentent que l'inquisition ne souffrirait point hors des États de Venise, comme celle de dom Gilles, qui en habit de religieux fait des prédications contre la débauche, à laquelle il s'abandonne. Mais il n'est pas

1. Dehors les bouffons !

étonnant qu'on n'y trouve rien à redire, puisque les nobles mêmes se laissent jouer sur le théâtre, dans le personnage du Pantalon [1], qui est une véritable copie en habit, en actions et en paroles de ce qu'ils font tous les jours.

———

XI

DES PETITS BALS QU'ON APPELLE FESTINS

Pendant le carnaval il se fait à Venise quantité de petits bals, qu'on appelle festins, de même qu'à Rome, avec cette différence qu'à Venise ceux qui dansent payent les violons; et comme les festins donnent lieu à une grande liberté, et que ceux qui les font en tirent un gain considérable, il arrive ou qu'on les défend tout à fait, ou que ceux qui en veulent faire doivent en avoir la permission du magistrat. On dispose une maison pour cela, l'on met une lanterne sur la porte ajustée avec des guirlandes, pour en être l'enseigne tant que le carnaval dure; un violon et une épinette en sont toute la symphonie, et l'entrée y est libre à toute sorte de personnes. On y danse de deux manières: tantôt en se promenant, comme l'on fait au bal des

———

1. Le *Pantalon,* personnage de comédie, ainsi nommé, croit-on, à cause de saint Pantaléon, patron populaire des Vénitiens. C'est du costume de ce personnage que le nom est passé à la partie de vêtement qui, à l'époque moderne, a remplacé les chausses et la culotte.

gentilshommes, tantôt à pas figurés, en manière de gavotte, comme font toutes les petites filles de Venise, de
la plus agréable manière du monde.

Le maître de la maison est toujours présent pour
exiger son tribut; les instruments cessent pour ce sujet dès que la compagnie a fait trois ou quatre tours
ou qu'on a dansé une fourlane (c'est ainsi qu'ils appellent cette espèce de gavotte), et les danseurs mettent la
main à la bourse pour donner un sou, qui vaut cinq
deniers. Les femmes et les filles qui vont aux festins
sont toutes masquées.

Le maître du festin fait donner à boire et à manger
dans une chambre voisine; tout cela lui produit un
profit considérable. Aussi était-ce autrefois un privilège des domestiques des ambassadeurs, qui tenaient
des festins dans l'étendue de la juridiction de leurs
maîtres, à qui ce commerce a paru si sordide qu'ils
ne l'ont pas voulu souffrir davantage; et ceux de
France ont été les premiers qui l'ont défendu à leurs
gens. Les nobles et les citadins font souvent des festins
qui ne durent qu'une seule soirée, où il n'entre que les
personnes connues, comme on fait souvent à Rome,
où ceux qui cherchent ces divertissements de nuit
dansent enveloppés dans leur manteau, la grande épée
sous le bras et la lanterne à la main.

XII

DES FORCES D'HERCULES ET COMBATS
DE TAUREAUX

Les forces d'Hercules et les combats de taureaux sont
des divertissements que l'on voit quelquefois dans diverses saisons de l'année ; mais comme le carnaval est
le véritable temps des plaisirs et des spectacles, c'est
pour lors qu'on en renouvelle les principaux. Le peuple
se plaît d'autant plus à ces deux-ci, que ce sont des
gens du peuple même qui les donnent au public, et
surtout les forces d'Hercules, qui sont représentées par
certaines compagnies de gens de barque et d'artisans,
qui s'exercent toute l'année pour ce sujet. Ils paraissent
sur un grand échafaud dressé dans une place publique,
et ils sont environ une vingtaine de jeunes hommes,
habillés avec de petits hauts-de-chausses et des camisoles fort justes, de quelque petit brocart, ayant des
jarretières garnies de grelots.

La première figure qu'ils font en montant sur l'échafaud par une pente fort douce n'est pas des moins
agréables. Ils portent chacun sur leurs épaules un de
leurs camarades d'une manière tout à fait singulière ;
car ceux qui sont portés n'ont que le pied droit appuyé
sur l'épaule de ceux qui les soutiennent et se penchent
en avant sur le côté, les bras étendus un en haut et
un en bas, de sorte que marchant ainsi l'un après

l'autre, et chacun tenant le bout du pied que celui qui est devant lui tend, ils forment comme une longue chaîne de plusieurs hommes qui paraissent tout en l'air et ne s'entre-soutenir que par le bout du pied et de la main.

Ils marchent ensuite en cadence au son de leurs grelots, tournant toujours en rond, et ils font de temps en temps plusieurs figures différentes par leurs situations et postures extraordinaires : tantôt quatre dessous, tenant sur leurs épaules les extrémités de deux gros bâtons, en portent huit tout debout de la hauteur de cinq hommes, y compris un petit garçon qui est toujours sur les épaules du dernier; tantôt quatre, des plus forts, formant un arc de leurs corps pliés à la renverse, en soutiennent six ou sept ensemble sur l'arcade de leur ventre. On en voit qui, ayant sur leurs épaules deux hommes debout l'un sur l'autre, s'assoient et se lèvent avec ce pesant et chancelant fardeau. Enfin, après avoir formé, par la diversité de leurs différentes postures, plusieurs figures singulières, où il n'est pas moins besoin d'une très grande adresse que d'une force prodigieuse, ils terminent ce divertissement, qui est au goût de tout le monde, et surtout du peuple, qui, comme les anciens Romains, ne demande que du pain et des spectacles[1].

Le peuple n'accourt pas avec moins d'affluence aux combats de taureaux qu'aux forces d'Hercules. On dresse quelquefois des échafauds autour d'une place, ou bien l'on se contente d'une simple barrière, car les taureaux qu'on y amène ne sont pas furieux. Deux

---

1. *Panem et circenses.*

hommes les tiennent ordinairement par les cornes
avec deux longues cordes; on leur lâche des chiens
qui s'attachent, quand ils peuvent, avec tant d'ardeur
à leurs oreilles ou à leur gorge, qu'ils perdraient haleine et s'étoufferaient eux-mêmes, si l'on ne les en
arrachait adroitement. Ce divertissement serait peu
considérable s'il n'y arrivait souvent quelque plaisant
désordre par des taureaux qui s'échappent ou qu'on
abandonne sans corde; car, se voyant vivement atta-
qués par les chiens, ils renversent souvent quelque
échafaud et mettent toute l'assemblée en déroute.

On fait aussi dans ces mêmes lieux combattre des
ours et des chiens; car l'on nourrit de ces animaux
exprès pour divertir le peuple; il n'y a pas longtemps
qu'un ours, se voyant rudement mené par les chiens,
fit un effort plus grand qu'on ne se le pouvait imaginer, et sauta sur un échafaud plein de monde, ce qui
causa un si grand désordre que plusieurs personnes
y furent blessées. L'on fait aussi courir des bœufs par
la ville pendant toute l'année, et surtout pendant le
carnaval; cela ne se fait pas seulement pour en rendre
la chair plus tendre, mais parce que les jeunes nobles
s'en font un divertissement. Ils mettent bas la veste,
et, tenant eux-mêmes les cordes, courent après et
conduisent par les rues ces animaux pillés (harcelés)
par les chiens; cependant la petitesse des rues met
souvent les passants dans un grand embarras, lorsque
dans un tournant on trouve tout à coup devant soi
un taureau animé par des chiens.

XIII

DE LA FÊTE DU JEUDI GRAS

Le jeudi gras est un jour de réjouissance publique,
à cause de la cérémonie qui se fait, à la place Saint-
Marc, en présence de la seigneurie et des ambassadeurs
des princes. Cette grande fête publique consiste à voir
couper la tête à un taureau; après quoi on est diverti
par un très médiocre feu d'artifice en plein jour, par
des danseurs de corde et des faiseurs de sauts périlleux, qui paraissent sur un échafaud dressé dans la
place, vis-à-vis de la galerie du palais, où la seigneurie
se met.

Cette fête tire son origine de l'heureux succès qu'eurent les armes de la République dans la guerre qu'elle
fit autrefois contre Ulric, patriarche d'Aquilée, en faveur
de celui de Grado; car la haine irréconciliable du premier lui ayant fait plusieurs fois prendre les armes
pour opprimer son compétiteur, la République arma
tout autant de fois pour secourir le dernier, qui n'était
pas si puissant; et ayant enfin pris prisonnier le patriarche d'Aquilée, comme il croyait emporter Grado,
qu'il avait attaqué à l'improviste, elle le condamna à
avoir la tête coupée dans la place de Saint-Marc, avec
douze chanoines qui étaient prisonniers avec lui; mais
la République, à ce qu'on croit, le fit mourir entre
quatre murailles, et à sa place l'on coupa la tête à

un taureau et à douze cochons, au lieu des douze chanoines.

C'est pour éterniser la mémoire de cet avantage que
la République, qui a toujours pris un soin particulier
de ne laisser perdre le souvenir d'aucune de ses victoires, solennise tous les ans la fête du jeudi gras,
dont l'appareil et la pompe représentent assez bien
une ridicule tragédie. Tous les bouchers de la ville se
parent bizarrement de tout ce qu'ils trouvent de plus
beau à emprunter, et se rendent au palais de Saint-
Marc divisés par compagnies; mais comme chacun
s'arme de la manière qu'il lui plaît, c'est la plus extra-
vagante chose du monde que de voir les uns avec de
vieilles hallebardes, les autres avec de grands sabres,
les uns avec des piques et les autres avec des spadons
à l'antique de six pieds de long, qu'ils portent tout nus
à deux mains.

La seigneurie descend dans une salle qui est de
plain-pied aux galeries du premier étage du palais, et
là toute cette plaisante soldatesque passe comme en
revue devant le doge et les ambassadeurs ; la diversité
des armes et des habits, jointe à l'irrégularité de leur
marche, fait le plus extraordinaire spectacle qui se
puisse jamais voir : les uns courent, et les autres marchent gravement; les uns font de profondes révérences,
et les autres regardent fièrement la seigneurie sans se
découvrir; et les trompettes sonnent, en courant à
pied, à la tête de chaque compagnie; de sorte que
toute cette cérémonie est plutôt l'image d'une émeute
populaire que d'une réjouissance publique.

L'on passe de là dans le portique qui regarde sur
la place, où l'on n'est pas plus tôt arrivé que celui des

bouchers à qui l'honneur de l'exécution est destiné
abat la tête du taureau d'un seul coup d'épée, en présence de presque toute la ville; la place, le palais, les
procuraties et quantité d'échafauds, qu'on dresse pour
ce sujet, sont pleins d'un nombre infini de personnes,
qui sont attirées par la curiosité de voir la cérémonie,
et par le désir de jouir des divertissements qui la suivent, dont le feu d'artifice, à deux heures après midi,
me paraît le plus singulier. Cependant rien n'est plus
agréable au peuple que de voir voler un homme sur
une corde tendue du clocher de Saint-Marc à la galère qui est entre les deux colonnes.

Cette même journée, toute la ville paraît être dans
une effroyable confusion, qui dure tout le reste des
jours gras; car il est permis à un chacun de porter
pour sa défense telles armes qu'il lui plaît, excepté
celles à feu. La République donne cette permission à
cause de la multitude de taureaux qu'on fait courir
par la ville et qu'on fait battre en plusieurs endroits
différents; on ne voit parmi le peuple que gens armés
de haches, de coutelas, d'épées nues, de massues, de
spontons, de sorte qu'on dirait que toute la ville, dont
les boutiques sont fermées, est dans une épouvantable
sédition; aussi ceux qui ont des ennemis se tiennent
extrêmement sur leur garde pendant ces jours tumul-
tueux qui finissent le carnaval.

XIV

DU FRESQUE

Le divertissement du fresque[1] n'est pas seulement le premier de tous ceux que la belle saison ramène, mais il est encore le plus agréable pour les dames et pour les cavaliers, comme il est aussi le plus bizarre et le plus surprenant de tous ceux que les étrangers peuvent avoir à Venise. C'est ainsi qu'on appelle le cours et la promenade qui se fait sur l'eau; et il est certain qu'on ne pouvait pas lui donner un nom qui lui fût plus convenable que celui de fresque, car dans les plus grandes chaleurs de l'été on ne peut jamais y être incommodé du chaud ni de la poussière; on y sent, au contraire, une fraîcheur charmante, et il serait même impossible de prendre ce divertissement dans une moins belle saison que celle du printemps et de l'été.

On commence régulièrement le fresque à la seconde fête de Pâques, et il continue jusqu'au jour de saint Jérôme, c'est-à-dire jusqu'à la fin du mois de septembre; mais comme les dames ne s'habillent pas tous les jours parce qu'elles vivent pour la plupart fort retirées, cela fait qu'il n'y a de fresque que les fêtes et les dimanches et certains jours de solennités particulières des églises, où les gentilsdonnes vont entendre

---

1. *Il fresco,* le frais.

la musique, ou bien au sujet de quelque réjouissance
publiqu‥ où les dames sont invitées; car dans la
belle saison tous ces divertissements se terminent par
le fresque, qui se fait vers l'extrémité du grand canal,
vis-à-vis l'église de Saint-Jérémie, parce qu'il passe
moins de barques de ce côté-là, qu'il n'y a point d'embarras, et qu'outre cela ceux qui veulent voir cette
agréable promenade le peuvent faire commodément,
en se tenant sur un des deux quais, qui sont en cet
endroit d'une médiocre longueur de chaque côté du
grand canal.

L'on se rend au fresque après vingt-trois heures,
c'est-à-dire une bonne demi-heure avant le coucher du
soleil; la compagnie s'y assemble peu à peu, et les
gondoliers, ménageant au commencement leurs forces,
voguent d'abord lentement, allant et venant de la longueur d'environ huit cents pas; mais soit que ces hommes s'échauffent insensiblement, ou que l'émulation
dont ils se piquent tous les anime à l'envi les uns
des autres, il arrive enfin qu'ils voguent avec tant de
force et de vitesse qu'ils en sont hors d'haleine, et l'eau
qui paraît au travers des camisoles de satin dont ceux
qui portent les livrées sont ordinairement parés, fait
voir qu'ils ne sont guère moins mouillés que s'ils
étaient tombés dans le canal.

Il n'y a pas longtemps que la promenade du fresque
a été introduite, ou du moins qu'elle a été réglée,
comme elle l'est à présent, puisque le gentilhomme
qui l'a établie en jouit encore lui-même. Il mérite-
rait certes qu'on lui dressât une statue au milieu du
grand canal, pour avoir été l'auteur d'un si agréable
et si singulier divertissement. Ceux qui ne sont pas

encore accoutumés aux gondoles ont d'abord de la
peine à goûter cette promenade; car quand ils voient
cet endroit du grand canal couvert de trois ou quatre
cents gondoles qui vont et qui viennent continuellement les unes contre les autres avec une vitesse et une
légèreté admirables, la tête leur tourne le plus souvent,
et ils s'imaginent que l'on va se fracasser et s'abîmer
à tout moment; en effet, de voir d'une part un grand
nombre de gondoles qui vont sur celles qui viennent
de l'autre, avec tant de force de rames que l'eau en
blanchit d'écume, on dirait qu'il faut nécessairement
que les unes ou les autres soient brisées en mille
pièces.

Cependant l'adresse et l'expérience des gondoliers,
sur lesquels on se repose, rassurent les plus timides,
et ces légers et délicats bâtiments passent comme un
éclair les uns entre les autres sans se choquer; l'on en
est quitte pour être quelquefois un peu mouillé, car
l'eau, qui est agitée avec violence, se trouvant pressée
entre deux barques qui vont d'un cours opposé, jaillit
ordinairement si fort à l'improviste, qu'il est impossible de s'en garantir; et comme cette eau salée tache
les étoffes de couleur, les dames préviennent ces accidents en relevant leurs plus belles jupes; elles vont
presque toujours seules dans leur gondole, avec une
ou deux femmes de chambre; mais celles qui sont amies
particulières se mettent souvent ensemble et laissent
leurs suivantes à part; lorsqu'elles sont quatre, elles
se placent aux quatre coins de la gondole, se regardant
les unes les autres comme des statues.

La liberté d'aller au fresque se compte pour une
des plus grandes que les maris accordent à leurs fem-

mes, comme c'est un de leurs plus grands déplaisirs
d'en être privées ; les gentilshommes galants ne s'y
font pas seulement distinguer par la propreté de leurs
gondoles et de leurs gondoliers, mais encore par la
petitesse et par la légèreté des corps des barques, qu'ils
font faire exprès pour le fresque, et par la dépense
qu'ils font aussi pour avoir des gondoliers fameux
pour la force et pour l'adresse ; car avec cet équipage
ils suivent les dames auxquelles ils veulent plaire,
ils prennent le devant, ou ils les joignent en quatre
vogades, sans faire la moindre démonstration affectée;
car tout ce manège se conduit par l'intelligence des
gondoliers, qui au moindre signe connaissent si bien
l'intention de leur maître, qu'il semble que le pur hasard fasse naître toutes ces rencontres.

Le plus grand dépit qu'on puisse faire à son rival
dans ces occasions, c'est lorsque, le voyant côtoyer la
gondole de la dame, l'on s'ouvre le chemin avec la
proue de la sienne, et l'on passe ainsi entre les deux.
Les ambassadeurs vont ordinairement au fresque incognito, c'est-à-dire avec une seule gondole et un gentilhomme : ils y paraissent aussi quelquefois en cérémonie avec tout leur équipage; mais pour lors ils
tiennent le milieu du canal, pour éviter la confusion,
et les gondoliers ne voguent point pour lors avec leur
violence accoutumée. Rien cependant ne fait plus admirer l'adresse de ces hommes que de voir aux deux
bouts du cours, dans cet embarras apparent, quinze
ou vingt gondoles tourner tout à la fois avec tant de
justesse que, quelque longues qu'elles soient, elles ne
se choquent et ne s'embarrassent jamais.

XV

DES FÊTES DES ÉGLISES

Toutes ces fréquentes allées et venues finissent avec le jour, c'est-à-dire que cette promenade dure une heure et demie tout au plus ; aussi les plus robustes gondoliers n'auraient pas assez de force pour soutenir plus longtemps une si rude fatigue.

Il y aurait sujet de s'étonner de voir mettre au nombre des divertissements publics les fêtes solennelles des églises, si l'usage qu'on en fait à Venise ne les avait converties en une occupation d'autant plus divertissante pour les gentilsdonnes et pour les gentilshommes, qu'elles leur font passer agréablement toute une journée. Je ne parle point ici des fêtes ordinaires ni des lieux où les dames ont accoutumé d'aller à la messe les jours d'obligation, comme à la *Salute*[1] pendant l'été, aux Carmes pendant l'hiver, à la chapelle du Rosaire des Dominicains tous les premiers dimanches du mois, où les dames les mieux faites ne manquent guère de se rendre et de s'y arrêter depuis neuf heures jusqu'à midi, parce qu'elles considèrent ces occasions comme des congés dont elles veulent profiter ; mais je parle des fêtes particulières que l'on célèbre avec solennité, et qu'une belle musique et un grand con-

---

1. Une des plus belles églises de Venise.

cours de monde font regarder aux nobles et aux dames comme une occasion de divertissement.

Les plus divertissantes de ces fêtes sont celles des monastères de religieuses, comme de Saint-Laurens, de Saint-Daniel, de Saint-Côme, de la *Celestia*, de Sainte-Catherine, et de plusieurs autres, où ces dames et surtout les sacristines travaillent pour ce jour-là toute l'année à faire des bouquets artificiels d'or, d'argent, de fil et de point de Venise, auxquels elles joignent des fleurs naturelles, et en distribuent une quantité prodigieuse aux nobles, aux gentilsdonnes et à leurs amis particuliers, à qui elles les envoient aussitôt qu'ils sont entrés dans l'église; et si celui à qui l'on veut donner un bouquet a un caractère qui le fasse distinguer, c'est souvent un prêtre en surplis qui le lui porte sur une soucoupe d'argent, et qui lui fait, au milieu de l'église, le compliment de la part de la religieuse qui le lui envoie; on voit quelquefois de ces bouquets tout de point de Venise, d'un travail et d'un prix très considérables.

Les églises sont toujours magnifiquement parées; la musique y est très excellente; mais ce n'est pas cela seul qui y attire ce grand nombre de gentilsdonnes, pour lesquelles on prépare quantité de fauteuils dans l'église, où elles restent le matin jusqu'à midi, et l'après-dîner jusqu'à l'heure du fresque, par où se terminent toutes ces fêtes. Comme les dames y causent d'un côté et les gentilshommes de l'autre, et que la foule est ordinairement fort grande, ces assemblées n'ont rien moins que l'apparence de dévotion, puisque pendant l'office on entretient les religieuses à la grille du chœur et qu'elles y régalent leurs amis, ne faisant pas difficulté d'y donner à boire des eaux et des liqueurs glacées pendant les grandes chaleurs.

XVI

DES DANSES DES JEUNES FILLES

Ceux qui auront pris plaisir à considérer la manière agréable et singulière des danses ordinaires des jeunes filles ne trouveront pas étrange que j'aie mis ici au nombre des divertissements publics une chose qui d'elle-même parait si commune; néanmoins, comme ce passe-temps amuse souvent la noblesse vénitienne, que les dames font arrêter leurs gondoles lorsqu'elles rencontrent de ces danses sur les bords des canaux, et que les étrangers en sont ordinairement charmés, j'ai cru devoir en faire un chapitre particulier, entre les divertissements que la belle saison fournit. Tous les jours de fête les filles du peuple font de petits bals dans les endroits les plus spacieux des rues et des quais, ou dans les petites places de leur quartier; et comme parmi le peuple de Venise il n'y a guère moins de liberté entre les hommes et les femmes, les filles et les garçons, qu'on en a en France, ces filles n'y dansent pas toujours toutes seules.

Elles sont proprement habillées et d'une manière qui n'est guère différente de la nôtre; elles portent un corps sans manches, d'étoffe de couleur ou de quelque bro-

cart, avec une jupe de serge bordée d'un petit galon,
et des souliers blancs; les manches de leurs chemises
sont d'une toile fine extraordinairement blanche, et
elles les tirent par-dessus l'épaule, leur faisant comme
un haut de manche fraisé, qui ne leur sied pas moins
bien que les fleurs qu'elles mettent dans les tresses
de leurs cheveux et qui leur tombent sur l'oreille; les
célèbres danseuses ont une jupe de petit taffetas, avec
des chaussons de cuir chamarrés d'une petite non-
pareille d'argent, sans talons et sans grosses semelles;
et de cette sorte elles dansent de la plus jolie manière
du monde et avec une légèreté et une justesse surprenantes. Elles n'ont pour toute symphonie qu'un tambour de basque accompagné de la voix de celle qui le
bat, et sur un air qu'elles chantent toujours de la
même manière; elles dansent la fourlane, tantôt deux
filles seules, tantôt une fille et un garçon, se tenant
quelque temps l'un devant l'autre, jetant leurs pieds
en devant et faisant leurs petits pas avec tant de vitesse et de légèreté, que, quoiqu'elles n'aient jamais
qu'un pied en l'air, il est impossible qu'on puisse distinguer dans l'instant lequel des deux touche à terre;
ensuite elles coulent de côté et tournent en rond chacune d'un sens opposé, si uniment et avec tant de vitesse, que lorsqu'il plaît à une danseuse elle jette à la
renverse le garçon qui danse avec elle, en raidissant
seulement le coude dans le moment qu'ils passent l'un
contre l'autre, ce qui se prend toujours pour une faveur particulière, aussi bien que pour une adresse de
la jeune fille.

XVII

DE LA FÊTE DE L'ASCENSION

La plus auguste cérémonie que l'on puisse voir à
Venise est celle qui se fait lorsque le doge va épouser la mer le jour de l'Ascension; la seigneurie sort du
palais avec toute la pompe que j'ai décrite ailleurs, et
passe à travers une affluence incroyable de peuple
et une infinité d'étrangers, pour aller monter dans le
Bucentaure, qu'on amène pour ce sujet proche des colonnes de Saint-Marc. Cette admirable machine est
un superbe bâtiment plus long qu'une galère, et haut
comme un vaisseau, sans mât et sans voile; la chiourme
(les rameurs) y est sous un pont, sur lequel est élevée
une voûte de menuiserie en sculpture dorée par dedans, qui règne d'un bout à l'autre du *Bucentaure,* et
qui est soutenue tout à l'entour par un grand nombre
de figures, dont un troisième rang, qui soutient la
même couverture dans le milieu, forme une double
galerie toute dorée et parquetée, avec des bancs de
tous les côtés, sur lesquels sont assis les sénateurs qui
assistent à cette cérémonie.

L'extrémité du côté de la poupe est en demi-rond,
avec un parquet élevé d'un demi-pied; le doge est dans
le milieu; le nonce et l'ambassadeur de France sont
à sa droite et à sa gauche, avec les conseillers de
la seigneurie et les chefs de la quarantie dans le

même ordre; le *Bucentaure* cependant ne paraît pas moins magnifique en dehors qu'en dedans : il est également doré partout, et la couverture qu'on met pardessus est de damas cramoisi à franges d'or, de toute la longueur du *Bucentaure,* avec des rideaux de même tout à l'entour, entre les statues dorées qui soutiennent la voûte; le grand pavillon de Saint-Marc, qui est arboré sur la poupe, les étendards de la cérémonie, les trompettes et les hautbois qui sont à la proue, la majesté du sénat en pourpre, le grand nombre d'étrangers et d'autres personnes qui trouvent moyen d'entrer, quelque soin qu'on prenne de ne laisser passer que ceux qui en font demander la permission, rendent le *Bucentaure* une des plus belles choses que l'on puisse voir.

Ce superbe bâtiment part de la place Saint-Marc au bruit du canon, accompagné des galères qui se trouvent à Venise, de plusieurs galiotes, de quantité de péotes, qui sont des barques longues richement parées, et d'un nombre infini de gondoles, qui couvrent toutes les lagunes, de sorte que ce palais flottant, dans lequel il y a ordinairement cinq ou six cents personnes, paraît un château élevé au milieu de dix mille petites cabanes, ou plutôt un éléphant environné d'un essaim de mouches. On avance ainsi jusqu'aux bouches du Lido, et quelquefois un ou deux milles en mer, selon que le temps est plus ou moins assuré; car l'amiral dont j'ai parlé, qu'ils appellent le pilote royal de la République, étant garant du retour de la seigneurie, prend si bien garde à ne pas l'exposer témérairement, que je l'ai vu s'arrêter une fois tout court, sur la simple apparence d'un nuage épais qui s'élevait sur l'horizon, et une autre fois faire différer la cérémonie jusqu'au dimanche, parce que le temps s'était troublé.

Lorsque le *Bucentaure* est arrivé à l'entrée de la mer, les musiciens chantent quelques motets; le patriarche de Venise, qui suit dans une grande barque, bénit la mer, et le *Bucentaure* lui présente la poupe. On abat le dossier de la chaise du doge, lequel, recevant du maître des cérémonies une bague d'or tout unie, qui pèse environ deux pistoles et demie, la jette par là dans la mer par-dessus le gouvernail, après avoir distinctement prononcé ces paroles : *Desponsamus te, mare nostrum, in signum veri perpetuique dominii* (Nous t'épousons, notre mer, pour marque de la véritable et perpétuelle domination que nous avons sur toi).

L'on jette ensuite des fleurs et des herbes odorantes sur la mer, pour couronner, dit-on, l'épousée.

Lorsque cette cérémonie est finie, le *Bucentaure* revogue dans les lagunes avec le même cortège, et s'arrête à l'église de Saint-Nicolas du Lido, qui est bâtie sur le rivage du côté de la ville; le patriarche y célèbre une grand'messe, après laquelle la seigneurie rentre dans le *Bucentaure* et retourne à Saint-Marc, au bruit de l'artillerie et de la mousqueterie du château du Lido, et de tous les vaisseaux qui sont à l'ancre jusqu'à la place.

XVIII

DE L'ORIGINE DE LA CÉRÉMONIE QUI SE FAIT
LE JOUR DE L'ASCENSION

Ceux qui s'imaginent que le droit de souveraineté
que les Vénitiens se sont acquis sur le golfe Adriatique n'a point d'autre fondement que la prétendue
donation que le pape Alexandre III leur en fit, se
trompent sans doute, et prennent pour la chose qu'on
a voulu signifier ce qui n'en est que le signe ; j'avoue
que plusieurs tiennent pour une fable toute l'histoire
où l'on lit l'origine de cette cérémonie; mais comme
elle est rapportée par plusieurs auteurs dignes de foi
et que l'antiquité de la tradition l'autorise suffisamment, j'en rapporterai ici les principales circonstances,
pour ne pas manquer à une chose qui serait entièrement contre le dessein que je me suis proposé.

En l'année environ 1175, le pape Alexandre III, persécuté par l'empereur Frédéric II, qui avait fait élire
un autre pape par les cardinaux de sa faction, se
réfugia à Venise incognito, où l'on dit qu'après avoir
été quelque temps caché dans une maison de chanoines réguliers sous l'habit d'un simple domestique, il fut enfin reconnu. D'abord le doge Sébastien
Ziani fut en cérémonie prendre le pape, le logea dans
le palais et lui rendit tous les honneurs qui étaient dus
à sa dignité. L'empereur n'en fut pas plus tôt averti

qu'il fit dire aux Vénitiens que s'ils n'abandonnaient
ce prétendu pape, ils verraient bientôt les aigles ro-
maines arborées dans la place Saint-Marc; et pour
effectuer ses menaces il envoya son fils Othon avec une
puissante armée navale; mais le généreux doge, auquel il semblait que le Ciel eût réservé la gloire des
plus grandes actions qu'on lise dans les annales de la
République, arme promptement trente galères, les va
commander en personne, donne la bataille, la gagne
et prend Othon prisonnier.

Un avantage de cette importance combla de joie
toute la République; le pape alla recevoir le doge victorieux à l'entrée du Lido, et, après l'avoir embrassé,
lui donna l'anneau qu'il portait, en lui disant qu'une
mer sur laquelle les Vénitiens étaient si puissants devait leur être soumise comme la femme à son mari;
cependant, comme ce pape n'avait pas de quoi reconnaître un si signalé service, il accorda au doge le
droit d'user de l'ombrelle, du carreau et de la
chaise d'or, du cierge et du chandelier qu'on porte
devant lui les jours de solennité, comme on fait devant le pape. Il lui donna encore les trompettes d'argent et les étendards dont j'ai parlé, ce qui fait
aujourd'hui toute la pompe extérieure de la dignité
dogale.

Othon fut renvoyé sur sa parole, promettant de retourner à Venise en cas qu'il ne pût faire consentir
son père à une bonne paix; mais il y mena avec lui
l'empereur même, qui trouva le pape Alexandre sur
le pas de l'église Saint-Marc, revêtu de ses habits
pontificaux; et comme il s'inclinait pour lui baiser les
pieds, ce pontife, dit-on, lui en mit un sur le col, en

prononçant ce verset : *Super aspidem et basiliscum am-
bulabis;* à quoi l'empereur répondit : *Non tibi sed Petro,*
et le pape répliqua : *Et mihi et Petro*[1]. Comme ce fut
le jour de l'Ascension que ce prince se mit en état
de reconnaître le pape, la République prit ce même
jour pour solenniser la mémoire d'une si illustre victoire, laquelle lui était un titre authentique, qui con-
firmait pour toujours le droit de souveraineté qu'elle
s'était acquis par les armes sur la mer Adriatique.

On peut bien révoquer en doute les circonstances de
cette histoire ; mais il n'y a pas lieu de douter de la
protection que la République donna à ce souverain
pontife persécuté par Frédéric II. Quoi qu'il en soit, les
Vénitiens se sont toujours fait un si grand mérite de
cette action, qu'ils sont venus à bout de faire écrire
en gros caractères dans la salle royale du Vatican les
monuments du service important que la République
rendit au saint-siège dans cette occasion, car l'on y
lit l'abrégé de la victoire du célèbre Sébastien Ziani,
qui laissa à sa République la gloire d'avoir vaincu et
humilié un grand empereur et d'avoir rétabli le pape
dans la chaire de saint Pierre.

J'admire en cela l'habileté de la République, qui a
su par des marques si authentiques de reconnaissance
se faire dresser un titre public du droit qu'elle pré-

---

1. Les paroles que prononce le pape sont empruntées au psaume XC,
verset 13 : *Tu marcheras sur l'aspic et sur le basilic.* L'empereur,
froissé de cette allusion injurieuse, réplique : *C'est devant Pierre que
je m'humilie, et non devant toi.* A quoi le pontife riposte encore plus
hautain : *Devant moi en même temps que devant Pierre!* Les historiens ont beaucoup discuté sur l'authenticité de cet incident, que révo-
quent en doute les partisans de l'Empire et qu'affirment les écrivains
favorables à la République vénitienne. Où est la vérité ?...

tend dans cette même salle, où il semble que tant que
la mémoire d'une si grande obligation demeurera
gravée, le saint-siège ne pourra se dispenser d'y recevoir les ambassadeurs de la République et de les y
traiter, comme il a fait jusqu'à présent, de la même
manière que ceux des têtes couronnées; aussi la République ne fut jamais plus vivement offensée que
lorsque le pape Urbain VIII fit effacer cette inscription,
que son successeur rétablit, ce qui donna lieu à cette
ingénieuse pasquinade :

*Quod Urbanus inurbaniter deleverat, Innocentius in-
nocenter restituit*[1].

XIX

DES FESTINS DU DOGE

Le jour de l'Ascension n'est pas seulement un des
quatre jours de cérémonie où le doge traite les ambassadeurs, la seigneurie et les sénateurs qui assistent à
la cérémonie, mais encore c'est celui où l'on voit d'autant plus de magnificence que la solennité est plus auguste. Ces festins se font dans une salle du palais, du
côté des appartements du doge ; il y a dans le fond une
estrade élevée d'un demi-pied, où est placée une table

---

1. Ce qu'Urbain effaça *inurbainement*, fut rétabli *innocemment* par
Innocent.

coupée en demi-rond en dedans et en dehors, et qui
occupe toute la largeur de la salle, laissant aux deux
angles un assez grand espace vide. Le doge est assis
au milieu, du côté de la muraille, avec le nonce du pape
et l'ambassadeur de France à ses côtés; les six conseillers de la seigneurie et les trois chefs de la quarantie
criminelle sont à droite et à gauche, cinq d'un côté et
quatre de l'autre, remplissant toute cette table, qui a
vue sur six autres grandes tables rangées contre les
murailles, où sont assis par ordre et des deux côtés
ceux à qui leurs dignités donnent dans les fonctions
publiques le premier rang après la seigneurie, et ensuite tous les sénateurs ordinaires prennent place suivant leur ancienneté.

Les tables sont toujours couvertes longtemps avant le
dîner d'un service qui demeure pendant tout le repas;
chacun va voir les préparatifs du festin, et il y a sur chaque table des trophées, de grandes figures, des arcs de
triomphe et des châteaux de cire blanche dorés et argen-
tés, et avec cela une infinité de petits plats où il y a des
fruits, des légumes, des confitures sèches, des langues,
des saucissons, des pâtés apparents, avec des faisans
et d'autres oiseaux en plumes et plusieurs autres choses semblables, auxquelles on ne touche point; mais
l'on fait ordinairement douze services de deux plats
par table, excepté celle du doge, pour qui on en sert
trois, deux qu'on met aux deux bouts de la table pour
les conseillers et un troisième pour le doge et pour les
ambassadeurs, que l'on pose sur une petite table au
milieu de la salle, à quelque distance de celle de Sa
Sérénité.

Quand il est jour gras, on entremêle les services, un

de viande et un de poisson, et il y a autant d'écuyers
tranchants qu'on sert de plats sur les tables; mais
celui qui coupe pour le doge lui envoie par un des
écuyers les portions sur une assiette couverte, pour
faire par là quelque distinction entre Sa Sérénité et les
ambassadeurs, auxquels le même écuyer les présente
découvertes. Le doge donne toujours la première assiette
du premier service au nonce du pape et la seconde à
l'ambassadeur de France, pour honorer en leurs personnes les princes dont ils représentent la majesté; et
les écuyers des autres tables prennent garde de ne
pas servir les sénateurs qu'on n'ait servi le doge et les
ministres. Les hautbois sonnent à l'entrée de chaque
service; on ôte ensuite les trophées et ce qu'il y a d'en-
tremets pour y joindre d'autres plats de fruits, parmi
lesquels il y a toujours des légumes, des pois, ou des
fèves en cosse et des fruits rares pour la saison, comme
sont les fèves le jour de saint Marc, les figues et les
fraises à l'Ascension; mais jamais le fenouil doux n'y
manque.

A la fin du dîner, après avoir ôté les nappes, on sert
devant chacun, sur un bassin d'osier couvert de papier
découpé et garni, de grandes pâtes faites de pignons
(amandes de pin) et de pistaches, avec quelques dragées et quelques confitures sèches. C'est le présent
que le doge fait aux conviés, et que chacun fait emporter chez soi, le nonce et l'ambassadeur de France
comme les autres; cependant le repas du jour de l'Ascension est le moins sérieux des trois autres, qui se
font les jours de saint Marc, de saint Étienne et de
saint Vido, jour où fut découverte une importante
conspiration; car le sous-prégadi, ou la jeunesse

qui assiste à cette fonction, fait beaucoup de bruit et de fracas pendant le diner, jusqu'à perdre en quelque façon le respect qui est dû au doge et aux ambassadeurs; ils se jettent des oranges d'une table à l'autre au travers de la salle, et sur la fin du diner ils se jettent aussi des dragées, qui se font entendre contre les vitres.

Les vieux sénateurs et les conseillers du doge prennent plaisir à la gaieté que les jeunes nobles font paraître, ou du moins ils font semblant d'y en prendre, parce qu'ils n'oseraient les en blâmer; ils tâchent seulement de les excuser, surtout lorsqu'il se trouve des personnes présentes qui pourraient se scandaliser de leur peu de retenue, en les prévenant par ces paroles : *La nostra giuventù stà allegramente.* [1] Lorsque tout est desservi et qu'on a mis devant chacun le bassin de confitures, les gens du nonce et de l'ambassadeur de France emportent le petit buffet qu'ils dressent derrière leurs maîtres, où ils ont de tous les vins qu'ils ont accoutumé de boire, de peur que le changement de boisson ne nuise à la santé; et l'on fait entrer quelques musiciens choisis, qui chantent les plus beaux airs des opéras, accompagnés d'un clavecin, d'un tuorbe et d'un dessus de violon et d'une basse, pour divertir la compagnie, personne ne quittant sa place jusqu'à ce qu'on ouvre les portes du palais et de la salle pour laisser entrer les valets, qui s'empressent pour enlever le bassin de confitures de leurs maîtres et le porter dans leurs gondoles.

Du temps du dernier doge Contarini, on avait sou-

1. *Notre jeunesse se conduit joyeusement*, il faut bien faire la part de la gaieté des jeunes gens.

vent sujet de s'ennuyer de cette musique, car on n'ou-
vrait point les portes du palais qu'on n'eût trouvé le
compte de toute la vaisselle qu'on avait servie au festin. L'extrême avarice du procurateur Contarini, fils
du doge, avait introduit cette coutume, et il ne faisait
pas difficulté de paraître lui-même en masque dans
la salle pour prendre garde qu'il ne s'égarât rien de ce
qu'on desservait; il fit une fois languir toute l'assemblée pendant plus d'une heure sur divers prétextes, en
l'occupant par des chansons très ennuyeuses, à cause
qu'il y avait une assiette égarée.

Pour terminer le jour de l'Ascension avec plus de
réjouissances que les autres, l'on va, le soir, faire le
fresque sur le grand canal de Mouran, où tous les balcons et toutes les fenêtres sont pleins du plus beau
monde qui soit à Venise; et comme à la cérémonie du
matin, toute sérieuse qu'elle est, il ne laisse pas d'y
avoir la moitié des personnes en masque, l'on voit de
même au fresque du Mouran tout ce qu'il y a eu de
plus galant aux épousailles de la mer : un grand nombre de péotes proprement équipées avec des trompettes, quantité d'étrangers avec des barques bien ajustées,
des gondoles couvertes de roses; tout cela, avec le
concours ordinaire des dames et des gentilshommes,
fait l'agréable diversité du fresque du Mouran.

Ce qui rend l'Ascension encore plus célèbre est la
foire qui se tient pendant quinze jours à la place Saint-
Marc. Elle est toute pleine de boutiques disposées
par allées couvertes de tentes; et comme les masques sont ordinairement permis pendant ces quinze
jours, s'il n'y a quelque raison particulière qui les
fasse défendre, on en voit toujours un grand nom-

bre. Les dames et tout ce qu'il y a de beau monde se
rendent aussi tous les soirs à la place; et tout ce qu'il
y a de divertissant et de curieux en Italie, marionnet-
tes, faiseurs de sauts périlleux, bêtes farouches, mons-
tres et une infinité d'autres raretés, se trouve pour lors
à Venise dans des loges qu'on dresse sur le reste de
cette place; de sorte que l'Ascension est un petit carnaval qui attire un grand nombre d'étrangers, et qui
y fait passer agréablement ces quinze jours de la plus
belle saison de l'année.

XX

DES FÊTES ET DES CÉRÉMONIES QUI SE FONT AUX MARIAGES DES NOBLES VÉNITIENS

Après les divertissements qui sont ordinaires à la
belle saison, je mets ceux auxquels les différentes occasions donnent lieu de temps en temps; parmi ceux-
ci je trouve que les danses de la noblesse sont un des
plus agréables passe-temps de Venise; l'on en fait souvent pour divers sujets, mais je décrirai ici celles qui se
font aux mariages, pour avoir lieu de faire voir en
même temps quelles sont les principales circonstances
des cérémonies nuptiales de la noblesse vénitienne.
Comme il est nécessaire de connaître en quelque façon
la disposition des maisons, pour comprendre comment l'on peut danser de la manière qu'on danse, je

dirai que presque toutes les maisons sont bâties d'une même manière.

L'on entre ordinairement dans un long portique dont les murailles sont bien blanchies, et qui n'est paré que de quelques bancs de bois blanc à dossiers tout unis, mais peints de diverses couleurs, avec des râteliers d'un côté et d'autre où l'on voit des piques et des hallebardes, plutôt pour servir d'ornement que de défense; l'escalier conduit dans un autre portique au-dessus du premier, et qui, étant de toute la longueur de la maison, en forme de galerie vitrée par les deux bouts, communique à droite et à gauche dans toutes les chambres, lesquelles, ayant leur dégagement l'une dans l'autre, donnent le moyen de faire de plain-pied le tour de toute la maison en diverses manières.

Les gentilshommes qui sont riches se plaisent à la magnificence des meubles. On y en voit de velours à fond d'or, d'autres en broderie, avec les franges et crépines d'or, quantité de belles tables et de miroirs de grands prix; mais on ne voit aucun lit dans les chambres de ce premier étage, pour laisser plus d'espace à la foule énorme qu'il y a dans ces occasions, malgré les gardes qu'on met aux portes, pour empêcher la confusion et le désordre.

Le jour étant pris pour les fiançailles, les premiers sénateurs, je veux dire les procurateurs de Saint-Marc, les sages grands, et les autres qui sont du nombre des parents; la noblesse et les dames, qui y sont ordinairement toutes conviées, s'assemblent en haut dans le portique, et avant que de laisser entrer la grande foule de monde qui se présente, la novice (c'est ainsi qu'ils appellent les jeunes mariées pendant les deux

premières années de leur mariage) paraît vêtue de
brocart d'argent, conduite par la main du maître ordinaire de ces cérémonies, qui est aussi le maître à
danser, qui apprend à ces demoiselles les danses
qu'elles doivent savoir, à la mode du pays, pour le jour
de leur mariage.

Cet homme porte une robe longue et un manteau
court de damas noir à grand collet, et, le chapeau à la
main, il mène d'un pas grave l'épousée devant son père,
où l'on a placé un carreau de velours pour se mettre à genoux et pour en recevoir la bénédiction qu'elle
lui demande. Il la conduit ainsi à sa mère et à ses
plus proches parents pour le même sujet; cela se fait
avec tant de modestie, qu'il peut passer pour une des
choses les plus rares et les plus curieuses qu'on voie à
Venise. Le même maître des cérémonies conduit ensuite la demoiselle au milieu du portique, pour donner
la main à son époux et recevoir la bénédiction du prêtre ou de l'évêque qui doit faire cette fonction, après
laquelle les mariés se saluent par un baiser; aussi
toute la jeune noblesse qui est présente, accompagne
ce baiser de plusieurs agréables souhaits.

Après cette cérémonie, les violons commencent à
jouer. L'on fait faire place au milieu de la foule, et la
jeune mariée y danse toute seule deux ou trois espèces
de courantes figurées et quelque bourrée à la mode
du pays. Je crois pourtant que l'on s'imagine de danser à la française; mais il n'est pas moins difficile d'en
reconnaître les airs que les pas, et la disposition du
corps y paraît si éloignée de la liberté et de la grâce
qu'on a en France, qu'il faut être né à Venise et n'en
être jamais sorti pour donner, comme ils font, des

applaudissements publics aux petits sauts et aux mouvements des épaules dont ces demoiselles accompagnent leurs pas sans cadence. Cependant toute l'assemblée s'écrie ordinairement : *Ha balato divinamente*[1].

Après cela le bal commence. Un jeune gentilhomme, proche parent de la novice, lui donne la main, plusieurs autres prennent aussi la plupart des gentilsdonnes et marchent ainsi deux à deux l'un après l'autre, allant en discourant de chambre en chambre, dans tous les appartements de la maison et dans tous les endroits où le bal passe; il y a quelque sorte de symphonie, dont les airs différents sont plus propres à faire dormir qu'à faire danser. C'est pourquoi on se promène sans mesure et sans cadence, ne songeant qu'à entretenir la personne à qui l'on donne la main; car, comme la conversation n'est pas un avantage dont on jouisse souvent à Venise, l'on ne considère le bal que comme une occasion favorable pour expliquer tous ses sentiments; d'où vient qu'on en profite le mieux qu'on peut, sans songer à la danse.

Cette promenade continue de la sorte jusqu'à la nuit, d'autant qu'il y a toujours de nouveaux danseurs qui succèdent aux premiers, et on ne quitte guère une dame avec qui l'on se plaît, qu'elle ne soit lasse; mais les dames ont sujet de se lasser bientôt, puisque la foule est si grande dans ces occasions, qu'il faut le plus souvent qu'elles fendent la presse pour aller de chambre en chambre, où mille embarras les arrêtent à tout moment, grâce à leurs grandes queues trainantes. Les gentilsdonnes qui ne dansent point sont assises sur des

1. Elle a dansé divinement.

fauteuils qui sont rangés tout à l'entour du portique ;
celles qui ne sont pas priées à la fête ne se démas-
quent point, afin de ne pas danser, et les autres qui
n'en ont point envie n'ôtent pas le gant de leur main, ce
qui suffit pour s'excuser, sans que les nobles qui vou-
draient la leur présenter puissent s'offenser de leur
refus ; aussi l'on ne s'adresse pas à une dame si elle
n'a pas la main sans gant, ce qui est un signe assuré
qu'elle ne refusera pas, parce que, suivant l'usage de
Venise, ce serait une malhonnêteté à une dame si elle
ne présentait la main nue à un cavalier.

Personne ne parle librement aux gentilsdonnes que
leurs frères, leurs beaux-frères ou leurs plus proches
parents ; elles sont rangées sur des fauteuils, immobiles
comme des statues, et tout le monde demeure debout
devant elles, à une fort petite distance, pendant que
les masques et les étrangers vont le long des rangs,
considérant à loisir ces dames les unes après les autres,
pour avoir le plaisir de juger de leur beauté. Cependant
on leur apporte incessamment de grandes soucoupes
couvertes de tasses de cristal, pleines de toutes sortes
d'eaux glacées et de sorbets ; les gentilshommes vénitiens et les étrangers en prennent librement, et l'on en
donne à tout le monde dans une chambre séparée. Les
fêtes des mariages durent ordinairement de cette sorte
pendant deux jours, depuis deux heures après midi
jusqu'à l'heure du fresque en été, et en hiver l'on continue la danse aux flambeaux jusqu'à l'heure du souper.

XXI

DES RÉGATES, OU COURSES DE BARQUES

Lorsque la République veut régaler un prince ou un grand seigneur étranger de quelque spectacle public, elle lui donne ordinairement le divertissement d'une régate[1], c'est-à-dire qu'elle ordonne des courses de différentes sortes de barques. Ces réjouissances sont les fêtes qu'on aime le mieux à Venise, parce que l'exercice de voguer est tellement du génie de ce peuple, que tout le monde s'y étudie, et la plupart des jeunes nobles s'y appliquent aussi, tant pour faire voir leur adresse que pour pouvoir en certaines occasions se passer de gondoliers et n'avoir point de témoins de leurs actions. Lorsqu'on veut faire une régate considérable, on en ordonne de gondoles, de moyens et de petits bateaux et de fisolères, qui sont si petites et si légères qu'un seul homme les porterait sur ses épaules; et de chaque sorte de barques il y en a ordinairement une partie à quatre rames, une partie à deux et l'autre partie à une seule, pour faire une plus grande diversité et un plus grand nombre de courses.

Ceux qui voguent pour la régate des gondoles choisissent les corps des plus légères et des mieux construites qu'ils peuvent trouver; ils en ôtent tout l'appareil,

---

1. Ce mot, passé dans notre langue, signifie par conséquent divertissement digne d'un roi.

jusqu'aux fers des deux bouts; ils les regrattent par-
dessous, les graissent ou les enduisent de savon pour
les rendre plus glissantes; mais de peur que ces barques ainsi allégées ne viennent à s'ouvrir par l'effort
que l'on fait en voguant, ils bandent fortement une corde
de la poupe à la proue et clouent en travers des trin-
gles légères pour les tenir en état. Ceux qui doivent
voguer dans d'autres bateaux prennent aussi de semblables précautions, et ils s'exercent tous auparavant
pour se mettre en haleine et pour éprouver leurs barques.

Comme c'est sur le grand canal que se font ces
courses, rien n'est plus beau que de voir d'un bout à
l'autre les fenêtres et les balcons de tous les palais et
de toutes les maisons parés de tapis et de carreaux de
diverses couleurs, avec une infinité de monde dont
les toits, le pont du Rialto et un nombre prodigieux
de gondoles et de barques sont couverts à droite et à
gauche, n'y ayant presque personne qui ne veuille
jouir de ces agréables spectacles; cela parut ainsi à la
régate que le cardinal Delfin donna, il n'y a pas longtemps, au cardinal Chigi, quoiqu'il fût incognito.

Plusieurs jeunes gentilshommes, pour rendre la fête
plus belle, arment des péotes, qui sont des barques
longues, qu'on couvre d'un pont de planches sur lesquelles on étend des tapis de Turquie ou d'autres
belles étoffes qui descendent jusqu'à fleur d'eau; dix
gondoliers vêtus d'une même livrée voguent tout debout, et les deux ou trois nobles qui font cette dépense sont en masque à la proue, étendus sur des carreaux, avec quelques trompettes à la poupe. C'est le
grand nombre et la variété des péotes qui font la plus

grande beauté de la fête, pour laquelle on choisit un beau jour, et toutes les barques qui doivent voguer. pour les prix se rendent vers l'extrémité de la ville, en approchant du Lido, où celles qui sont armées pour une même course se rangent sur une ligne et partent toutes à la fois au signal que les trompettes donnent.

Ce ne serait pas un fort grand divertissement de voir passer toutes seules avec beaucoup de vitesse les barques qui disputent le prix; mais les péotes, qui volent, pour ainsi dire, et qui vont devant pour écraser tous les empêchements qui se pourraient rencontrer; le grand nombre de gondoles à quatre rames, plusieurs bateaux qui les suivent et les cris continuels de ceux qui animent les vogueurs à l'envi les uns des autres à faire tous leurs efforts pour remporter le prix, sont ce qui contribue le plus à la beauté du spectacle, et tout cela ensemble est assurément quelque chose de fort divertissant. Cette course se fait depuis l'endroit que j'ai dit jusqu'au bout du canal, où, pour allonger davantage la carrière, l'on plante au milieu de l'eau un grand pieu autour duquel les vogueurs sont obligés de tourner et de revenir tout d'une haleine jusqu'au palais, où l'on distribue les prix aux premiers qui sautent dans un bateau paré et destiné pour ce sujet; et pour chaque régate il y a trois prix : le premier et le second sont en argent, et le troisième est un cochon de deux ou trois mois, d'où vient l'injure que les gondoliers se donnent en s'appelant *terzo di regata*.

La première course n'est pas plus tôt finie que les

---

péotes se rendent au commencement de la carrière
pour en faire partir une autre, avec toutes les mêmes
cérémonies; mais de toutes ces régates de diverses
sortes de barques, celles qui sont à quatre rames et
qui vont le plus vite ne passent pas pour les plus agréa
bles à voir; celles où un seul homme vogue, soit gondoles, bateaux ou fisolères, ont quelque chose de beaucoup plus singulier; l'on voit sur la poupe un robuste
gondolier, demi-nu, la tête bandée; le visage pâle et
attentif, le corps penché sur la rame, tous les muscles
tendus et la poitrine essoufflée, faire les derniers efforts
pour avoir le dessus, et conserver néanmoins assez de
force pour fournir toute la carrière, qui est d'environ
deux milles.

Mais comme dans toute sorte d'exercices l'adresse
n'est pas moins avantageuse que la force, il y a du
plaisir à voir prendre à ces hommes tous leurs avantages : soit en évitant le courant de l'eau contraire ou
en suivant son plus grand cours lorsqu'elle est seconde; soit en tenant adroitement la route des péotes
qui voguent devant, lesquelles, fendant l'eau, la leur
rendent plus favorable; soit à les voir ruser les uns
sur les autres, lorsqu'ils se trouvent proches; car celui
qui peut avoir tant soit peu le dessus donne adroitement un coup de pied en arrière à la barque de son
concurrent, et par ce moyen il avance en éloignant
celui qui lui dispute l'avantage. Mais rien n'égale la
singularité des régates faites par des femmes, comme
on en voit quelquefois parmi celles des hommes, pour
rendre la fête plus divertissante; car il se trouve des
femmes de pêcheurs qui, ayant accoutumé d'aller à la
pêche avec leurs maris, ne voguent guère moins bien

qu'eux, et l'on en a vu à deux rames fournir une assez longue carrière. Mais comme la vigueur et la hardiesse nécessaires aux femmes pour une entreprise de cette sorte sont quelque chose de plus rare qu'aux hommes, on leur donne aussi des prix d'une valeur plus considérable.

XXII

DES ENTRÉES DES PROCURATEURS

Lorsqu'un nouveau procurateur de Saint-Marc fait son entrée publique, c'est-à-dire lorsqu'il va en cérémonie complimenter le doge et prendre possession de sa nouvelle dignité, cela se fait avec tant d'éclat et de pompe, que toute la ville est en joie ; et comme c'est par la Mercerie que se fait la marche de ces magnifiques entrées, les marchands prennent le soin d'en parer et d'en ajuster toutes les rues le plus proprement et le plus richement qu'ils peuvent, pour témoigner par là l'estime qu'ils font de la personne et de la maison du procurateur.

Depuis le pont du Rialto jusqu'à la place Saint-Marc, les rues, couvertes en berceau avec de grandes pièces de drap blanc, sont comme autant de galeries ornées de quantité de très beaux tableaux, de riches brocarts, de draps d'or, d'admirables points de Venise, de magnifiques dentelles d'or et d'argent, en un mot de tant et de si charmants étalages, dont les marchands se piquent à l'envi les uns des autres, que l'on ne peut rien voir de plus galant ni de plus divertissant. Il se fait cependant un concours immense de monde dans la place Saint-Marc et dans la Mercerie; toutes les dames se placent dans les boutiques des marchands; mais comme une réjouissance publique ne serait comptée pour rien sans la liberté des masques, la moitié du monde y parait déguisée, et particulièrement les femmes et les courtisanes, afin de voir ces cérémonies avec moins de contrainte et s'en faire un sujet particulier de divertissement.

Le nouveau procurateur se rend à l'église Saint-Salvador, qui est au commencement de la Mercerie, où s'assemblent aussi tous les procurateurs, les sénateurs et les gentilshommes vénitiens qui désirent l'accompagner à l'audience ; ils entendent là une grande messe en musique, après laquelle ils sortent deux à deux, le nouveau procurateur avec l'étoile d'or, s'il est cavalier, étant à la tête suivi de tous les procurateurs, dont le plus vieux lui donne la main. Ils sont suivis de tout ce qu'il y a de nobles parents ou amis du procurateur, et tous en veste ducale de pourpre, marchant ainsi avec ordre à travers une affluence incroyable de peuple jusqu'au palais de Saint-Marc, où il monte au collège, dont il trouve les portes ouvertes, comme font les ambassadeurs à leur première audience. Il salue comme eux trois fois le collège ; mais il prend séance entre les sages grands et le dernier des chefs de la quarantie criminelle, qui est la place des envoyés des princes; et après avoir remercié la République de son élection et prêté le serment ordinaire, il va avec le même cortège aux procuraties neuves, où il prend possession de sa dignité.

Si la beauté de la Mercerie, le concours du monde, la multitude des masques qui entrent jusque dans le collège et la noblesse d'un si grand cortège ont paru jusque-là quelque chose de grand et de superbe, le retour du procurateur chez lui ne parait pas moins magnifique ni moins agréable. Il monte en gondole proche des colonnes, où il est salué du canon de la galère qui y est toujours; et s'il y en a quelques autres à Venise, elles se mettent à l'ancre dans le grand canal, étalent leurs flammes et leurs pavillons et saluent plusieurs fois de leur canon et de leur mousqueterie, pendant que d'autres barques, armées par les serviteurs et les dépendants de la maison du procurateur, se mêlent parmi le cortège des gondoles et l'accompagnent au son des trompettes et au bruit du feu qu'elles font incessamment.

Comme les gondoliers de chaque trajet de la ville sont obligés de fournir une péote à dix rames pour ce cortège, moyennant un demi-ducat et une certaine quantité de pain et de vin qu'on leur distribue par tête à la maison du procurateur, rien n'est plus plaisant que la diversité de leurs barques; car ces gondoliers, pour se faire distinguer, se déguisent tous bizarrement; de sorte qu'une péote paraissant montée par dix Espagnols ridiculement habillés, l'autre par dix hommes bossus et ridiculement contrefaits, l'autre par dix hommes vêtus en femmes, il est impossible que l'on puisse jamais voir un plus singulier spectacle; ces gens allant et venant incessamment, et caracolant sur le grand canal, font retentir l'air de leurs continuels vivats.

Ils crièrent par exemple : *Viva la casa Grimani*[1]*!* lorsque le cavalier Jean Grimani fut nommé procurateur ;
mais si, dans la distribution du pain, du vin et de l'argent on a usé de quelque lésine, comme l'on fit à une
élection précédente, les vivats ne résonnent que mollement, et tout ce tintamarre, qui fait presque toute la
beauté de cette fête, se ressent de l'épargne qu'on a
voulu faire touchant la rétribution ordinaire qu'on doit
aux gondoliers des trajets.

Une pareille réjouissance ne finit point en une ma-
tinée ; il y a bal pendant trois jours chez le nouveau
procurateur, où l'affluence du monde, la multitude des
masques, la somptuosité des ameublements, les eaux
glacées avec profusion, ne manquent non plus qu'aux
cérémonies des mariages des nobles ; et pendant tout
ce temps on n'allume pas seulement des falots et des
feux de joie devant la maison du procurateur, mais encore dans tous les endroits de la ville où il y a de ses
parents et de ses amis particuliers ; et toutes ces réjouissances, accompagnées de fréquentes décharges de
boîtes, font une fête aussi grande et aussi générale que
si la République avait remporté quelque célèbre victoire.

1. Vive la maison ou famille Grimani !

XXIII

DES COMBATS A COUPS DE POING

La ville est divisée en six quartiers, comme j'ai déjà
dit, dont trois sont au delà et trois en deçà du grand
canal ; mais le peuple est partagé en deux factions,
dont chacune a trois quartiers dans son parti : la première est celle des castellans, qui prend son nom du
quartier de *Castello,* où est l'église patriarcale, à un
des bouts de la ville ; l'autre est celle des nicolottes,
ainsi appelée de l'église Saint-Nicolas, qui est à l'autre
extrémité dans le quartier où il y a le plus de menu
peuple et de pêcheurs, qui sont les plus braves et les
meilleurs faiseurs de coups de poing, ce qui rend le
parti des nicolottes presque toujours supérieur à celui
des castellans. L'animosité des uns et des autres parait
si grande dans l'occasion des combats dont je vais parler, qu'on ne dirait pas que le peuple de Venise, nourri
dans ces partialités et divisé de la sorte, pût jamais
vivre dans la tranquillité et dans l'union qui est si nécessaire à l'État.

Il se trouve parmi le peuple des chefs de ces factions
qui, se persuadant effectivement qu'on ne peut pas être
honnête homme et suivre un parti contraire, aimeraient
mieux laisser perdre une bonne fortune à une de leurs
filles que de la marier à un homme qui serait d'un
autre parti. Ces partialités ne divisent pas le peuple

seulement, mais encore la noblesse se déclare de la faction où le quartier qu'elle habite l'engage, avec cette différence toutefois que ceux-ci se font un divertissement des combats et des batailles dont les autres se font une affaire de réputation et d'importance. Il n'y a pas jusqu'aux étrangers qui ne prennent parti ; ceux qui entrent à Venise du côté de Chiosa sont censés castellans, et ceux qui arrivent par Mètre ou par Fusine sont réputés nicolottes.

Il n'y a point de doute que la République ne pût faire cesser ces partialités sans beaucoup de peine, en empêchant toujours, comme on fait quelquefois, les partis d'en venir aux mains ; mais le sénat se persuade que si le peuple formait quelque conjuration contre l'État ou contre la noblesse, il serait presque impossible que deux partis si contraires se pussent unir pour un même dessein, et qu'ainsi il y en aurait toujours un qui serait dans ses intérêts, ou du moins qui se trouverait opposé à l'autre, et par ce moyen il en tirerait un prompt secours ; d'autant plus qu'il semble que les castellans, s'estimant plus honnêtes gens que les nicolottes, soient aussi attachés à la noblesse et plus zélés pour le gouvernement ; c'est pourquoi la République ne tolère pas seulement cette division qui règne ainsi parmi le peuple, mais encore elle la fomente en la tolérant de la manière qu'elle fait.

Si les chefs du conseil des Dix, qui sont les maîtres de la police, laissaient au peuple la liberté tout entière pour les combats de coups de poing, l'animosité est si grande et la passion d'y acquérir la réputation d'un homme *che fa ben i pugni* [1] est si forte parmi les gon-

1. Qui sait bien agir des poings.

doliers et la populace, qu'on ne verrait pas seulement de ces spectacles les jours de fête, comme l'on en voit ordinairement, et sur certains ponts de la ville, mais encore il s'en ferait affreusement par tous les jours et dans toutes les saisons de l'année. On peut en juger par la difficulté qui se rencontre à empêcher les combats toutes les fois que quelqu'un des chefs du conseil des Dix est d'une humeur opposée à ces spectacles ; car pour lors les capitaines et les shires ne sauraient presque en venir à bout ; et si l'on garde le pont de Saint-Barnabé, qui est le champ de bataille ordinaire, ils en vont chercher de bien écartés, plutôt que d'être sans se battre.

Les gondoliers qui ont acquis la réputation de bons faiseurs de coups de poing ne se louent qu'à condition qu'il leur sera permis de continuer à se signaler dans ces fameux combats ; les petits enfants qui se rencontrent dans les rues en viennent au point que, s'ils sont de contraires partis, ils ne se séparent point sans avoir fait assaut. On s'arrête pour les voir, on les anime, et l'on s'en divertit ; de sorte qu'il n'y a point à Venise de divertissement plus général que celui qu'on prend aux spectacles des *Pugni ;* et comme ils sont presque de toutes les saisons de l'année, puisqu'on se bat quelquefois dans un temps si froid qu'il glace l'eau des canaux, l'ordre que je m'étais prescrit ne m'a pas donné lieu d'en parler ailleurs, et m'a obligé de finir la description des passe-temps publics par celle de ces combats, qui sont de trois sortes : les montres, la frotte et la bataille rangée.

Les montres sont les combats de coups de poing qui se font seul à seul, mais avec des circonstances toules singulières ; le pont de Saint-Barnabé est le théâtre où l'on a accoutumé de représenter cette plaisante tragédie, parce qu'ayant autant de marches d'un côté que de l'autre, avec deux quais capables de contenir à peu près une égale quantité d'adversaires, les deux partis y ont un avantage égal, outre que le canal est long et droit, bordé de maisons commodes pour le grand nombre de spectateurs qui y accourent de toutes parts dès qu'on sait qu'on doit faire les coups de poing. Les maisons et les fenêtres ne sont pas seulement pleines, mais encore les toits sont couverts aussi bien que les quais, les ponts voisins et une infinité de barques et de gondoles qui sont sur le canal.

On ne commence point les combats particuliers que les parrains ne soient arrivés sur le pont. Ce sont de sérieux et notables bourgeois, que leur valeur en cette sorte d'exercice a élevés à la dignité d'arbitres de la victoire et de juges de la bravoure des combatants. Ils mettent bas le manteau, et, après plusieurs pourparlers de part et d'autre pour régler les choses qui pourraient donner lieu à quelque différend, ils se mettent sur le haut du pont, qui est fait, comme tous les autres, en plate-forme carrée d'environ quatre ou cinq pas de long jusqu'aux marches qui descendent des deux côtés, et de trois ou quatre pas de large, pavée de briques et bordée de pierres de taille sans rebord et sans garde-fou. Voici quelles sont les principales lois de ces combats :

1° Qu'on ne frappe point son ennemi lorsqu'il est terrassé, sans passer pour un lâche, indigne de combattre ; c'est pourquoi les parrains les séparent aussitôt ;

2° Que la victoire est déclarée au premier sang qu'on fait répandre à son adversaire, du nez, de la bouche ou du visage ; mais comme les combattants ne sont pas obligés d'ouvrir la bouche pour montrer si les coups reçus sur les mâchoires ne leur font point saigner les dents, c'est un plaisir de voir ceux qui s'en sentent se mordre les lèvres et soutenir par signes aux parrains qu'ils ne sont pas hors de combat et qu'ils veulent encore disputer la victoire ;

3° Que si après trois assauts ou trois diverses reprises il n'y a point de sang répandu, les combattants se séparent bons amis pour faire place à d'autres, pendant que les parrains les font embrasser sur le champ de bataille ;

4° Que celui qui jette son ennemi dans le canal gagne une double victoire ;

5° Enfin que s'il se présente d'un côté un athlète si brave que personne du parti contraire n'ose combattre contre lui, comme il arrive quelquefois, cet avantage n'est pas moins grand que s'il avait vaincu son ennemi ; c'est pourquoi celui à qui cet honneur arrive se retire tout glorieux, après avoir été quelque temps en présence, et salue de son bonnet toute la compagnie.

Lorsque toutes choses sont disposées, on se presse de part et d'autre à qui s'avancera plus tôt sur le pont, pour occuper de chaque côté la place des combattants, lesquels, dans un instant, ôtent leurs souliers et leurs camisoles, et, abaissant leur chemise sur la ceinture, ils s'en font avec leurs longues écharpes comme un gros bourrelet autour des reins ; ils mettent aussi un gant à la main droite pour avoir le poing plus ferme, et, enfonçant leurs cheveux sous leurs bonnets de feutre, ils se mettent en présence aux deux angles opposés de la plate-forme du pont, les deux parrains se rangeant aux deux autres et leur laissant le champ libre pour faire leur assaut.

C'est une chose étonnante de voir avec quelle furie les plus braves déchargent de si pesants et si terribles coups de poing, qu'ils se font entendre d'aussi loin que la vue peut porter, soit qu'ils s'adressent sur le visage, où ils tâchent toujours d'atteindre, soit qu'ils donnent sur les côtes toutes nues ; les uns abattent du premier coup leur ennemi et l'étendent aussi raide sur la place que s'il avait été frappé du tonnerre, lorsqu'ils leur donnent à la tempe ou sur le devant du menton ; de sorte qu'à les voir tomber sans mouvement et se casser souvent la tête dans ces chutes effroyables, on ne croirait pas qu'ils en peuvent revenir, comme ils en reviennent ensuite.

On en voit d'autres si vigoureux qui, dardant leurs coups de poing en devant et les redoublant avec beaucoup de force, d'agilité et d'adresse, sans en venir aux prises et sans donner temps à leurs adversaires de se reconnaître, les font bondir en un instant dans le canal, et ils témoignent ensuite par des sauts d'allégresse la joie qu'ils ont d'une victoire si entière, pendant que la foule de peuple qui est de leur faction fait aussi connaître la part qu'elle y prend par des vivats mille fois redoublés. Les gentilshommes vénitiens qui se placent aux fenêtres les plus proches du pont du côté de leur parti sont ceux qui font le plus de bruit et qui paraissent le plus touchés de ces avantages ; ils se penchent hors des fenêtres en agitant leurs mou-

choirs, pour témoigner que la victoire est de leur côté
et pour animer les combattants à bien faire leur devoir. ·

Cependant deux hommes ne sont pas plus tôt hors
de combat, que les places sont prises par deux autres,
lesquels, pour ne pas perdre un moment, se tiennent
ordinairement tout dépouillés sous leur casaque, prêts
à faire assaut. Cela dure tout un après-dîner, sans que
la victoire soit jamais entièrement déclarée et sans qu'il
y ait aucun prix pour les plus vaillants que la seule
gloire et la réputation qu'ils acquièrent d'être redoutables; aussi ils n'oublient rien de tout ce qui peut leur
en conserver le renom; car on en voit quelques-uns
qui se font peindre en la posture qu'ils ont accoutumé
de combattre, avec leur nom et les éloges de leurs plus
grandes actions.

On compte néanmoins de part et d'autre le nombre
des victoires particulières, pour savoir, après la journée
de combat, quel est le parti supérieur; mais ce qu'on
remarque le plus, est le nombre de ceux qui sont je-
tés dans le canal; c'est aussi de quoi les combattants
se défendent davantage, car rien n'égale les efforts
qu'ils font aux prises, aimant beaucoup mieux les terribles chutes qu'ils font à la renverse sur le tranchant
des marbres du pont, que de tomber dans l'eau, où ils
ne se blessent jamais. Mais rien n'est plus divertissant
que de voir quelquefois un de ces hommes en l'air
hors du pont, pendu aux cheveux de son adversaire,
qui, se défendant encore pour n'en être pas entraîné,
est enfin obligé de le suivre dans le canal, où l'eau les
sépare ; car dès qu'ils sont hors du pont, leur animosité cesse, et ils n'en sont pas moins bons amis qu'auparavant.

La frotte est un combat de plusieurs, qui ne commence jamais de dessein prémédité, mais qui naît de l'impatience que la foule des combattants fait paraître lorsque, s'étant tous rendus sur le lieu, les parrains n'y arrivent pas assez tôt pour faire commencer les montres; les enfants, qui s'avancent à la tête du pont de part et d'autre, voulant imiter les hommes, sont quelque temps à se chamailler ; les grands garçons s'y mêlent insensiblement ; enfin les hommes, s'intéressant à la gloire qu'il y a pour eux de se rendre les maîtres du pont, se mettent de la partie. Pour lors le combat s'échauffe, chaque parti repousse l'ennemi tour à tour, et la mêlée devient si grande, qu'on en voit tomber un grand nombre dans le canal; mais, bien qu'ils soient tout habillés, ils n'en paraissent pas plus émus que s'ils étaient tombés sur de la paille.

C'est dans ces occasions que ceux qui ne combattent pas excitent de tout leur pouvoir ceux de leur parti à bien faire. Les gentilshommes vénitiens encouragent les combattants et leur promettent quelquefois de reconnaître leur bravoure. Il s'est même vu des nobles si zélés pour la gloire de leur faction, que, s'indignant contre ceux qni ne se battaient pas assez vigoureusement à leur gré, ils sont descendus sur le pont, ont mis bas la veste et ont fait les coups de poing à la tête de la frotte, pour redonner par leur exemple le courage aux vaincus et leur faire remporter la victoire, ou du moins la leur faire disputer avec plus d'honneur.

La bataille rangée est un combat général qui se donne entre les deux partis, avec toutes les précautions qui sont nécessaires pour éviter tout ce qui peut rendre les forces inégales, afin que la gloire demeure

tout entière au parti victorieux. L'animosité éclate si
fort, lorsqu'on se dispose à une bataille, que les chefs
du conseil des Dix sont presque toujours obligés d'empêcher les deux factions d'en venir aux mains. Lorsque le cardinal Chigi fut à Venise, comme j'ai dit,
le cardinal Delfin, qui le logeait, voulut lui donner ce
divertissement; et pour ce sujet il fut longtemps à né-
gocier avec les chefs des deux partis pour les porter à
faire donner une célèbre bataille. Les difficultés furent
si grandes, que ce cardinal allait lui-même solliciter
les artisans qui avaient le plus d'autorité parmi ceux
de leur faction; il entrait dans leurs boutiques, les ca-
ressait, les priait, et promettait de donner un prix
considérable aux victorieux.

Les choses étaient enfin résolues; on avait choisi un
pont sur le quai des Incurables, qui est fort large; l'on
y allongeait les marches, qui se trouvaient plus courtes
d'un côté du pont que de l'autre, et l'on rétrécissait
avec des planches certains endroits du quai qui, élar-
gissant l'espace, auraient donné plus de terrain aux
nicolotes qu'aux castellans. Tout le peuple ne respi-
rait que la fureur du combat, et l'on ne parlait plus
d'autre chose, comme s'il se fût agi cette fois-là de la
ruine entière de l'un des partis, lorsque les chefs du
conseil des Dix, appréhendant avec raison qu'une animosité qui n'avait jamais paru si grande n'eût de fâcheuses suites, défendirent absolument cette bataille;
de sorte que, hormis que les partis ne conviennent se-
crètement entre eux, on ne voit plus guère de *guerra
ordinata,* et lorsqu'il s'en donne une, la plupart des
combattants font faire des cuirasses de carton argenté,
dont ils couvrent leurs corps demi-nus, tant pour la

beauté du spectacle que pour rompre le premier effort des coups.

La victoire de cette bataille consiste à se rendre maître du pont; c'est pourquoi elle dépend moins de la force des coups que des efforts que toute la foule des deux partis fait en un même temps pour se repousser; mais afin que le combat commence avec un avantage égal, la multitude se met en ordre, les premiers rangs s'approchent de part et d'autre jusqu'au milieu du pont; alors on serre les rangs avec violence, lesquels, étant soutenus et poussés successivement les uns par les autres, il se fait de si terribles efforts par la foule entière des combattants, que ceux des premiers rangs sont nécessairement élevés en l'air, ou bien, le milieu serrant plus que les flancs, il faut qu'ils se rompent et qu'ils s'écartent à droite et à gauche avec tant de furie, qu'on en voit sauter dans l'eau cinquante ou soixante à la fois.

Cependant, comme dans cette disposition il n'y a que les premiers rangs des deux partis qui puissent combattre en tenant leurs bras élevés pour en avoir le mouvement libre, les derniers montent sur leurs camarades et, passant sur leurs têtes, vont attaquer leurs adversaires, auxquels ils auraient l'avantage de casser le nez sans s'exposer aux coups, si ceux du parti contraire ne faisaient la même chose; de sorte qu'il se donne au second étage un combat encore plus rude qu'au premier, et pour lors les efforts redoublés venant, comme j'ai dit, à faire écarter les flancs, on en voit tomber dans l'eau un si grand nombre et avec tant de désordre, qu'il n'est pas étonnant que ces batailles ne finissent point sans qu'il en coûte la vie à plusieurs.

D'ailleurs la fureur du combat anime si fort toute cette multitude de peuple, et la rage est si grande dans le parti qui se sent inférieur, qu'on en viendrait indubitablement aux armes, si l'ordre n'était exact et rigoureux pour prévenir des accidents. L'on a vu néanmoins quelquefois dépaver le quai pour se servir des briques à défaut d'autres armes, de sorte que ce n'est pas sans raison que les Vénitiens disent que la bataille rangée est un véritable carnage, *una stragge de christiani.*

Les réjouissances que les victorieux font après le gain de la bataille durent pendant trois jours. Ils ajustent, pour ce sujet, et parent une barque avec des guirlandes et une grande couronne qu'ils suspendent au milieu, et vont ainsi tambour battant par les canaux dans tous les quartiers de leur parti et chez les nobles qui s'intéressent le plus à leur gloire, lesquels leur donnent ou de l'argent ou quelque pièce de vin pour solenniser leur victoire. Ils marchent même la nuit avec des torches de paille, suivis par des enfants qui courent après eux sur les quais en criant : *Vivent les N. vainqueurs!* les vaincus au contraire sont si mortifiés qu'il y en a qui n'osent pas retourner chez eux, à cause que leurs femmes les en chassent quelquefois, et leur ferment la porte en leur reprochant leur lâcheté avec des termes injurieux : *Via di qua, infamo, porco, vituperoso[1]!*

1. Hors d'ici, infâme, porc, lâche!

FIN

NOTES

NOTES

NOTE A (page 8)

Reine presque absolue de la navigation dans la Méditerranée et du trafic de l'Occident avec l'Orient avant la découverte de l'Amérique, Venise avait vu depuis cet événement décroître peu à peu son importance maritime et commerciale. En 1570, Selim II lui avait enlevé l'île de Chypre. La perte de Candie en 1669 porta un nouveau coup à sa puissance. Les possessions de Morée, perdues une première fois, mais qu'elle espérait toujours reconquérir, lui furent définitivement enlevées à la paix de Bassarovitz en 1718; et pendant le dix-huitième siècle la fameuse République tout en restant riche et active ne fit que vivre sur l'éclat et le renom de son passé. « Lorsque, en 1799, dit Saint-Germain Leduc, Bonaparte, vainqueur des Autrichiens dans la Haute Italie, mit le siège devant Mantoue, il offrit à la République de Venise, qu'il avait intérêt de ménager, une alliance avec la République française. Il y mettait pour condition, afin d'être logique avec le principe au nom duquel il faisait la guerre, que l'aristocratie vénitienne modifierait la constitution et la rendrait plus populaire. Cette aristocratie n'accepta pas, et, n'osant cependant se déclarer en faveur de l'Autriche, elle préféra garder la neutralité. L'année suivante Bonaparte, qui se fiait peu à cette neutralité, ne s'engagea dans les gorges du Tyrol pour marcher sur Vienne qu'après avoir laissé garnison dans les villes importantes du territoire vénitien de terre ferme : Vérone Bergame, Brescia, etc.

« Ses précautions n'étaient pas inutiles, car pendant son absence des troubles violents éclatèrent; les familles nobles

de ces villes, qu'irritait depuis longtemps l'insolence de l'a-
ristocratie du Livre d'or, s'unit à la bourgeoisie pour pro-
voquer une révolution dans le sens de la Révolution française. Le peuple des campagnes au contraire, travaillé par
les moines, soutint la cause de l'ancien despotisme, et la
soutint par des massacres dans lesquels furent victimes,
surtout à Vérone, des soldats français en grand nombre.
Vainqueur des Autrichiens, Bonaparte à son retour parla
en maître au sénat de Venise. »

Le sénat terrifié demanda grâce, mais Bonaparte accou-
rut plein de colère et repoussa toutes les supplications. « Le
sang de mes frères d'armes sera vengé, dit-il aux envoyés
du sénat; je serai un Attila pour Venise. » Il déclara la
guerre à la République, renversa dans toutes les villes de
son territoire le gouvernement de Saint-Marc et dirigea des
troupes sur les lagunes. L'aristocratie désarma les esclavons et les paysans qu'elle avait soudoyés contre les Français, et modifia la constitution de la République. Mais tout
cela fut inutile ; une révolution éclata dans Venise, la bourgeoisie força le sénat à abdiquer et appela les Français. Le
général Baraguey d'Hilliers entra dans la ville avec quatre
mille hommes et planta le drapeau tricolore sur la place
Saint-Marc (16 mai 1797); les forts et vaisseaux furent livrés,
les troupes vénitiennes capitulèrent, et un gouvernement
démocratique fut provisoirement établi. Ainsi tomba sans
efforts cette République de quinze siècles, qui espérait sans
doute, mais vainement, reprendre sous la protection des
Français une nouvelle vie. (TH. LAVALLÉE.)

Cédée à l'Autriche par le traité de Campo-Formio (17 octobre 1797), Venise fut comprise quelques années plus tard
dans le territoire du royaume d'Italie annexé à la couronne
impériale de France, et dont Eugène Beauharnais eut la
vice-royauté, puis cédée de nouveau à l'Autriche à la chute
de Napoléon; elle fait aujourd'hui partie du royaume d'I-
talie.

NOTE B (page 53)

L'ornementation de la *corne* dogale subit un jour certaine modification par suite de circonstances assez singulières.

En 1361, *Laurent Celsi* fut élu doge de Venise comme successeur du doge Delphino. Le père de *Laurent Celsi* vivait encore; il montra en cette occasion une singulière faiblesse d'esprit. Se croyant trop supérieur à son fils pour se découvrir en sa présence, et ne pouvant éviter de le faire sans manquer à ce qu'il devait au chef de l'État, il prit le parti d'aller toujours tête nue. Ce travers, de la part d'un vieillard d'ailleurs respectable, ne fit aucune impression sur l'esprit des nobles, qui se contentèrent d'en plaisanter ; mais le doge, touché de voir son père se donner en spectacle par cette ridicule imagination, s'avisa de faire mettre une croix sur le devant de la corne ducale; alors le bon vieillard ne fit plus de difficulté de reprendre le chaperon. Quand il voyait son fils, il se découvrait en disant : « C'est la croix que je salue, et non mon fils, car, lui ayant donné la vie, il doit être au-dessous de moi. »

NOTE C (page 54)

La guerre de Candie, dont il est fait maintes fois mention dans ce livre, fut un des événements militaires les plus retentissants du dix-septième siècle.

Candie, lisons-nous dans une excellente notice publiée par le *Dictionnaire de la conversation*, cette colonie vénitienne, fut au pouvoir des Grecs jusqu'à la prise de Constantinople par les Latins en 1204. — Baudouin, comte de Flandre, élu empereur, récompensa ses alliés des secours qu'il en avait reçus. Boniface III, marquis de Montferrat et roi de Thessalonique, obtint l'île de Candie, qu'il vendit la même année aux Vénitiens pour trente livres pesant d'or.

La possession de cette île leur fut d'abord disputée par les
Génois et par le duc de l'Archipel, Marc Sanudo, qui, bien
que Vénitien lui-même, fit avec les rivaux de sa République
un traité de partage : soutenu par eux, il s'empara de Candie et y prit le titre de roi. Mais il en fut bientôt chassé
par les troupes vénitiennes, commandées par Tiepolo, qui
fut le premier duc ou gouverneur de Candie. Cette île res-
pira sous la domination de Venise et fut dans un état flo-
rissant. Candie devint le siège du gouvernement, du conseil et du provéditeur général. — Les Vénitiens, ayant
compris toute l'importance de cette île, s'attachèrent les
habitants par un gouvernement doux, et repoussèrent
victorieusement les attaques des Génois et des Ottomans jusque vers le milieu du dix-septième siècle. A cette
époque, les hostilités des Turcs devinrent plus sérieuses.
Une prise fut amenée à Calismène, port de l'île de Candie, par des Maltais, qui y séjournèrent quelque temps.
Parmi les captifs se trouvaient un officier du sérail et, d'a-
près une version accréditée alors en Europe, une des femmes et un fils du sultan Ibrahim ; mais il est probable que
ces deux derniers personnages n'étaient qu'une esclave
employée dans le sérail en qualité de nourrice, et son enfant. Les Vénitiens, qui n'avaient point de garnison à Calismène, ne firent aucune démonstration pour protéger ces
captifs. Le sultan, courroucé, attribua aux Vénitiens ce qui
était du fait des Maltais ; il envoya, en juin 1645, des forces
considérables, qui débarquèrent dans l'île, prirent Canée et
Retimo, et assiégèrent sérieusement la capitale. La garnison repoussa victorieusement l'attaque des Turcs, qui la
renouvelèrent en 1649 avec aussi peu de succès. En 1656,
les Ottomans firent une troisième tentative ; plus tard ils
transformèrent le siège en blocus et le continuèrent dix ans
sans aucun résultat, parce que les Vénitiens, alors souverains des mers, ravitaillèrent la place et renforcèrent la
garnison. En 1667, le grand vizir Kioproli, qui venait de
subir ailleurs des défaites et voulait se remettre en grâce
auprès de Mahomet IV par une action d'éclat, fit de sérieuses dispositions pour la conquête de Candie, et investit la
ville, le 14 mai, avec 80,000 hommes. La forteresse était

défendue par un rempart flanqué de sept bastions, et pré-
cédée d'autant de ravelins au-devant desquels se trouvaient
en outre plusieurs ouvrages détachés. Pendant qu'une flotte
nombreuse la protégeait du côté de la mer et tenait les
Turcs en respect, une bonne garnison, commandée par le
chevalier de Ville et par Morosini, était décidée à s'enseve-
lir sous les ruines de la forteresse. L'attaque des assiégeants
fut d'abord dirigée sur le bastion Panigra. Les chrétiens se
défendirent pied à pied. Cependant les Turcs arrivèrent
bientôt devant une brèche, mais si habilement défendue
par des mines, des tranchées et des sorties bien ménagées,
que les attaques les plus désespérées, commandées en personne par Kioproli, qui redoutait la disgrâce de son souverain, n'aboutirent à aucun résultat : l'hiver les trouva encore devant la brèche et les força de se retirer dans leurs
retranchements. Des maladies assaillirent les musulmans,
peu habitués à des campagnes d'hiver, et leurs pertes continuelles durent être réparées par de nouveaux renforts de
troupes munies d'un matériel de siège considérable.

En même temps, des volontaires accouraient de toutes
les parties de l'Europe sur ce théâtre sanglant, pour faire
preuve de valeur et s'instruire dans l'art de la guerre.
Tous les ingénieurs voulurent se distinguer dans cette
campagne mémorable. Werthmuller, Rimpler et Vauban
se trouvaient dans la place. Le pape envoya des troupes et
de l'argent; le grand maître de Malte, des chevaliers et des
soldats ; le duc de la Feuillade y conduisit six cents Français des plus nobles familles, qui, avec la légèreté carac-
téristique de leur nation, recherchant les dangers aux postes les plus périlleux, trouvèrent presque tous une mort
glorieuse. Plus tard, le comte de Waldeck y amena trois
régiments de troupes lunebourgeoises. Tous ces renforts
successifs maintinrent constamment la garnison sur un
pied de huit à dix mille hommes. La trahison apprit aux
Turcs que les bastions Saint-André et Sabionetta étaient les
points les plus faibles de la place : ils dirigèrent en conséquence leurs attaques les plus vives de ce côté. Changeant
de tactique, ils s'approchèrent de la place, en employant
un grand nombre d'hommes à creuser un fossé profond,

jetant la terre du côté des remparts, et la faisant porter
par pelletées toujours en avant, jusqu'à ce qu'étant arrivés avec cette masse de terre au bord des fossés de la
forteresse, ils fussent parvenus à les combler. Des sorties
vigoureuses et le jeu des mines, pratiqué à propos, retar-
dèrent néanmoins les Turcs pendant longtemps et détrui-
sirent souvent leurs ouvrages. Lorsque, enfin, ils eurent
réussi à s'établir dans le bastion Saint-André, ils furent
arrêtés par de fortes tranchées, qui paralysaient les assauts
les plus vifs, et l'hiver ne trouva guère les assiégeants plus
avancés que l'année précédente. Au printemps de 1669, les
Turcs continuèrent leurs travaux de siège, mais avec plus
de succès. Bientôt les Vénitiens virent leur bastion Saint-
André transformé en un monceau de terre et de décombres,
et leur dernière égide fut un rempart élevé à la hâte pendant l'hiver. Dans cette extrémité apparurent les ducs de
Beaufort et de Navailles avec une flotte française et sept
mille hommes. Une sortie désespérée fut tentée avec ce
renfort; mais une mine dont l'explosion devait servir de
signal et jeter les assiégeants dans la confusion ne prit pas
feu, et, pour comble de malheur, un magasin à poudre
appartenant aux Turcs sauta au moment où les Français
venaient d'emporter les retranchements ennemis et de repousser les Ottomans, qui avaient tenté de les reprendre.
Les Français, craignant d'être sur un terrain miné de toutes parts, se retirèrent en désordre dans la place, laissant
sur le champ de bataille deux cents morts, parmi lesquels
étaient le duc de Beaufort et beaucoup d'officiers. En même
temps la flotte chrétienne, qui se composait de quatre-
vingts vaisseaux et de cinquante galères, et qui devait
prendre en flanc le camp des Turcs, fut mise en déroute
par les batteries des côtes et l'explosion d'un vaisseau de
soixante-dix canons; ainsi la sortie échoua sur tous les
points. Ces circonstances augmentèrent la désunion qui
existait déjà parmi les généraux chrétiens, au point que
le duc de Navailles, convaincu que le salut des troupes
françaises était compromis, embarqua le corps qu'il com-
mandait et retourna en France. Des soldats dispersés des
autres nations se joignirent aux Français; enfin les Maltais

et presque tous les volontaires qui avaient pris part à l'expédition firent également leur retraite. Un assaut des Turcs, plus heureux que les précédents, les amena jusqu'auprès des palissades de la dernière tranchée, que défendaient mollement trois mille hommes de garnison, entièrement découragés et démoralisés. Des dissensions entre les différents commandants et cent autres indices annonçaient que la place serait emportée au prochain assaut. Un conseil de guerre décida en conséquence la reddition de la ville. La capitulation assura à la garnison et à la population la liberté de se retirer dans l'espace de douze jours et d'emporter les bagages, les armes et toute l'artillerie; elle garantissait également aux Vénitiens la possession des places de Suda, Garabusa et Spina-Longa. Le 27 septembre 1669, la ville fut donc rendue, après une guerre de vingt-cinq ans, un investissement de treize ans et un siège où la tranchée resta ouverte pendant deux ans trois mois et vingt-sept jours. — La défense de Candie, non moins mémorable que celle de Troie, est la plus longue et la plus glorieuse dont l'histoire fasse mention; elle doit servir d'exemple aux siècles futurs et montrer de quoi fut capable la valeur chrétienne contre la fureur et la force numérique des Ottomans, dans un temps où l'art de la guerre, fort arriéré en Europe, était encore chez eux dans tout son éclat. Il ne restait plus de toute la garnison que deux mille cinq cents hommes lorsque vint le moment d'évacuer la ville. On compta 118,754 tués ou blessés du côté des Turcs pendant la durée du siège, et 30,985 du côté des chrétiens; les Ottomans avaient donné 56 assauts; les assiégés avaient fait 96 sorties; les premiers avaient fait jouer 472 mines, et les seconds 1,173; on avait tiré de la forteresse 509,692 coups de canon, et employé du côté des chrétiens 180,449 quintaux de plomb pour les balles de mousquet. Les Turcs trouvèrent la ville dans l'état le plus déplorable. Tous les objets de quelque valeur avaient été emportés; treize hommes seulement, vieillards pour la plupart, étaient demeurés dans la ville; 350 pièces de canon en mauvais état étaient restées sur les remparts.

NOTE D (page 127)

Voici, d'après l'*Histoire de Venise* du comte Daru, le résumé des démêlés de la République des lagunes avec le pape Paul V.

Le cardinal Borghèse, qui fut élevé en 1605 sur la chaire pontificale et qui prit le nom de Paul V, avait une idée illimitée des droits et de l'autorité du saint-siège.

N'étant encore que cardinal, il avait un jour manifesté ses sentiments devant l'ambassadeur de Venise, qui était alors Léonard Donato, en disant que s'il était pape, et que Venise lui donnât sujet de mécontentement, il ne perdrait pas son temps en avertissements et négociations, mais qu'il lancerait sur le champ un interdit. « Et moi, lui répliqua Donato, si j'étais le doge, je mépriserais absolument vos anathèmes. »

Tous deux eurent bientôt l'occasion de se tenir parole.

Dès son avénement au pontificat, Paul V annonça son dessein de relever la puissance de l'Église aux dépens de celle des princes séculiers, dont il était (selon lui) nécessaire de mortifier la présomption. Après qu'il eut tenté l'application de ses principes sur diverses nationalités, qui n'y opposèrent qu'une faible résistance, plusieurs prétextes s'offrirent à lui pour tâcher d'imposer ses volontés aux Vénitiens, qui lui étaient particulièrement suspects par le soin qu'ils avaient toujours pris d'assurer chez eux la subordination des pouvoirs ecclésiastiques aux pouvoirs civils.

Les Turcs étaient alors en guerre avec les Hongrois; le pape demanda hautement à la République un secours d'argent pour aider les Hongrois à soutenir cette guerre. Le sénat, qui n'avait garde de s'exposer à une rupture avec l'empire ottoman, refusa ce subside. Ce fut un premier grief.

Une loi de 1603, fondée sur le très grand nombre d'églises et de monastères déjà existants à Venise, avait défendu d'en bâtir de nouveaux sans l'autorisation du gouvernement.

Une autre, encore plus importante, venait d'être rendue
en 1605. Elle prohibait toute donation, toute aliénation de
biens en faveur des établissements ecclésiastiques. C'étaient
là deux nouveaux griefs qui troublaient vivement l'esprit
de Paul V, quand le gouvernement vénitien fit mettre en
prison un chanoine de Vicence accusé non seulement d'a-
voir outragé la femme d'un patricien, mais d'avoir rompu
les scellés mis sur la chancellerie épiscopale de Vicence,
dont le siège était alors vacant.

Cette punition, au lieu d'être considérée comme l'acte de
justice le plus ordinaire, parut au pape une violation de la
liberté ecclésiastique. Il manda l'ambassadeur vénitien,
lui déclara qu'il exigeait que le prisonnier lui fût remis,
que jamais il ne souffrirait qu'un ecclésiastique fût jugé
par des séculiers, disant qu'il avait reçu les clefs (de saint
Pierre) pour soutenir l'indépendance de l'Église et qu'il sa-
crifierait au besoin sa vie pour la défense de sa juridiction.

Il parla avec la même chaleur des deux décrets relatifs
aux églises et aux donations, et demanda qu'ils fussent
révoqués.

L'ambassadeur lui représenta que la République ne s'é-
tait jamais dépouillée du droit de juger les ecclésiastiques
ayant commis des fautes temporelles, et qu'elle entendait
ne pas s'en dessaisir. Quant aux églises, aux monastères,
il dit qu'il y en avait plus de deux cents à Venise; que ces
bâtiments occupaient environ la moitié de la ville, et que
ni le culte ni la nécessité de recueillir les religieux n'en
réclamaient un plus grand nombre; que le décret sur les
donations avait pour base de nombreuses ordonnances
souvent renouvelées depuis 1357, et qu'il était fondé sur le
droit qu'ont les gouvernements de déterminer les régles
d'après lesquelles leurs sujets peuvent disposer de leurs
propriétés.

Le pape, loin d'approuver ces raisons, les combattit avec
violence, et conclut que tous ces décrets et décisions
étaient nuls et que les Vénitiens, pour avoir méconnu les
droits ecclésiastiques, n'avaient d'autre parti à prendre que
d'obéir et faire pénitence.

Pendant qu'on attendait la réponse du sénat au compte

que l'ambassadeur avait rendu de cette conférence, le pape apprit qu'un autre ecclésiastique venait d'être arrêté par ordre du conseil des Dix, qui lui reprochait non seulement d'avoir des mœurs très scandaleuses, mais encore d'avoir empoisonné un moine de son abbaye, plusieurs domestiques et même son propre père.

Le gouvernement de Venise ne pouvait laisser de telles horreurs impunies, mais probablement il ne fut pas fâché d'avoir une nouvelle occasion d'affirmer ses droits.

Quand le pape sut que le sénat était inflexible, il consigna ses volontés dans deux brefs qu'il adressa à son nonce, pour les présenter au doge : le premier relatif aux prisonniers ecclésiastiques, qu'il réclamait l'un et l'autre ; le second aux décrets, dont il exigeait la révocation sous peine de mise en interdit de l'État vénitien. Mais en ce moment le doge en exercice étant mort, le pape ordonna à son nonce de s'opposer à une élection d'un nouveau doge, disant qu'une élection faite par des excommuniés ne pouvait être qu'un acte nul.

Sans tenir compte de cette injonction, l'on procéda à l'élection du doge, qui ne fut autre que ce Léonard Donato, dont les idées étaient si fort en opposition avec celles du souverain pontife sur la question de l'autorité papale.

Le pape répondit par la mise en interdit de tous ceux qui s'opposaient aux exigences du saint-siège.

Le sénat, à l'unanimité des voix, formula et fit publier une protestation très respectueuse, mais très ferme, et le conseil des Dix manda à tous les ecclésiastiques que l'intention du gouvernement était que, malgré l'interdit, le service divin n'éprouvât aucune interruption, et que personne ne sortît de la terre de la République sans en avoir reçu l'ordre ou la permission.

Le clergé séculier se conforma aux volontés du gouvernement, mais quelques corporations religieuses ayant déclaré qu'elles obéiraient au saint-siège, elles reçurent l'ordre de quitter Venise le jour même, d'où elles étaient bannies à perpétuité.

Paul V, voyant que son excommunication n'avait eu d'autre effet que l'expulsion des religieux, en appela aux

princes chrétiens, et alors commença tout un ensemble
de délicates négociations, pendant lesquelles le pape, qui
avait déclaré qu'au besoin il saurait employer les armes
temporelles, faisait des levées de troupes, renforçait ses
garnisons, imposait des taxes et faisait venir le trésor de
Notre-Dame de Lorette pour le dépenser en préparatifs militaires.

Enfin, comme la guerre semblait être sur le point d'éclater,
avec l'appui de l'Espagne, le roi de France Henri IV, que le
pape, enfin effrayé du conflit qui allait s'engager, avait ac-
cepté comme arbitre, envoya des ambassadeurs qui, après
s'être heurtés assez longtemps à des questions de forme,
terminèrent le différend en obtenant l'annulation réciproque des actes hostiles émanant des deux parties. Les cen-
sures papales étant levées, et les protestations du sénat
n'ayant plus de raison d'être, les relations entre le saint-
siège et la République furent reprises comme si rien ne
s'était passé ; mais en réalité tous les droits que les Vénitiens avaient tenu à faire prévaloir restèrent intacts, et furent dès lors incontestés par la papauté.

NOTE E (PAGE 185)

Un prince de Craon, se trouvant à Venise au dix-septième
siècle, y fut volé d'une somme considérable, et en conçut
assez d'humeur pour se croire en droit d'invectiver contre
la police vénitienne, qui ne s'occupait, disait-il, qu'à es-
pionner les étrangers au lieu de veiller à leur sûreté.

Quelques jours après, il quittait la ville pour retourner
en France. A moitié du trajet de Venise à la côte, sa gondole s'arrête tout à coup. Il en demande la raison. Ses gondoliers lui répondent qu'il ne leur est plus possible d'avan-
cer parce qu'un bateau à flamme rouge, qui vient à eux,
leur fait signe de mettre en panne.

Le prince se rappelle alors le propos qu'il a tenu et aussi
toutes les sombres anecdotes qu'on lui a contées sur la

police de Venise. Il se voit au milieu des lagunes entre le ciel et l'eau, sans secours, sans moyens d'échapper, et attend avec anxiété les gens qui sont évidemment à sa poursuite.

Ils arrivent, abordent sa gondole, et le prient de passer dans la leur. Il obéit en faisant de tristes réflexions.

« Monsieur, lui dit gravement un des personnages qui sont dans ce bateau, vous êtes le prince de Craon ?

— Oui, monsieur.

— N'avez-vous pas été volé vendredi ?

— Oui, monsieur.

— De quelle somme ?

— Cinq cents ducats.

— Où étaient ces cinq cents ducats ? .

— Dans une bourse verte.

— Avez-vous soupçonné quelqu'un de ce vol ?

— Un domestique de place.

— Le reconnaîtriez-vous ?

— Parfaitement. »

Alors l'interlocuteur du prince, écartant avec le pied un méchant manteau, découvre un homme mort tenant à la main une bourse verte et ajoute :

« Justice est faite, monsieur, voilà votre argent ; reprenez-le, partez, et souvenez-vous qu'on ne remet pas le pied dans un pays où l'on a méconnu la sagesse et la vigilance du gouvernement. »

TABLE DES MATIÈRES

PREMIÈRE PARTIE

DEUXIÈME PARTIE

SOCIÉTÉ ANONYME D'IMPRIMERIE DE VILLEFRANCHE-DE-ROUERGUE

Jules Bardoux, Directeur.